CRÔNICAS ANTIECONÔMICAS

Luiz Gonzaga Belluzzo
Nathan Caixeta

CRÔNICAS ANTIECONÔMICAS

SÃO PAULO
2023

Copyright © EDITORA CONTRACORRENTE
Alameda Itu, 852 | 1º andar |
CEP 01421 002
www.loja-editoracontracorrente.com.br
contato@editoracontracorrente.com.br

EDITORES
Camila Almeida Janela Valim
Gustavo Marinho de Carvalho
Rafael Valim
Walfrido Warde
Silvio Almeida

EQUIPE EDITORIAL
COORDENAÇÃO DE PROJETO: Juliana Daglio
PREPARAÇÃO DE TEXTO E REVISÃO: Ayla Cardoso
REVISÃO TÉCNICA: Douglas Magalhães e Amanda Dorth
DIAGRAMAÇÃO: Pablo Madeira
CAPA: Marina Avila

EQUIPE DE APOIO
Fabiana Celli
Carla Vasconcellos
Valéria Pucci
Regina Gomes
Nathalia Oliveira

Dados Internacionais de Catalogação na Publicação (CIP)
(Câmara Brasileira do Livro, SP, Brasil)

Belluzzo, Luiz Gonzaga
 Crônicas antieconômicas / Luiz Gonzaga Belluzzo, Nathan Caixeta. -- 1. ed. -- São Paulo : Editora Contracorrente, 2023.

 Bibliografia.
 ISBN 978-65-5396-104-3

 1. Crônicas brasileiras 2. Economia - Aspectos sociais 3. Política econômica 4. Política - Brasil I. Caixeta, Nathan. II. Título.

23-149255   CDD-B869.8

Índices para catálogo sistemático:
1. Crônicas : Literatura brasileira   B869.8
Henrique Ribeiro Soares - Bibliotecário - CRB-8/9314

@editoracontracorrente
Editora Contracorrente
@ContraEditora

*Dedicamos este livro à brava resistência democrática
e republicana do Supremo Tribunal Federal.*

SUMÁRIO

PREFÁCIO 13

APRESENTAÇÃO – A ANTIECONOMIA NO ENCONTRO DAS GERAÇÕES 15

INTRODUÇÃO – CRÍTICA À ECONOMIA POLÍTICA: UMA VISÃO DA ANTIECONOMIA 21

CAPÍTULO I – SOBRE A URGÊNCIA DA DÚVIDA E A ELEGÂNCIA DO SABER: LUIZ GONZAGA BELLUZZO ENCONTRA JORGE LUIS BORGES E ADEMIR DA GUIA
Nathan Caixeta 27

CAPÍTULO II – CORAGEM MORAL: TRAPALHADAS ECONOMICISTAS
Luiz Gonzaga Belluzzo 35

CAPÍTULO III – OS CIENTISTAS ESTÃO CHEGANDO
Luiz Gonzaga Belluzzo 41

CAPÍTULO IV – QUEM MATOU ODETE ROITMAN
Luiz Gonzaga Belluzzo 47

CAPÍTULO V – A POLÍTICA ECONÔMICA DOS MOSQUITOS
Luiz Gonzaga Belluzzo 55

CAPÍTULO VI – QUALQUER COINCIDÊNCIA É MERA SEMELHANÇA
Luiz Gonzaga Belluzzo 61

CAPÍTULO VII – A LEI DO TETO
Luiz Gonzaga Belluzzo 67

CAPÍTULO VIII – O TETO DE PIRRO
Luiz Gonzaga Belluzzo 75

CAPÍTULO IX – O TETO DE GASTOS, INDIANA JONES E A ARCA DO TESOURO
Luiz Gonzaga Belluzzo 81

CAPÍTULO X – A IGREJA DO DIABO
Luiz Gonzaga Belluzzo 91

CAPÍTULO XI – OS PATRONOS DE PAULO GUEDES
Luiz Gonzaga Belluzzo 97

CAPÍTULO XII – A ENTREVISTA DE EDMAR BACHA
Luiz Gonzaga Belluzzo 103

CAPÍTULO XIII – MACHADO DE ASSIS E O BRASIL DE BOLSONARO
Luiz Gonzaga Belluzzo 111

CAPÍTULO XIV – AS POSSIBILIDADES ECONÔMICAS DE LULA E AS CONSEQUÊNCIAS ECONÔMICAS DE BOLSONARO
Nathan Caixeta 117

CAPÍTULO XV – SANTO RINCÃO
Luiz Gonzaga Belluzzo 129

CAPÍTULO XVI – CAPITALISMO: OS RITMOS DE UM CARANDIRU SISTÊMICO
Nathan Caixeta 133

CAPÍTULO XVII – MARX VAI AO CAPÃO REDONDO: A DIALÉTICA DOS RACIONAIS MC'S
Nathan Caixeta 145

CAPÍTULO XVIII – TEMPO-LIVRE E NOVOS TEMPOS: NOTAS SOBRE A VIRTUALIZAÇÃO DO CAPITAL
Nathan Caixeta 153

CAPÍTULO XIX – DA UTOPIA À PRÁTICA: RENDA BÁSICA NO CONTEXTO PANDÊMICO
Nathan Caixeta 163

CAPÍTULO XX – ALAN GREENSPAN E RUY BARBOSA NO CINEMA: *THE BIG SHORT*
Nathan Caixeta 173

CAPÍTULO XXI – NOTAS CRÍTICAS ÀS CONTROVÉRSIAS SOBRE A DÍVIDA PÚBLICA: TROPEÇOS À ESQUERDA E À DIREITA
Nathan Caixeta 181

CAPÍTULO XXII – REFLEXÕES SOBRE A "REVOLUÇÃO" TEÓRICA DA MODERNA TEORIA MONETÁRIA (MMT)
Nathan Caixeta 191

CAPÍTULO XXIII – O LIBERALISMO DAS CAVERNAS
Nathan Caixeta 203

CAPÍTULO XXIV – O ECONOMISTA QUE DESCOBRIU A MOEDA: MARTIN WOLF SAI DA CAVERNA
Nathan Caixeta 209

CAPÍTULO XXV – ESTABILIDADE MONETÁRIA *VERSUS* CONTROLE DA INFLAÇÃO: PLANO REAL E A MACROECONOMIA DAS ILUSÕES, PAPOS ENTRE "MÚSICA E FUTEBOL"
Nathan Caixeta 215

CAPÍTULO XXVI – AS CONSEQUÊNCIAS ECONÔMICAS DA GUERRA
Luiz Gonzaga Belluzzo 233

CAPÍTULO XXVII – ALÉM DE RÚSSIA *VERSUS* EUA
Luiz Gonzaga Belluzzo 239

CAPÍTULO XXVIII – O DÓLAR E O AMERICANISMO DOS AMERICANOS
Luiz Gonzaga Belluzzo 243

CAPÍTULO XXIX – A MOEDA SUL-AMERICANA E A LUTA PELA SOBERANIA
Nathan Caixeta 247

CAPÍTULO XXX – IMPLOSÃO DE IGNORÂNCIAS
Luiz Gonzaga Belluzzo 267

CAPÍTULO XXXI – A MACROECONOMIA DOS FLUXOS E ESTOQUES
Luiz Gonzaga Belluzzo 271

CAPÍTULO XXXII – A CONTRADIÇÃO EM PROCESSO
Luiz Gonzaga Belluzzo 277

CAPÍTULO XXXIII – KEYNES, O RETORNO
Luiz Gonzaga Belluzzo 283

CAPÍTULO XXXIV – O PARADOXO DA MOEDA, DO CRÉDITO E DA VALORIZAÇÃO DA RIQUEZA: AS DIMENSÕES POLÍTICAS E PSICOSSOCIAIS DOS FENÔMENOS CONTEMPORÂNEOS DO CAPITALISMO
Nathan Caixeta 289

CAPÍTULO XXXV – *POST-SCRIPTUM*: NOTAS DE MACROECONOMIA MARXISTA – ESPECULAÇÕES FILOSÓFICAS SOBRE O PARADOXO DA MOEDA
Nathan Caixeta 313

ENTREVISTA – BELLUZZO: COMO LULA FARÁ A NOVA CARTA AOS BRASILEIROS 321

PREFÁCIO

O convite, que muito me orgulha, para escrever o prefácio deste livro me fez refletir sobre a relação entre professores e alunos. O Professor Belluzzo, mestre de muitas gerações de cientistas sociais, foi (e é) essencial para a minha formação. O senso crítico e de humanidade do Professor sempre foi referência em minha vida acadêmica, desde os primeiros anos de graduação, e é fundamental na construção permanente da minha carreira de professor. Ao não se limitar ao "economicismo" e questionar incansavelmente os pilares do pensamento convencional, Belluzzo vai muito além da posição de economista e assim como John Maynard Keynes – nas palavras do jornalista Zachary Carter – é um filósofo da liberdade, sempre em busca, em suas reflexões, da autonomia do indivíduo. E tais reflexões quase sempre se dão de maneira coletiva, envolvendo os mais variados atores (intelectuais, políticos, pesquisadores). A generosidade do nosso mestre, tão atencioso com todos e todas ao seu redor – seja o Presidente Lula, a Presidenta do Palmeiras ou um aluno/aluna interessados – é um oásis no mundo de vaidades da academia, que muitas vezes interdita a troca entre professores e alunos, tão importante no processo de formação.

E foi com esse espírito da generosidade que conheci o Nathan, meu aluno na graduação de Economia e estagiário do Núcleo de Estudos de Conjuntura (NEC) da FACAMP. Os debates na sala de aula ou nas reuniões do NEC transformaram não apenas o Nathan, mas também as minhas percepções enquanto professor e pesquisador. Seus interesses, questionamentos e sugestões enriqueceram ainda mais essa troca, que se refletiu em textos sobre os mais variados temas.

O encontro entre o Professor Belluzzo e o Nathan, portanto, é mais que o encontro entre gerações de economistas de diferentes épocas. É o encontro entre o professor e o aluno, tão raro nos tempos atuais, marcados muitas vezes por uma relação meramente instrumental ou utilitária. É o encontro de dois pensadores que vão além das formalidades que limitam a análise das relações econômicas. Nessas crônicas "antieconômicas", Belluzzo e Nathan recorrem às artes (e à cultura de modo geral) para analisar criticamente nossa ciência triste, que muitas vezes esconde em modelos teóricos frios e desprovidos de história as mazelas do nosso sistema. Como forma de expressão da busca pela autonomia indivíduo, a cultura nos leva a uma compreensão mais ampla das injustiças sociais e do individualismo meritocrático que permeiam a sociedade capitalista. É, portanto, uma visão enriquecedora em relação ao debate econômico atual, empobrecido por termos técnicos, que interditam qualquer questionamento dos mais leigos, além de esconder os interesses mais escusos.

Convido a todos e todas, portanto, a ler essas belas crônicas, que refletem a troca entre professor e aluno, fundamental na formação do indivíduo.

SAULO ABOUCHEDID

APRESENTAÇÃO

A ANTIECONOMIA NO ENCONTRO DAS GERAÇÕES

A obra que o leitor tem em mãos é fruto, em muitos sentidos, da emergência do espírito por expurgar a tragédia que o economicismo tem produzido no debate público aqui em nossos trópicos, e lá fora.

É curioso que essa emergência tenha nascido do encontro entre gerações, separadas por mais de meio século. A geração nascida nos anos 1940 que assistiu ao período glorioso da industrialização, combateu com ferocidade o regime militar de 1964 e protagonizou as esperanças na restauração da democracia em 1988. E a geração dos anos 2000 que recebe um país em retrocesso, ainda que mediado pelo período de avanço das políticas sociais. O encontro entre gerações, representada pelos autores destas *Crônicas*, se dá no momento em que o fascismo ameaçou nossa democracia e o liberalismo retrógrado veio ao ataque das conquistas sociais.

Apegamo-nos, pois, aos artifícios da cultura, das artes, da literatura para discutir Economia, ou melhor, Economia Política através de fontes mais concretas e calçadas na realidade social. Por isso, nossas crônicas não são econômicas, nem de crítica à Economia Política num sentido acadêmico, mas são antieconômicas, pois perseguem o *avesso do inverso*, isto é, indo à história e às artes para chegar na crítica, munidos de ferramentas completamente estranhas ao pensamento econômico.

Numa digressão particular pelo "Zap", debatemos o livro que oferecemos neste momento pelo ângulo de nossas gerações.

O conservadorismo que hoje nos aflige, de ordem tanto econômica quanto política, não é muito diferente daquele que se opôs à industrialização e se levantou contra a democracia no golpe de 1964.

A oposição ao projeto varguista recolheu apoio integral de parcelas inteiras da burguesia nacional comprometidos com o *status* atrasado do Brasil da República Velha. A industrialização ancorada em interesses nacionais que exaltavam a melhoria das condições de vida dos trabalhadores soava como anátema para os que acreditavam na vocação primário-exportadora.

Durante o período JK, nossos 50 anos em 5, foram igualmente combatidos por aqueles que tinham horror à democratização do voto, dos direitos e da ascensão dos pobres e trabalhadores ao circuito urbano de consumo.

Tão logo imersos em sua fúria, os conservadores trataram de tirar da cartola o terror contra o comunismo, incitando as parcelas golpistas das forças armadas ao golpe militar. E esse movimento não foi só político.

O regime tratou de reprimir todo movimento cultural que vinha sendo construído desde a Semana de Arte Moderna de 1922. Tratou de acelerar a industrialização, reprimindo os sindicatos e achatando os salários. Tratou de estimular a concentração de renda e riqueza e escoltar a construção de uma sociedade profundamente desigual.

Os avanços foram enormes, os retrocessos também. O que se construiu foi uma sociedade onde o ganho e o progresso pessoal dominaram as aspirações das classes médias, e o monopólio das

APRESENTAÇÃO – A ANTIECONOMIA NO ENCONTRO DAS GERAÇÕES

oportunidades pelas elites era preservado e expandido pelo poder estatal. Uma sociedade costurada pela concorrência impessoal na ausência da cidadania e da democracia. Uma sociedade onde o poder residia nas mãos dos ricos, enquanto os demais eram engolidos pela miséria das condições de vida.

A queda da ditadura devolveu a esperança na construção de um país avançado do ponto de vista econômico e social. A democracia veio, e a Constituição de 1988 consagrava a virada do estilo autoritário de poder para a efetivação da cidadania, das liberdades e dos direitos sociais. Foi bonita a festa, pá. Mas o ingresso era caro demais e a solução oferecida pelas elites para a crise dos anos 1980 foi o neoliberalismo. Isso nos custou o sonho.

O avanço neoliberal tratou de manter os privilégios e o domínio dos ricos, destruindo a base produtiva erguida pela industrialização e oferecendo a gestão da pobreza e da miséria como sinônimo de "bem-estar social". O que assistimos foi o aprofundamento do mal-estar gerado pelo ingresso atrapalhado na globalização produtiva e financeira, pois o progresso das pautas sociais e o crescimento dos empregos esteve condicionado aos interesses forâneos do rentismo.

Não foi por acaso que as bandeiras conservadoras se levantaram diante da crise econômica de 2014-16. No interior do retrocesso estrutural, da queda do emprego industrial, do avanço da concentração da riqueza, crescia o ressentimento de toda uma geração de indivíduos frustrados com o legado da globalização: empregos precários, baixos salários, mobilidade social limitada e sentimento de impotência pessoal ante os privilégios da elite.

Todo esse ressentimento se virou contra os símbolos do pequeno progresso vivenciado pelos mais pobres durante a expansão das políticas sociais de gestão da pobreza. De algum modo, o fracasso pessoal foi transferido para uma ordenação moral da sociedade: se o progresso pessoal não é alcançado como remuneração ao patrimônio natural do homem branco, defensor da família tradicional e do direito de propriedade, então o caminho é eliminar os concorrentes –mulheres, negros, homossexuais, favelados, nordestinos etc. –, aqueles que simbolizavam a frustração com a globalização e a erosão do *status* social dos bem-nascidos.

O caso aqui é de uma geração de pessoas incapazes de reproduzir a escalada material e social das gerações que viveram o período da industrialização. Quando o ressentimento toma espaço, o conservadorismo rapidamente tomba para a violência e o conspiracionismo, sínteses da separação entre o nós e eles, ou entre os destinados ao sucesso levados pela mão invisível do mercado e os marginalizados guiados pelo ofício da servidão.

O fascismo se arvora nas raízes ressentidas da sociedade ao situar a missão dos ressentidos como sendo a eliminação dos excluídos. O liberalismo tosco, por seu turno, encomendou o Teto de Gastos, emparedou os direitos trabalhistas e previdenciários, enquanto perseguia o reforço aos interesses das classes financeiras, tornados ritos de fé com a autonomia do Banco Central. O fascismo foi derrotado nas urnas, ou pelo menos sua representação imediata. O desafio, agora, é recompor as bases para o desenvolvimento. Bases essas que não interessam às elites e que têm sido consistentemente atacadas pela grande mídia assessorada pelo pensamento preguiçoso dos economistas de mercado.

Instiga-nos e apavora notar que, durante a modernização econômica, assentou-se uma sociabilidade retrógrada, antidemocrática e antissocial. Quase que ao inverso, a modernização social oferecida pela Constituição processou-se diante do retrocesso econômico dirigido pelos mesmos interesses antissociais e antinacionais. A teoria econômica que circula em nosso meio informa, desde há muito, que conciliar desenvolvimento econômico e social necessita de reformas de nossas instituições embrenhadas no populismo e no nacionalismo, cadáveres do velho mundo. Feitas todas as reformas recomendadas e retirados os esqueletos do armário, perguntamos: o que restou do país?

APRESENTAÇÃO – A ANTIECONOMIA NO ENCONTRO DAS GERAÇÕES

Contra isso direcionamos nossas *Crônicas*. Sem a crítica histórica, sem a cultura e as artes, o pensamento econômico, dotado de simplificações que eliminam o conteúdo humano e social, vence e o país perece. Ainda que pareça um trabalho de Sísifo, o que a história nos ensina é que o progresso nunca chega sem resistência aos retrocessos impostos por aqueles que monopolizam os meios de vida e subsistência.

Por isso, deixamos afirmado que nossa tentativa humilde e sincera de recuperar a crítica da Economia Política, de incomodar aqueles que descansam nos modelos teóricos da ciência triste, de resistir contra aqueles que inflamam as fileiras do fascismo, é sobretudo a condensação hegeliana entre dois Brasis, o do passado-presente e o do presente-futuro. Para tanto, esperamos levar ao leitor o espírito da dúvida que presidiu a preparação destas *Crônicas antieconômicas* e suscitar, em quem se atrever a encarar as páginas com rigor, o mesmo inconformismo que carregam nossas palavras aqui publicadas: o inconformismo com a fome, com as desigualdades, com o individualismo meritocrático, com o fascismo, com a vida social transformada em espectro postiço das forças dos mercados.

Dedicamos a Gabriel Galípolo, nosso amigo e companheiro, estas páginas. À sua brava e corajosa resistência, aos esforços de um intelectual militante, estadista, orgânico, comprometido com a derrota do fascismo e com a crítica da Economia Política. Dedicamos, também, à brava resistência do Supremo Tribunal Federal contra os surtos do capitão bonachão.

Dedicamos às vítimas da COVID e seus familiares. Dedicamos aos brasileiros e brasileiras que lutam pelo Estado Democrático de Direito. Dedicamos aos pobres, remediados, descartados e desvalidos pela crise econômica, política, social, moral e ideológica que nos impinge agonia. Esperamos que estas páginas tragam esperança de que o Brasil, mais do que prodígio periférico que se anunciou no passado, possa realizar-se num futuro, que desejamos seja próximo, como um país mais justo e igualitário.

Não permitamos que a digressão de Chico Buarque se concretize como profecia não intencional em nossa democracia, *como ilusão passageira que a brisa primeira levou*. A brisa de uma democracia populista comandada pela plutocracia, como lembraram João Manuel Cardoso de Mello e Fernando Novais, do pensamento preguiçoso e autofágico, do ódio ao outro de mesmo sangue latino, tropical e brasileiro, vindo de uma elite antinacional e antissocial que tem conduzido o país à miséria econômica, política e moral.

Deixamos agora o palco para a imaginação dos leitores, espaço muito mais prodigioso e fecundo do que poderíamos construir em nossa humilde empreitada antieconômica.

LUIZ GONZAGA BELLUZZO

NATHAN CAIXETA

INTRODUÇÃO

CRÍTICA À ECONOMIA POLÍTICA: UMA VISÃO DA ANTIECONOMIA

Instigados pela leitura da entrevista do filósofo Franco Bifo Berardi, publicada pelo Instituto Unisinos e intitulada *O pensamento crítico morreu*, entregamos ao leitor uma breve introdução ao espírito da obra que ele tem em mão, nossas *Crônicas antieconômicas*, esperando que esse livro de crônicas refresque o deserto de ideias do pensamento econômico contemporâneo no Brasil e no Mundo. Ainda, anotamos a valiosa contribuição e amizade de Gabriel Galípolo, ponta de lança de nosso tridente ofensivo contra as imposturas economicistas.

***

A crítica à Economia Política nasceu com Marx em 1859, oito anos antes da publicação do primeiro volume de *O Capital*.[1] Antes

---

[1] Marx já havia escrito trabalhos preparatórios anteriores que chegaram a nossas mãos muito tardiamente. Por isso, aqui é considerado como início da crítica o ensaio *Contribuição à Crítica da Economia Política*, de 1859. Mas poderíamos bem situar os Cadernos de Paris e os Manuscritos Econômicos-Filosóficos, escritos de 1843-1844.

ainda, na *Miséria da Filosofia*, Marx incorpora o conjunto de elementos fundados pela Economia Política de Adam Smith e Ricardo como agenda de reflexão essencial para sua filosofia da práxis.

Dando os devidos préstimos aos seus antecessores, Marx encontra no materialismo histórico e na dialética hegeliana as ferramentas para romper com o circuito hermeticamente fechado da visão clássica da Economia Política, empreendendo sua crítica no percurso de desvelamento das categorias concretas de determinação do modo de funcionamento do capitalismo.

A Economia Política clássica de Smith e Ricardo nasce em oposição ao mercantilismo, como crítica ao Antigo Regime, para se transformar, pelas mãos de seus seguidores, em uma teoria de justificação (e conservação) do capitalismo e de seu sistema de dominação baseado na igualdade formal do trabalho, como forma de ocultação da desigualdade na distribuição da riqueza, dos meios de produção e de subsistência.

A crítica de Marx, ao desenrolar as categorias ocultadas pela forma-valor, está na raiz daquilo que Bifo Berardi chamou "morte do pensamento crítico": a ocultação da exploração do trabalho pela figura universal do dinheiro, produz uma forma de dominação social que embaraça as incursões do indivíduo moderno pelo mundo livre, aprisionando a autonomia do ser aos aspectos materiais da vida, o trabalho, o dinheiro e o consumo desenfreado como sinônimo de felicidade.

A ciência econômica aprofundou suas raízes clássicas ao transformar a "teoria de justificação do capitalismo" em uma jaula para o pensamento crítico, cujas barreiras Belluzzo e Galípolo bem identificaram no livro *A escassez na abundância capitalista*.[2]

---

[2] BELLUZZO, Luiz Gonzaga; GALÍPOLO, Gabriel. *A escassez na abundância capitalista*. São Paulo: Contracorrente, 2019.

Esses quatro postulados asseguraram aos cientistas econômicos a capacidade de, duplamente, ignorar as perturbações do dinheiro sobre a "Economia real", e produzir um tipo de pensamento dominante, ausente de espírito crítico, que se propõe a justificar as desigualdades do capitalismo pelo entrelace entre

> o *equilíbrio natural* da economia gerado no universo das trocas, espaço onde os *indivíduos racionalmente* dispostos a maximizar sua utilidade e seu lucro (bem-estar) se defrontam livremente para realizarem sua autonomia material.

O pensamento acrítico domina o debate econômico do marginalismo de Jevons e Walras, passando pelos austríacos Bohm-Bawerk e Von Mises, pelo monetarismo de Friedman, pelos delírios expectacionais de Robert Lucas até chegar ao Novo-keynesianismo (tão bastardos quanto os antigos), tipos como Lawrence Summers, Olivier Blanchard e Joseph Stiglitz. As diferenças teóricas que os separam aparecem como tonalidades da mesma cor cinzenta que decora o edifício de suas semelhanças, erguido pela crença da Economia como ciência capaz de capturar e prever o comportamento humano.

O edifício da ciência econômica, protegido pela gaiola de seus pressupostos, transforma seus habitantes em profetas da prosperidade que defendem o sistema desigual de distribuição da riqueza, centrado no direito de propriedade como eixo da ordem social. O resultado desta autofagia teórica dos economistas é a impossibilidade do pensamento crítico, reflexo do fenômeno denunciado por Bifo Berardi:

> Quando o processo de comunicação se torna vertiginoso, assente em multicamadas e extremamente agressivo, deixamos de ter tempo material para pensarmos de uma forma emocional e racional. Ou seja, o pensamento crítico morreu! É algo que não existe nos dias de hoje, salvo em algumas

áreas minoritárias, onde as pessoas podem dar-se ao luxo de ter tempo e de pensar.[3]

A ausência da crítica dentre os economistas é, portanto, reflexo das transformações da razão substantiva (e crítica) numa espécie de razão instrumental, subitamente econômica, como ensina André Gorz. Tal racionalidade é centrada na objetivação do comportamento humano direcionada à finalidade do cálculo impessoal entre "prazer e dor". A razão instrumental, incorporada no método econômico, transforma o pensamento sobre as categorias materiais que encobrem as relações sociais numa:

> ciência econômica, como guia da decisão e da conduta, retirando do sujeito (pessoa) a responsabilidade por seus atos. Transformando-o em um funcionário do capital, encarnação da racionalidade econômica, segundo Gorz.[4]

Ao propormos a provocação da Antieconomia como retorno a crítica da Economia Política, nos deparamos com a emergência da reflexão sobre a validade da razão instrumental em ser capaz de capturar o comportamento humano, de modo a contribuir com a estrutura de dominação político-financeira do capital mediante o oferecimento da justificativa dessa estrutura para a manutenção do equilíbrio natural da ordem social entre indivíduos livres e racionais.

Citando novamente Bifo Berardi, sua ratificação da premissa de Keynes de que "o inevitável geralmente não acontece porque o imprevisível prevalece", permite, finalmente, liberar a ode antieconômica contra as imposturas economicistas.

---

[3] BERANDI, Frannco. *O pensamento crítico morreu*. Entrevistadora: Suzana M Rocca. Instituto Humanitas Unisinos, 2018. Duração: 1h 41min.

[4] GORZ, André. *As metamorfoses do trabalho*: crítica da razão econômica. São Paulo: Annablume, 2003, p. 123.

O pensamento crítico só é possível a partir da compreensão das estruturas que ordenam a realidade, encobrindo suas contradições pelo embaçamento entre o concreto e o abstrato, o universal e o particular. Tais categorias são determinações que aparecem sobrepostas no intercurso da vida cotidiana, tornando as contradições no plano social invisíveis às vistas da lógica formal e da razão instrumental. É somente pelo esforço de saturação dessas categorias, no ato da investigação intelectual, que somos capazes de apreender a concretude daquilo que está oculto, através da observação do movimento contraditório das estruturas.

A predição do comportamento humano aprisionada no calabouço matemático dos modelos de equilíbrio, a suposição da razão humana como expressão do cálculo moral entre prazer e dor, são ferramentas inadequadas para capturar tais movimentos, levando os economistas tradicionais a abdicar da crítica em favor da produção de opiniões (pagas a peso de ouro) para justificar "cientificamente" as desigualdades materiais, políticas e sociais que estão implícitas no movimento do capitalismo.

Numa visão antieconômica, parece prudente relembrar a precariedade do conhecimento humano. Como advertiu Keynes, tal lembrança remete a um fato tão simples, que deveria ser óbvio. A luta pela reposição da crítica no centro das investigações econômicas supõe que voltemos os olhos para a realidade, para a história e, sobretudo, para uma prática intelectual que tenha por fundamento a luta política. Assim, podemos compreender, como anotou José Paulo Netto em sua brilhante biografia sobre Marx:[5] que o esforço intelectual está na representação ideal (intelectual) do movimento real da sociedade, invocando-nos para algo além da "enteléquia", isto é, para a luta política real que está no fundamento de toda e qualquer atividade intelectual verdadeiramente crítica e honesta.

---

5   NETTO, José Paulo. *Karl Marx*: uma biografia. São Paulo: Boitempo, 2020.

Referências bibliográficas

BELLUZZO, Luiz Gonzaga; GALÍPOLO, Gabriel. *A escassez na abundância capitalista*. São Paulo: Contracorrente, 2019.

BERANDI, Frannco. *O pensamento crítico morreu*. Entrevistadora: Suzana M Rocca. Instituto Humanitas Unisinos, 2018. Duração: 1h41min.

GORZ, André. *As metamorfoses do trabalho*: crítica da razão econômica. São Paulo: Annablume, 2003.

NETTO, José Paulo. *Karl Marx*: uma biografia. São Paulo: Boitempo, 2020.

CAPÍTULO I
SOBRE A URGÊNCIA DA DÚVIDA E A ELEGÂNCIA DO SABER: LUIZ GONZAGA BELLUZZO ENCONTRA JORGE LUIS BORGES E ADEMIR DA GUIA

NATHAN CAIXETA

Em homenagem a Luiz Gonzaga de Mello Belluzzo, o mestre de todos nós.

Tomarei a liberdade de compartilhar a experiência de dialogar com Luiz Gonzaga Belluzzo que com sua gentileza habitual acolhe sempre que possível as dúvidas de um jovem escritor (denomino-me escritor, por julgar mais humilde do que a posição olímpica reservada aos economistas).

O diálogo percorre com o vislumbre de um jogador de várzea convidando Pelé para jogar uma "pelada", fazendo da contenda no gramado o palco de uma final de Copa do Mundo. Se o passe sai "torto", de "canelada", Belluzzo domina como quem dribla as leis da física, criando o tempo e abrindo espaço para dar sequência ao avanço ofensivo. Encontrando-me cercado pela marcação, o mestre compartilha de sua visão privilegiada de alguém que já antecipou "anos-luz" à frente o movimento da defesa adversária, descadeirando num só movimento as retrancas ensaiadas pelo senso-comum. Por fim, o craque do saber surpreende a torcida, exibindo elegância e criatividade, valores quase régios para um palestrino que assistiu de perto a magia de Ademir da Guia.

1 "O Divino" do Palestra

Ademir da guia, "O Divino" do Palestra marcou época ao vestir as cores alviverdes. Segundo Belluzzo, o estilo de jogo de Ademir retratava em obra viva as figuras do Renascimento. Michelangelo talvez viajasse pelos séculos para apreciar o *religare* entre o homem de corpanzil esguio e consciente que pairava sobre a grama ditando as notas da sinfonia de uma academia da arte futebolística e o divino que humildemente colava a bola ao pé direito em um ato inseparável de magia. Armando Nogueira, responsável por anunciar ao mundo o florescimento do "camisa 10" palmeirense, comparava-o ao tom de um primeiro violino, capaz de guiar o ritmo de um acorde agudo e ofensivo ao silêncio tão calmo capaz de retroceder os ponteiros do relógio, abrandando e dominando o espaço. O Dr. Sócrates, meia tão raro quanto Ademir, anotou: "o futebol nos ofereceu um grande bailarino".[1] Foram 15 anos de arte ao lado de Dudu, Leivinha, César, Emerson Leão e outros tantos. Azar da Copa do Mundo que só assistiu ao baile do Divino uma única vez em 1974.

2 Jorge Luis Borges: o saber e a dúvida

Poeta e escritor argentino, Jorge Luis Borges habita a sala dos gigantes, ao lado de Camões, Neruda, Fausto, Gabriel García Márquez e o nosso Carlos Drummond de Andrade. Curiosamente

---

[1] UM CRAQUE chamado divino. Direção: Penna Filho. São Paulo e Rio de Janeiro: Cultura; Bandeirantes; Canal 100, 2006. Duração 1h21m.

CAPÍTULO I – SOBRE A URGÊNCIA DA DÚVIDA E A...

a sala onde habitam esses monumentos do saber em nada se assemelha a torre de babel dos intelectuais acadêmicos, mas é decorada por um tom mais humilde que une da metafísica ao materialismo, o romance e o existencialismo, da arte eternizada nas obras à brevidade da vida do artista. Por fora, feita de taipa e barro, por dentro escondidos os tesouros.

Para este detalhe Belluzzo alertou-me, relembrando a célebre frase de Borges em *Un Lector, El Elogio da Sombra*: que outros se orgulhem do número de páginas que escreveram. Eu prefiro me gabar das que li.[2] A ironia de Borges desfere duplo golpe: de pedra bruta atirada contra o ego daqueles que escrevem como se suas palavras a tudo respondessem; e de diamante lapidado por aqueles que buscam na leitura algo mais que esclarecimento, mas a expansão do próprio horizonte de dúvidas.

Ainda, no poema "Sobre o Rigor da Ciência", Borges desvelou a agonia do saber científico em contraste ao exercício da labuta intelectual. Segundo Borges, o saber científico trafega em uma encruzilhada indissolúvel: reduzir a realidade concreta à representação atômica de um mapa descritivo, ou expandir a representação dos detalhes da realidade ao ponto de suplantar o espaço mapeado.

O dilema de Borges é inescapável, pois de duas a uma: o saber científico busca por respostas que pretendam, ou o reducionismo absoluto, ou a explicação "universal" da realidade. Também, saber permanece agônico ante o fato de a realidade assumir múltiplas dimensões, do real ao provável e deste ao virtualmente ilimitado.

O real verifica-se em fragmentos tão dispersos no espaço-tempo que restringem a percepção aos limites da cognição e dos sentidos humanos. O provável, alvo do rigor matemático das ciências, é apenas parcialmente capturado, seja pela impavidez de

---

[2] BORGES, Jorge Luis. *Elogio da sombra*: um ensaio autobiográfico. São Paulo: Globo, 2001.

alguma variável escolhida ao acaso, seja pela hercúlea assunção da aleatoriedade dos fenômenos dos quais se observam apenas os efeitos sem que possam ser comprovados os fenômenos pelo exercício empírico. O virtualmente ilimitado enuncia o universo do "devir" entregue à indeterminação metafísica.

Novamente, invoca-se a criatividade em contraste ao rigor capaz de cegar os sentidos. O ato da criação em antessala do exercício da dúvida que inconscientemente une o virtualmente ilimitado ao real, ao mesmo tempo que, rechaça a aleatoriedade do possível, como quem imagina uma pintura, antes de empunhar o pincel. As respostas oferecidas pelo rigor da ciência tomam a realidade como objeto para "lançar mão" da predição daquilo que é provável. Max Weber matou a charada em *A ciência como vocação* ao concluir que o trabalho intelectual não deve buscar as explicações finalísticas, pois estas se esvaem no tempo diante de novas descobertas, mas perseguir a arte da criação na perquirição diletante ante a realidade concreta, pois se as respostas são formuladas esperando sua superação, as dúvidas permanecem eternas.

3 Luiz Gonzaga Belluzzo e a dialética: a dúvida ao serviço do saber e a paixão pelo conhecimento

Em dois dos diálogos com Belluzzo, duas frases me marcaram em meio aos diamantes despejados aos montes a cada comentário realizado pelo mestre (com a devida licença da paráfrase):

> (...) tenho muito receio para com aqueles que preservam muitas certezas" e prossegue em outro diálogo: "muito difícil e um tanto constrangedor para um discípulo de Inácio de Loyola opinar sobre sua trajetória intelectual. Mas, posso garantir que ao longo de minha vida a paixão pelo conhecimento foi infinitamente mais intensa que a afirmação do ego.

Essas frases proferidas em diálogos informais esboçam fragmentos do testemunho vivo de um intelectual na acepção mais nítida da palavra, como aquele que transpassa o mimetismo habitual do saber econômico e lança-se sem receio ao desconhecido, operando o árduo e autêntico exercício da dúvida com a humildade herdada de suas origens como seminarista na ordem dos Jesuítas, conjugando-a ao aprimoramento do pensamento dialético herdado do materialismo histórico.

Tenho para mim, como discípulo que segue os passos do mestre, que o fio que amarra a densa e farta obra de Belluzzo não é tecido somente pelos caminhos teóricos que destrinchou para seus discípulos, mas o aprimoramento de um método de investigação autêntico capaz de concatenar diversos campos de conhecimento, recheando suas interpretações de diversas fontes na busca incessante pelo encaminhamento das contradições. Não por menos, certa vez disse: "no capitalismo tudo parece mudar, para permanecer igual" e continuou: "pensar o capitalismo é ter a noção de que [dialeticamente], 'uma coisa é uma coisa, e outra coisa é a mesma coisa'", demonstrando a boa ironia herdada certamente de John Maynard Keynes.

O que distingue Belluzzo dos economistas convencionais não é, como Borges, aquilo que escreveu, mas seu visceral interesse pela leitura e a atenção dada à interpretação do "movimento das estruturas", isto é, da contradição em movimento própria ao modo de reprodução do capital. A teoria econômica, na grande maioria de seus esforços explicativos, esmera-se em "matar o movimento das estruturas" acomodando-se ao lugar-comum em que "tudo mais constante" à causalidade das correlações estatísticas é garantida. Belluzzo, por outro lado, persegue a contradição não com o objetivo de dissolvê-las esquematicamente, mas de explicitar suas conexões. Outro aspecto que marca a trajetória do intelectual palestrino é sua generosidade para com seus pares e discípulos, ato testemunhado de forma unânime. A construção coletiva do conhecimento marca a obra de Belluzzo, certamente, assemelhando-se ao contubérnio das eras poéticas, tão amplo quanto o horizonte de Borges.

Como palmeirense apaixonado, não se limitou ao vislumbre das retinas com a magia divina de Ademir da Guia, como reproduziu em seu estilo de escrita a elegância do Divino do Palestra.

A emergência da dúvida e a elegância com que enfrenta o espinhoso caminho da dialética desenha uma genealogia intelectual (e, porque não espiritual) da união da elegância de Ademir, da ironia de Keynes, da peregrinação dialética de Marx, da dúvida de Borges e, retornando às raízes, da humildade Jesuítica. Reunidos essas heranças, Luiz Gonzaga Belluzzo é, em simultâneo, mestre e eterno aprendiz, desbravador que para muitos abriu caminho, e, acima de tudo, um questionador incansável que realiza na plenitude o preceito de Weber: o ato da dúvida eternizada em seus escritos, as certezas rechaçadas pela humildade de quem tanto conhece, consciente da existência do inesgotável universo do saber a ser conhecido e desbravado.

Ao mestre, com carinho, dedico uma poesia de minha autoria (desculpando-me antecipadamente por não fazer jus ao talento de Borges):

Ode às certezas
O que é conhecer, senão duvidar?
Receoso, me ponho a pensar
Um universo tão vasto
Para nos acomodarmos com o comum
Tanta tinta, papel gasto
Que não leva a lugar nenhum
Por isso a emergência da dúvida
No admirável vislumbre do desconhecido
Afinal, se tudo muda
O que fazer, quando todas nossas certezas já haviam desaparecido.

Referências bibliográficas

BORGES, Jorge Luis. *Elogio da sombra*: um ensaio autobiográfico. São Paulo: Globo, 2001.

UM CRAQUE chamado divino. Direção: Penna Filho. São Paulo e Rio de Janeiro: Cultura; Bandeirantes; Canal 100, 2006. Duração 1h21m.

CAPÍTULO II

CORAGEM MORAL: TRAPALHADAS ECONOMICISTAS

LUIZ GONZAGA BELLUZZO

Sentei-me à frente do computador para escrever a primeira coluna de 2021 após assistir a um episódio da série *Chicago PD*. O episódio trata de um policial negro que contou a verdade sobre um tiroteio entre negros pobres e policiais brancos à cata de drogas.

Um policial branco foi atingido no tiroteio e morreu. As investigações foram deflagradas sob o suposto da inexorável culpabilidade dos negros "traficantes". O policial negro da inteligência, distrito 21, comandado pelo controvertido Sargento Voight, teve o desassombro de contar a verdade e acusar o policial branco de iniciar o tiroteio "sem causa provável".

O episódio termina com a matilha de policiais brancos tentando atemorizar o colega negro quando chegava à sua casa, com um desfile noturno de carros oficiais, faróis acesos. No meio da rua, desafiando as viaturas, o policial negro exclamava: "Podem vir, estou aqui!!"

Escrevi esse preâmbulo para homenagear o editor executivo do jornal Valor, Pedro Cafardo. Em seu artigo na edição de 5 de janeiro, Cafardo teve o desassombro de furar a nuvem espessa de conformidades economicistas e amorais que guiam o debate curupira acerca da política fiscal austericida, seríssima ameaça às condições de vida de milhões de brasileiros.

Vou citar o trecho que considero o mais expressivo:

> Trata-se de uma situação excepcionalíssima que, aqui e em qualquer outro lugar, exige decisões excepcionais. É inegável que o auxílio emergencial teve e terá, se for prorrogado, impacto positivo no consumo e na produção, o que tende a melhorar a relação dívida/PIB, preocupação-mor dos falcões. Segundo DeLong, "a lição mais importante [da atual crise] que ainda não foi absorvida é que, em uma economia profundamente deprimida, os empréstimos e gastos do governo aumentam a prosperidade de curto e longo prazo do país". Por isso, esses gastos mais expandem a capacidade fiscal do que aumentam o peso da dívida.[1]

Entre as pérolas lapidadas pelos corifeus do pensamento economicista figura com *aplomb* a austeridade expansionista. Esse prodígio da inventividade dos economistas apoia-se na suposição de efeitos virtuosos acarretados pelo equilíbrio fiscal sobre as expectativas dos agentes relevantes.

A economia é autorregulada pelas forças da racionalidade do *homo oeconomicus*. Deixada aos desígnios da racionalidade dos agentes, ela tende naturalmente ao equilíbrio de longo prazo, proporcionado o máximo de bem-estar para os cidadãos, resguardadas as limitações da escassez de recursos e as possibilidades oferecidas pelo avanço tecnológico.

---

[1] CAFARDO, Pedro. "Nobres que aqui legislam não legislam como lá". *Valor*, jan. de 2021.

CAPÍTULO II – CORAGEM MORAL: TRAPALHADAS ECONOMICISTAS

Na visão economicista, a política fiscal deve estar encaminhada para uma situação de equilíbrio intertemporal sustentável, dito estrutural; a política monetária assentada na coordenação das expectativas dos indivíduos racionais (regime de metas) controlada por um banco central independente.

Nas angústias e tropelias da pandemia, diz meu companheiro Gabriel Galípolo: "nada como a visão da força para clarear a mente". Assim seja: o economista-chefe da OCDE, Laurence Boone, em entrevista ao *Financial Times* disse que o impacto econômico da pandemia deve mudar a atitude dos governos em relação aos gastos públicos e à dívida. Ele teme uma nova onda de austeridade poderia provocar uma reação popular.[2] Os governos devem assumir o controle dos bancos centrais como o principal motor do estímulo econômico.

Não foi outra a orientação do economista conservador Glenn Hubbard aos senadores republicanos. Em meados de março, Hubbard conversou com os senadores republicanos Marco Rubio, da Flórida; Susan Collins, do Maine; e Roy Blunt, do Missouri.[3] Apenas Collins tinha mandato na crise financeira de 2008, quando o Congresso aprovou 700 bilhões de dólares para resgatar ativos podres. Agora, a encrenca estava na casa de trilhões. Ampliar o déficit e expandir o gasto do governo federal eram anátemas para a bancada republicana. Para alguns membros, isso cheirava socialismo. Rubio sinalizou que nunca apoiaria tais gastos em tempos normais.

"Você precisa fazer alguma coisa", advertiu Hubbard. "Estamos debatendo há décadas o tamanho do governo. O debate mais interessante, no entanto, é o escopo do governo". Ele falou do Presidente republicano, Abraham Lincoln:

---

[2] BOONE, Laurence. "OECD warns governments to rethink contraints on public spending". Entrevistador: Chris Giles. *Financial Times*, jan. 2021.

[3] WRIGHT, Lawrence. "The plague year: the mistakes and the struggles behind America's coronavirus tragedy". *The New Yorker*, jan. 2021.

Lincoln decidiu editar o Homestead Act, a lei de concessão de terras, e estabelecer as bases para a ferrovia transcontinental. Se Lincoln, no meio da Guerra Civil, teve a ideia de usar o governo como um instrumento, por que não podemos fazer isso hoje?[4]

Nos primeiros meses de avanço do vírus, o jornalista da *Bloomberg*, Peter Coy, entrevistou Glenn Hubbard, ex-reitor da *Columbia Business School* e conselheiro econômico-chefe de Bush, além de Alberto Alesina, de Harvard, patrono da austeridade expansionista, recentemente falecido.

Hubbard foi incisivo:

> Embora a política não possa compensar o choque de oferta, ela pode garantir que a demanda não afunde. Enviar cheques para indivíduos de baixa e moderada renda seria útil e deveria ser possível. Os mercados estão precificando cenários terríveis por causa da queda da confiança. Um grande programa de infraestrutura tranquilizaria as empresas a respeito da demanda futura – os projetos não precisam estar "prontos" para que isso funcione... Embora a profanação das regras fiscais não seja o objetivo, os formuladores de políticas devem priorizar a segurança sobre o déficit de curto prazo.[5]

O austero expansionista Alesina emendou:

> Eu não sou um falcão do déficit. Sou um economista que entende as prescrições de uma política fiscal ideal: executar déficits maciços quando há uma necessidade temporária como agora com o vírus e reduzi-los em períodos normais

---

[4] WRIGHT, Lawrence. "The plague year: the mistakes and the struggles behind America's coronavirus tragedy". *The New Yorker*, jan. 2021.
[5] COY, Peter. "Even defict hawks support big spending to fight the virus slump". *Bloomberg*, mar. 2020.

de crescimento... A questão da austeridade e seu efeito é irrelevante agora porque não precisamos de austeridade.[6]

Aqui, na desditosa Pindorama, o Presidente da República declara: "O país está quebrado. Não posso fazer nada. A culpa é da imprensa". Na contramão do policial negro da série Chicago PD, ele explicou aos apoiadores: "Não estou aqui, não sou capaz de tomar decisões".

Referências bibliográficas

BOONE, Laurence. "OECD warns governments to rethink contraints on public spending". Entrevistador: Chris Giles. *Financial Times*, jan. 2021.

CAFARDO, Pedro. "Nobres que aqui legislam não legislam como lá". *Valor*, jan. 2021.

COY, Peter. "Even defict hawks support big spending to fight the virus slump". *Bloomberg*, mar. 2020.

WRIGHT, Lawrence. "The plague year: the mistakes and the struggles behind America's coronavirus tragedy". *The New Yorker*, jan. 2021.

---

[6] COY, Peter. "Even defict hawks support big spending to fight the virus slump". *Bloomberg*, mar. 2020.

CAPÍTULO III
OS CIENTISTAS ESTÃO CHEGANDO

LUIZ GONZAGA BELLUZZO

Pierre Simon Laplace, físico e matemático que viveu entre 1749 e 1827, concebeu hipótese conhecida como demônio de Laplace:

> Podemos considerar o presente estado do universo como resultado de seu passado e a causa do seu futuro. Se um intelecto em certo momento tiver conhecimento de todas as forças que colocam a natureza em movimento, a posição de todos os itens dos quais a natureza é composta, e se for vasto o bastante para submeter tais dados à análise, ele incluiria numa única fórmula os movimentos dos maiores corpos do universo e, também, os do átomo mais diminutos; para tal intelecto nada seria incerto e o futuro, assim como o passado, estaria ao alcance de seus olhos.[1]

---

[1] LAPLACE, Pierre-Simon. *Philosopical essay on probabilities*. Nova York: Rough Draft Printing, 2009.

Adicionalmente às dificuldades apontadas pelo próprio Laplace, em armazenar toda a informação de todas as partículas presentes em todo o universo, a maior objeção à sua teoria decorre da criação de um futuro determinístico.

O astrofísico Francesco Sylos Labini sustenta que nem mesmo a quantidade de dados disponível atualmente é, por si só, capaz de ampliar a capacidade de previsões de fenômenos naturais ou sociais, por problemas intrínsecos a sistemas complexos:

> Mesmo conhecendo as leis que regem a dinâmica dos planetas, hoje é sabido que o sistema solar apresenta um comportamento caótico, apenas em uma escala de tempo muito mais longo do que a útil para as projeções do homem.[2]

A teoria do caos, sumarizada pelo matemático Henri Poincaré, sustenta que mesmo se as leis da natureza não guardassem mais segredos, o conhecimento acerca das condições iniciais ainda seria aproximado. Essas pequenas diferenças nas condições iniciais podem resultar em divergências enormes no resultado, tornando as previsões impossíveis e engendrando fenômenos fortuitos.

Para Labini estas limitações variam conforme o sistema. Enquanto previsões de eclipses podem ser realizadas para milhares de anos, as meteorológicas podem ser feitas para poucas horas ou dias. No caso de terremotos, os limites para conhecer o *status* do sistema praticamente impossibilitam previsões.

A situação é ainda mais complexa se as leis que regem a dinâmica do sistema mudam ao longo do tempo, como na economia e outras ciências sociais. Nesses casos, afirma Labini, deve se ter muita cautela no emprego de métodos desenvolvidos para o estudo das ciências naturais, apoiados na matemática e estatística:

---

[2] SYLOS-LABINI, Francesco. "Big-Data, complessità e metodo scientifico". *Aspenia*, n° 63, 2013.

CAPÍTULO III – OS CIENTISTAS ESTÃO CHEGANDO

O risco é obter resultados aparentemente científicos, similares aos obtidos nas ciências naturais, mas na realidade determinados por suposições "*a priori*" (ou por um cenário ideológico) utilizados na análise de maneira mais ou menos explícita.[3]

Mesmo com a disponibilidade de "*big data*", a interpretação adequada dos dados permanece indispensável. Um alto grau de correlação não implica relação de causalidade. Nas cidades italianas o número de igrejas e homicídios crescem de forma proporcional à população, o que não significa que o aumento de igrejas corresponde ao crescimento de homicídios, ou vice-versa! A correlação entre o número de computadores e pessoas com Aids entre 1983 e 2004 é de 0,99, sendo 1 o mais alto grau. Este é um exemplo de altíssima correlação espúria: são processos que surgem, crescem e se estabilizam juntos.

Os inconvenientes formais introduzidos pela presença nos mercados de uma diversidade de "indivíduos" com funções heterogêneas e livre-arbítrio, foram desviados nos modelos Dinâmicos Estocásticos de Equilíbrio Geral pela introdução do "agente representativo" com "expectativas racionais". Uma espécie de demônio de Laplace ressuscitado pelo toque de gênio dos macroeconomistas, capaz de se apossar da informação disponível para conhecer a estrutura da economia e calcular sua evolução provável.

O fracasso ontológico e epistemológico dessa quimera é escorchado nas crises. Se os indivíduos são racionais e conhecem a estrutura da economia, estão aptos a anteciparem corretamente sua trajetória probabilística. Os mercados são, portanto, eficientes e a crise que aconteceu não poderia ter acontecido.

No livro *Forecast: What Extreme Weather Can Teach Us About Economics*, o físico Mark Buchanan assevera que a dita

---

[3] SYLOS-LABINI, Francesco. "Big-Data, complessità e metodo scientifico". *Aspenia*, n° 63, 2013.

ciência econômica apresenta um desvairado desempenho, "algo mais ou menos equivalente à física da Idade Média". Na visão de Buchanan, à semelhança dos meteorologistas, os economistas deveriam considerar a existência de fortes instabilidades governadas por "realimentações positivas" nos processos de mercado, como diriam alguns economistas austríacos. Na linguagem popular: Uma coisa é uma coisa, outra coisa é a mesma coisa.

A crise de 2008 nos oferece a oportunidade de avaliar o fenômeno da realimentação positiva. A aventura do crédito hipotecário generalizou para a massa de consumidores o "efeito-riqueza". Esse novo momento da "inflação de ativos" estava assentado em três fatores determinantes que se realimentavam:

1) a degradação dos critérios de avaliação do risco de crédito e o "aperfeiçoamento" dos métodos de captura dos devedores primários, as famílias de renda média e baixa, cuja capacidade de pagamento estava debilitada pela estagnação dos rendimentos nos últimos 30 anos;

2) o alargamento do espaço da securitização das hipotecas e outros recebíveis, mediante a criação e multiplicação de ativos lastreados nas dívidas contraídas pelas famílias;

3) a expansão do crédito apoiada na valorização dos imóveis e destinados à aquisição de bens duráveis, passagens aéreas e até pagamento de impostos.

Depois do tombo dos ativos, os sobreviventes reiniciam a escalada de realimentações positivas, agora para baixo: o colapso no preço dos ativos engendra a contração do crédito, cortes nos gastos de investimento das empresas e de consumo das famílias. Decisões miméticas, que de forma agregada, determinarão justamente os efeitos que os modelos DSGE desejam negar.

No livro *Epistemics and Economics*, George Shackle confere às decisões empresariais um caráter crucial, são atos praticados em condições de incerteza radical e que mudam, a cada momento, a configuração da economia. Para Shackle:

> O tempo e a lógica são estranhos um ao outro. O primeiro implica a ignorância, o segundo demanda um sistema de axiomas, um sistema envolvendo tudo o que é relevante. Mas, infelizmente, o vazio do futuro compromete a possibilidade da lógica.[4]

Referências bibliográficas

LAPLACE, Pierre-Simon. *Philosopical essay on probabilities*. Nova York: Rough Draft Printing, 2009.

SHACKLE, George. *Epistemics and economics*: a critique of economic doctrines. Abingdon: Routledge, 2017.

SYLOS-LABINI, Francesco. "Big-Data, complessità e metodo scientifico". *Aspenia*, n° 63, 2013.

---

[4] SHACKLE, George. *Epistemics and economics*: a critique of economic doctrines. Abingdon: Routledge, 2017.

CAPÍTULO IV
QUEM MATOU ODETE ROITMAN

LUIZ GONZAGA BELLUZZO

Morte por China. Esse é o risco real que todos nós enfrentamos enquanto a nação mais populosa e a caminho de se tornar a maior economia do mundo está rapidamente se tornando no mais eficiente assassino do planeta.[1]

É nesse tom que Peter Navarro, professor de economia e política pública na Universidade da Califórnia, recentemente nomeado diretor do National Trade Council por Donald Trump, inaugura o primeiro capítulo do seu livro *Death by China*.

Em meio a uma série de acusações à qualidade dos produtos chineses que, segundo Navarro, poderiam causar a morte de seus consumidores, o livro revela a real ameaça representada pela economia chinesa ao sonho americano: "a economia americana e

---

[1] NAVARRO, Peter; AUTRY, Greg. *Death by China*: confronting the dragon – a global call to action. Turim: Pearson Prentice Hall, 2011, p. 1.

seus trabalhadores estão sofrendo uma morte não menos dolorosa, a morte da base manufatureira americana".[2]

Para o novo tutor do comércio americano, as campeãs nacionais chinesas apoiadas pelo estado, com a potente combinação de mercantilismo e protecionismo, configuram armas de destruição de empregos americanos.

Suas posições, assim como a vitória de Trump e do Brexit, registram a inviabilidade da visão encantada do livre comércio, como um grande amigo secreto entre nações, onde cada um leva o que produz de melhor.

Para o autor

> se você deseja descobrir o que não é o livre comércio, tente ler qualquer um dos livros textos de economias que nossas crianças estudam nas faculdades hoje em dia. Seus olhos vão rolar, sua cabeça vai girar, e seu estomago irá torcer pelo divórcio desses textos com a realidade da arena do comércio global. É como se Gandhi tivesse substituído Clausewitz e Sun Tzu em cursos de estratégias militares... apesar da abundância de evidências contrárias, esses livros texto, continuam a ensinar as virtudes do livre comércio e dos assim chamados "ganhos do comércio que todos nós deveríamos nos beneficiar". Mas aqui está o que está propaganda falha em reconhecer: Enquanto o livre comércio é ótimo em teoria, ele raramente existe no mundo real. Tais condições não são mais encontradas no mundo do que o vácuo ou ausência de fricção, hipóteses assumidas em livros texto de física.[3]

---

2   NAVARRO, Peter; AUTRY, Greg. *Death by China*: confronting the dragon – a global call to action. Turim: Pearson Prentice Hall, 2011, p. 2.
3   NAVARRO, Peter; AUTRY, Greg. *Death by China*: confronting the dragon – a global call to action. Turim: Pearson Prentice Hall, 2011, p. 51.

CAPÍTULO IV – QUEM MATOU ODETE ROITMAN

Navarro se opõe também ao consenso de especialistas como Thomas Friedman, Fareed Zakaria e James Fallows que advogam a naturalidade e inevitabilidade de perda de importância da manufatura na economia americana, cujo futuro próspero repousaria na rápida expansão do setor de serviços.

O setor de manufaturas engendra a criação de muito mais empregos do que o setor de serviços. Conforme estimativas apresentadas no livro, para cada dólar gerado na manufatura, a economia americana cria quase um dólar e meio em serviços correlatos como construção, financiamento, varejo e transportes.

Empregos na manufatura também pagam mais, em média, particularmente para mulheres e minorias. Esse poder de compra adicional proporciona um estímulo vital para o resto da economia. Não é coincidência que quando as fábricas fecham, os centros de varejo, consultórios, hotéis e restaurantes que cresceram em volta delas também desapareçam. Quando as fábricas se vão, as receitas tributárias de estados e municípios caem, e os empregos e serviços públicos são cortados.

Uma forte base manufatureira é vital para estimular a inovação tecnológica, necessária para impulsionar a economia no longo prazo. A indústria representa dois terços de toda pesquisa e desenvolvimento privado nos Estado Unidos. "Quando essa manufatura parte para a China, levam suas despesas com pesquisas e desenvolvimento com ela – e a capacidade da América de inovar!",[4] afirma Navarro.

Outra razão para defender a base manufatureira está associada à forte relação entre grandes empresas que ofertam produtos finais, como Boeing, Caterpillar e General Motors, e o resto da cadeia produtiva. A manutenção das empresas de indústria pesada é

---

[4] NAVARRO, Peter; AUTRY, Greg. *Death by China*: confronting the dragon – a global call to action. Turim: Pearson Prentice Hall, 2011, p. 54.

importante porque toda uma gama de outras companhias, grandes e pequenas, dependem desses negócios. Portanto, quando grandes companhias levam suas fábricas para outros países, a perda de empregos não está confinada àquela empresa.

Por essas razões, os empregos na manufatura são vitais à prosperidade de longo prazo, nos Estados Unidos, na Europa, no Japão e em todo o mundo. Tentar estimular economias sem uma base manufatureira pode resultaram em vazamento desse estímulo, pois a maior parte do que é consumido é importado.

Peter Navarro inculpa "oito práticas comerciais injustas" chinesas pela queda na participação da manufatura no produto doméstico de 25% para 10%, cabendo protagonismo para a taxa de câmbio "espertamente manipulada", que equivale a uma tarifa uniforme de importação e um subsídio à exportação. "Se o dinheiro é a raiz de todo mal, então a manipulação chinesa da sua moeda, o yuan, é a raiz central de tudo de errado na relação comercial entre Estados Unidos e China".[5]

Após uma audiência na Casa Branca do Presidente Trump com os titãs das empresas americanas, Scott Paul, Presidente da Alliance for American Manufacturing, afirmou, em matéria publicada em 23 de janeiro no *New York Times*, que existem muitos vilões para se perseguir.

> É fácil pegar os C.E.O.s das empresas em seu primeiro dia como Presidente e avisá-los que eles estão sobre observação... Eu acredito que muitos dos C.E.O.s naquela sala desejam fazer a coisa certa e criar empregos na América, mas a

---

[5] NAVARRO, Peter; AUTRY, Greg. *Death by China*: confronting the dragon – a global call to action. Turim: Pearson Prentice Hall, 2011, p. 50.

realidade da pressão de Wall Street e de uma economia globalizada os conduz a exportar muitos desses empregos.[6]

O Sr. Paul complementou afirmando que espera que o Sr. Trump também mande uma mensagem similar para os comandantes de Wall Street, como Stephen Schwartzman, executivo chefe da Blackstone, e Jamie Dimon do JP Morgan Chase.

É preciso reconhecer o significado do desejo e da estratégia das corporações multinacionais. As políticas de industrialização praticadas pela China foram ajustadas ao movimento de expansão da economia "global". As lideranças chinesas perceberam que a constituição da "nova" economia mundial passava pelo movimento da grande empresa transnacional em busca de vantagens competitivas, com implicações para a mudança de rota dos fluxos do comércio. Os chineses ajustaram sua estratégia nacional de industrialização acelerada às novas realidades da concorrência global e às vantagens domésticas da oferta ilimitada de mão de obra.

Kevin W. Sharer, professor de estratégia corporativa da Harvard Business School e integrante do conselho de empresas como 3M, Northrop Grumman e Chevron, afirmou: "O capital global não tem consciência social. Ele irá aonde os retornos estão".[7]

O estudo publicado recentemente pela Oxfam denuncia a sociedade obtida como corolário pelo capitalismo que nos é imposto.

A renda dos 10% mais pobres aumentou cerca de US$ 65 por ano entre 1988 e 2011, enquanto a dos 1% mais ricos aumentou 182 vezes.[8] Nos Estados Unidos, uma pesquisa recente realizada

---

[6] SCHWARTZ, Nelson D.; RAPPEPORT, Alan. "Call to create jobs, or else, tests trump's sway". *New York Times*, jan. 2017.
[7] SCHWARTZ, Nelson D.; RAPPEPORT, Alan: "Call to create jobs, or else, tests trump's sway". *New York Times*, jan. 2017.
[8] OXFAM. "Uma economia para os 99%". *OXFAM*, jan. 2017.

pelo economista Thomas Pikkety revela que, nos últimos 30 anos, a renda dos 50% mais pobres permaneceu inalterada, enquanto a dos 1% mais rico aumentou 300%.[9]

Desde 2015, o seleto grupo de pessoas que integram o 1% mais rico da população mundial detinham mais riqueza que o resto do planeta. Atualmente, oito homens detêm a mesma riqueza que a metade mais pobre do mundo.

Entre as causas apontadas para essa era dourada para os super-ricos são apontados o império do "valor do acionista" e o rápido crescimento do "capitalismo trimestral".

Para empresas que atuam no Reino Unido, a parcela de lucros que está sendo transferida para acionistas na forma de dividendos, em vez de ser reinvestida na própria empresa, aumentou de 10% dos lucros em 1970 para 70% atualmente. Em 2015, essa parcela era de 86% e 84% na Austrália e Nova Zelândia, respectivamente.

Segundo a agência de classificação Moody's, as empresas (não financeiras) dos Estados Unidos acumulavam US$ 1,7 trilhão em seus balanços no final de 2015 e estavam recomprando suas ações para aumentar ainda mais seu valor para os acionistas. Nos Estados Unidos, as 500 maiores empresas listadas em bolsa gastaram, em média, 64% dos seus lucros na recompra de ações entre setembro de 2014 e setembro 2016.

Escrevendo em 1933, das profundezas da Grande Depressão, Keynes confessou que, nos momentos de crise grave, a relação entre a observação crítica e as soluções pode se esgarçar. Ele dizia:

> O capitalismo internacional e individualista decadente, sob o qual vivemos desde a Primeira Guerra, não é um sucesso. Não é inteligente, não é bonito, não é justo, não é virtuoso

---

9 OXFAM. "Uma economia para os 99%". *OXFAM*, jan. 2017.

and it doesn't deliver the goods. Em suma, não gostamos dele e já começamos a menosprezá-lo. Mas, quando imaginamos o que se poderia colocar no seu lugar, ficamos extremamente perplexos.[10]

Na crise atual, assim como nos anos 30 do século passado, os homens e mulheres do poder deliram entre as fantasias do eterno retorno do mesmo e as ilusões do decisionismo incondicionado e descolado da correlação de forças sociais.

Referências bibliográficas

KEYNES, John Maynard. *Collected writings*: activities 1931-1939 – world crises and policies in Britain and America. vol. 21. Cambridge: Cambridge University Press.

NAVARRO, Peter; AUTRY, Greg. *Death by China*: confronting the dragon – a global call to action. Turim: Pearson Prentice Hall, 2011.

OXFAM. "Uma economia para os 99%". *OXFAM*, jan. 2017.

SCHWARTZ, Nelson D.; RAPPEPORT, Alan. "Call to create jobs, or else, tests trump's sway". *New York Times*, jan. 2017.

---

[10] KEYNES, John Maynard. *Collected writings*: activities 1931-1939 – world crises and policies in Britain and America. vol. 21. Cambridge: Cambridge University Press, p. 239.

CAPÍTULO V
A POLÍTICA ECONÔMICA DOS MOSQUITOS

LUIZ GONZAGA BELLUZZO

A China soube barrar as piores pragas, mas o Brasil decidiu ser chamariz

No início desta semana, em conjunto com a revisão trimestral do Banco de Compensações Internacionais (BIS), o economista Claudio Borio chamou atenção para o aumento da dependência dos mercados financeiros em relação aos bancos centrais, que estão sobrecarregados por tempo prolongado.[1] A atuação das autoridades monetárias tem impulsionado os preços dos ativos, ainda que os "fundamentos econômicos" não tenham se alterado.

Após o *quantitative easing* a liquidez assegurada pelos Bancos Centrais permanece represada na posse dos controladores da riqueza já acumulada, que rejeitam a possibilidade de vertê-la em

---

[1] BORIO, Claudio; MCCAULEY, Robert; MCGUIRE, Patrick; SUSHKO, Vladyslav. "Covered interest parity lost: understanding the cross-currency basis". *BIS Quartely Review*, set. 2016.

criação de riqueza nova, ante o medo de perdê-la nas armadilhas da capacidade produtiva sobrante e do desemprego disfarçado nos empregos precários com rendimentos cadentes.

Desamparados do empuxo da demanda, os bancos centrais rebaixam suas taxas de juro para o subzero, tentam mobilizar a liquidez empoçada para o crédito e do crédito para a demanda de ativos reais ao longo do tempo. Mas a coisa não anda ou trota a passos de Rocinante.

O relatório trimestral do BIS destaca os níveis historicamente baixos dos rendimentos dos ativos de renda fixa:

> As taxas de juro de curto prazo próximas de zero nos Estados Unidos e no Reino Unido equivalem ao vale do pós-Grande Depressão, enquanto as taxas de curto prazo na Alemanha e no Japão alcançaram níveis sem precedentes.[2]

O volume de dívida governamental negociada a taxas negativas ultrapassou o valor de 10 trilhões dólares em julho desse ano.

Junto à queda nas taxas de juro, o relatório do BIS relata a elevação nos preços das ações, o que chamou de "dissonância aparente". Em agosto deste ano, o site Zero Hedge publicou matéria com a epígrafe

> Comprador misterioso revelado: o *Swiss National Bank* aumentou sua posição em ações de empresas norte-americanas em 50% no segundo trimestre de 2016, alcançando o recorde de 62 bilhões de dólares.[3]

---

[2] BORIO, Claudio; MCCAULEY, Robert; MCGUIRE, Patrick; SUSHKO, Vladyslav. "Covered interest parity lost: understanding the cross-currency basis". *BIS Quartely Review*, set. 2016.

[3] DUNDER, Tyler. "'Mystery' buyer revealed: swiss national bank's us stock holdings rose 50 percent in first half, to record $62BN". *Zero Hedge*, ago. 2016.

CAPÍTULO V – A POLÍTICA ECONÔMICA DOS MOSQUITOS

Entre os aproximadamente 30 bilhões de dólares em ações comprados pelo Banco Nacional Suíço estão empresas como Apple, Exxon Mobil, Microsoft, Johnson & Johnson, At&T, General Electric, Amazon, Facebook, Procter & Gamble e Coca-Cola.

O Zero Hedge aponta outro ator estatal na compra sem precedentes de ações de empresas americanas, o General Pension Investment Fund do Japão. Com poder de fogo de 1,3 trilhão de dólares, o fundo de pensão japonês adquiriu bilhões em ações nos últimos meses. Segundo a matéria, "isso responde a recorrente pergunta de quem tem comprado ações enquanto os outros vendem: bancos centrais".

O aumento na liquidez não anima as grandes corporações que, segundo Joseph Stiglitz, estão sentadas em centenas de trilhões de dólares, pois já detêm capacidade produtiva em excesso, ou os bancos que ainda estão relutantes em repassar taxas de curto prazo negativas aos seus depositários, conforme afirma o relatório do BIS.

Nesse cenário, a proposta de passar por cima dos bancos e injetar liquidez diretamente nas pessoas (*helicopter money*), para retirar as economias da letargia, parece cada vez menos teórica e hipotética. Usado originalmente por Milton Friedman para ilustrar os efeitos da política monetária sobre a inflação, e não como uma proposta real, o conceito vem crescendo no debate entre economistas como alternativa mais efetiva para elevar a demanda agregada, especialmente em situações de armadilha da liquidez.

Ao longo do século XX, políticas econômicas foram forjadas, almejando estabilizar uma economia com fortes inclinações à instabilidade, sob o receio de reedição do desastre social e econômico ocorrido na Grande Depressão dos anos 30.

As políticas anticíclicas cumpriram o que prometiam ao sustar a recorrência de crises de "desvalorização de ativos". Mas, ao garantir o valor dos estoques de riqueza já existente, as ações de estabilização ampliaram o papel dos critérios de avaliação dos

Mercados da Riqueza nas decisões de gasto de empresas, consumidores e governos.

As injeções de liquidez concebidas para evitar a deflação do valor dos ativos já acumulados incitaram colateralmente a conservação e valorização da riqueza na sua forma mais estéril, abstrata, que não carrega nenhuma expectativa de geração de novo valor, de emprego de trabalho vivo. O que era uma forma de evitar a destruição da riqueza abstrata provocou a necrose do tecido econômico e o sufocamento do espírito empreendedor pelo garrote do rentismo refestelado nas bolhas de ativos.

Não por acaso, o Federal Reserve hesita em subir a taxa de juros. O choque sobre a pirâmide de ativos sobrevalorizados ficticiamente pode ser fatal. Enredadas nas teias da globalização financeira, as economias nacionais balançam entre uma reunião e outra do Comitê de Política Monetária de Tio Sam. Umas sacodem mais que outras. O BIS "aponta para potenciais preocupações no Brasil, China, Canadá e Turquia".[4] O Brasil apresenta o maior custo de serviço da dívida dos países listados, quase 30% acima da Turquia, que detém o segundo maior, figurando em posição extremamente vulnerável no caso de uma eventual elevação das taxas de juro internacionais.

A nova equipe econômica no Planalto tenta vender a "redução estrutural da taxa de juros" a partir da aprovação do teto para as despesas primárias e reforma da Previdência. Anuncia o "Projeto Crescer", com projeções de queda na Selic de 3,25 pontos para os próximos 12 meses. Faltou combinar com o Presidente do Federal Reserve de Boston, Eric Rosengren. Sua declaração de que o BC norte-americano enfrenta cada vez mais riscos se esperar muito tempo para elevar a taxa de juros foi suficiente para provocar a

---

[4] DUNDER, Tyler. "'Mystery' buyer revealed: swiss national bank's us stock holdings rose 50 percent in first half, to record $62BN". *Zero Hedge*, ago. 2016.

CAPÍTULO V – A POLÍTICA ECONÔMICA DOS MOSQUITOS

maior alta diária do dólar ante o real dos últimos quatro meses. Na quarta-feira, 21 de setembro, a Presidente do Fed jogou a ameaça para as próximas reuniões do FOMC. Alívio na Tropicália.

A política monetária nacional está subsumida à forma de inserção passiva do Brasil na hierarquia entre nações e suas moedas. A saliência da taxa Selic expressa a volátil correlação de uma moeda não conversível com os capitais em movimentos da finança globalizada. A valorização do real por meio da exorbitância da Selic é o expediente empregado (há mais de 20 anos) por nossas autoridades monetárias para conter a inflação e ceifar a indústria nacional.

Dany Rodrik, economista de Harvard, afirma que ao analisarmos economias como Japão, Coreia do Sul e China, veremos que todas se engajaram globalmente de forma seletiva e estratégica.[5] A China impulsionou exportações, mas também administrou as importações para proteger o emprego em empresas estatais e exigiu de investidores estrangeiros a transferência de conhecimento para companhias domésticas.

Outros países que apostaram na globalização como motor do seu crescimento falharam em arquitetar uma estratégia doméstica. O proclamado Novo Renascimento dos anos 90 transmutou-se na Decadência do Novo Primata Exportador.

Rodrik relata a descrição de um estudante chinês da estratégia de globalização do seu país. A China abriu uma janela para a economia mundial, mas colocou uma tela nela.[6] O país recebeu o ar fresco necessário – aproximadamente 700 milhões de pessoas foram alçadas da pobreza extrema desde o início dos anos 1980 –, mas manteve os mosquitos fora.

---

[5] RODRIK, Dani. "Free trade with China wasn't such a great idea". *Bloomberg*, jan. 2016.

[6] RODRIK, Dani. "Free trade with China wasn't such a great idea". *Bloomberg*, jan. 2016.

No Brasil, a abertura financeira infestou a economia de moscas e mosquitos.

Referências bibliográficas

BORIO, Claudio; MCCAULEY, Robert; MCGUIRE, Patrick; SUSHKO, Vladyslav. "Covered interest parity lost: understanding the cross-currency basis". *BIS Quartely Review*, set. 2016.

DUNDER, Tyler. "'Mystery' buyer revealed: swiss national bank's us stock holdings rose 50 percent in first half, to record $62BN". *Zero Hedge*, ago. 2016.

RODRIK, Dani. "Free trade with China wasn't such a great idea". *Bloomberg*, jan. 2016.

CAPÍTULO VI
QUALQUER COINCIDÊNCIA É MERA SEMELHANÇA

LUIZ GONZAGA BELLUZZO

Estamos privando o mundo da esperança, o que podemos dar são ilusões.[1]

Em seu discurso inaugural frente a Assembleia Legislativa, o Presidente atribuiu a crise a um Estado enorme que não parou de crescer, especialmente entre 2006 e 2015, e sentenciou:

> Mais recursos não implicaram uma transformação de nossas escolas, hospitais ou uma melhora na segurança... Maior gasto público não implicou melhores políticas públicas... Foram abertas novas universidades, e isso é muito positivo; mas também muitas delas têm sido espaços de militância política mais que de excelência acadêmica.

---

[1] Daniel Roché Diretor-Gerente do FMI, personagem do filme *A Confissão de Roberto Andò*.

Nos primeiros três meses de governo, o Presidente e sua equipe econômica estavam convencidos de que a inflação, pressionada pelo descontrole do gasto público, cairia até o fim do ano: "a principal medida para isso foi ir reduzindo a emissão monetária descontrolada destes anos e ir baixando o déficit fiscal".

O caro leitor pode ter se confundido, mas essas palavras são do Presidente argentino, Mauricio Macri. Segundo o jornal *Folha de São Paulo*, em matéria publicada em 18 de dezembro de 2016, quando Macri assumiu a Presidência na Argentina, o que a maioria dos analistas e de seus eleitores esperavam era que seu governo obtivesse trunfos na economia: "isso porque o engenheiro, filho de um dos empresários mais ricos da Argentina, se definia como um gestor, não como um político tradicional".[2]

Comparando o terceiro trimestre de 2016 com o mesmo período do ano anterior, os relatórios publicados em 22 de dezembro pelo Instituto Nacional de Estadística y Censos (Indec) indicam queda de 3,8% do PIB e de 3,1% na oferta global. O consumo público registrou uma alta de 1,9%, enquanto o consumo privado diminuiu 3,1%.[3]

A formação bruta de capital fixo caiu 8,3%, devida à diminuição de 13,2% dos investimentos em construção e de 5,2% em máquinas e equipamentos. Os investimentos em equipamentos de transporte apresentaram um crescimento de 2,1%, mas a participação do componente nacional caiu 11,1% enquanto o importado subiu 25,2%.

No terceiro trimestre a indústria manufatureira registrou uma queda no nível de atividade de 8,0%, respectivamente a igual período do ano anterior. O valor agregado do setor de agricultura,

---

[2] COLOMBO, Sylvia. "Macri completa primeiro ano com índices econômicos ruins na Argentina", *Folha de São Paulo*, dez. 2016.
[3] Instituto Nacional de Estadística y Censos. INDEC Informa, dezembro de 2016.

CAPÍTULO VI – QUALQUER COINCIDÊNCIA É MERA SEMELHANÇA

pecuária, caça e silvicultura diminuiu 2,8%. Para exploração de minas a diminuição foi 5,7%. O setor de construção encolheu 12,9%, o de comércio teve decréscimo de 5,0%, restaurantes e hotéis registram baixa de 2,0%, e a intermediação e serviços financeiros diminuiu 5,5%.

O saldo da balança comercial acumulado de janeiro a novembro de 2016 apresenta superávit de US$ 2,048 bilhões, contra um déficit de US$ 1,878 bilhões para o mesmo período de 2015. Colaboram para esse resultado a queda na demanda doméstica e a desvalorização de mais de 40% do peso argentino, que juntamente com os choques nos preços administrados, como energia, combustíveis e água, chamados por nossos *hermanos* de tarifaço, impulsionaram a inflação que subiu de 26,5% para 40% – a meta oficial estabelecida em janeiro era de 25%.

Por aqui, no ano de 2015, os efeitos do câmbio e do choque nos preços administrados nos preços livres também foram decisivos para o salto da inflação. A energia elétrica cresceu 51%, o Etanol 29,63%, Gás de Botijão 22,55%, a Gasolina 20,10% e o câmbio sofreu desvalorização de 47%. A elevação dos preços medida pelo IPCA em 2015 foi de 10,67%, sendo que os preços administrados tiveram uma elevação de 18,07%, enquanto os preços livres subiram 8,51%.

Do lado ocidental do Rio da Plata o desemprego saltou de 7,1% em 2015 para 8,5% em 2016, e o emprego informal cresceu 12% no mesmo período, alcançando 46%. Em agosto de 2016, o Observatório da Dívida Social Argentina da Universidade Católica (UCA), denunciava um incremento da pobreza de 29% para 32% durante os primeiros meses do governo Macri, com 1,4 milhão de "novos pobres" somente na gestão atual.[4]

---

[4] Observatorio de la Deuda Social Argentina. Pobreza en la Argentina Urbana (2010-2016), UCA, 2016.

Em declaração concedida à *Folha* na matéria supramencionada, o analista político Marcos Navarro afirma que

> nos primeiros meses do governo, era fácil jogar a culpa do que estava mal no país nos erros do kirchnerismo, mas não se pode usar essa desculpa para sempre. Se o governo não melhorar o desempenho econômico, pode perder apoio nas eleições.

A popularidade do Presidente Macri, caiu 15% entre fevereiro e dezembro de 2016. Seu carro foi apedrejado duas vezes apenas no segundo semestre. O Ministro da Fazenda e Finanças, Alfonso Prat-Gay, foi desligado do cargo enquanto ainda digeria sua ceia de Natal.

Tanto lá como cá é preciso escapar ao maniqueísmo onde apontar que a economia não vai bem agora significa absolver os equívocos anteriores. Aqui, por exemplo, apesar de a retração do PIB ter iniciado no primeiro trimestre de 2015 (já são 7 trimestres consecutivos), a desaceleração da economia brasileira era patente no crescimento pífio de 0,5% do PIB em 2014.

Apesar do "pensamento positivo" do *establishment*, a involução do cenário econômico nos últimos 24 meses revela que as ilusões foram impotentes para impedir a morte da esperança. O país fechará 2016 com quase o dobro de desempregados (11,9% no trimestre de setembro a novembro de 2016 contra 6,5% no último trimestre 2014), após 21 meses consecutivos de desligamentos de trabalhadores com carteira assinada acima das admissões. Pela primeira vez desde 1992, quando começou a série do Cadastro Geral de Empregados e Desempregados (Caged), o mercado formal de trabalho vai encerrar o ano com perda de empregos em todos os 12 meses.

As contas do setor público consolidado registraram em novembro déficit de R$ 39,1 bilhões, recorde para meses de novembro dentro da série histórica do BC, que começou em 2001. No acumulado de janeiro a novembro de 2016, o déficit nas contas do setor público consolidado foi de R$ 85,1 bilhões, recorde também para o período dentro da série histórica do BC. Para o mesmo período de 2015, o déficit foi de R$ 39,5 bilhões.

A persistência na manutenção de um receituário inócuo sobre o que se deseja combater e fértil nos incômodos de seus efeitos colaterais negativos, sugere um ceticismo quanto ao diagnóstico inicial e sua prescrição. Albert Einstein ensinou que "Não se resolve um problema com as formas de pensar que o engendraram".

Referências bibliográficas

COLOMBO, Sylvia. "Macri completa primeiro ano com índices econômicos ruins na Argentina". *Folha de São Paulo*, dez. 2016.

CAPÍTULO VII

A LEI DO TETO

LUIZ GONZAGA BELLUZZO

Em 16 de setembro de 2016, também nas páginas dessa gloriosa e resistente *Carta Capital*, publiquei um pequeno texto com Gabriel Galípolo sobre a então PEC 241, a Proposta de Emenda à Constituição que instituiu o Novo Regime Fiscal, popularmente conhecido como o "teto de gastos".

Em síntese, o "novo regime fiscal" fixou um limite à despesa primária dos poderes Executivo, Legislativo e Judiciário, para cada exercício e por 20 anos. O limite é equivalente à despesa primária realizada no ano imediatamente anterior corrigida pela inflação (IPCA).

Naquela oportunidade alertamos:

> a imposição de um limite linear e genérico às despesas primárias pode deteriorar ainda mais a qualidade do gasto público. Historicamente as despesas com atividades-meio e custeio apresentam tendência mais autônoma de crescimento. Por exclusão, os investimentos assumem o papel de despesas discricionárias. Os investimentos, já baixos e insuficientes,

podem ser comprimidos ainda mais com a imposição de um limite genérico.[1]

Com alguma defasagem, seguiram diversas evidências que parecem corroborar nossas expectativas, como publicado em 27 de agosto de 2019 na *Folha de São Paulo*: "Investimento público deve cair a R$ 30 bi ano que vem, menor patamar já registrado".[2] Além de informar a queda do investimento público para o menor patamar desde o início da série do Tesouro Nacional, a matéria de Tássia Kastner faz referência a uma fecunda observação do então Secretário do Tesouro Nacional, Mansueto Almeida:

> Pela lei do teto, os gastos públicos crescem apenas pela inflação. Como parte dos gastos é indexada à inflação e outra tem aumentos automáticos (como promoções no serviço público), as despesas obrigatórias sobem acima do teto, afirma.[3]

Às custas dos investimentos.

Como o inferno é apinhado de boas intenções, a matéria afirma ainda que "a expectativa é que o setor privado pudesse suprir a lacuna". O próprio texto de exposição da "lei do teto", também visava atacar o caráter pró-cíclico do regime fiscal vigente até então:

> O atual quadro constitucional e legal também faz com que a despesa pública seja pró-cíclica, quer dizer, a despesa

---

[1] BELLUZZO, Luiz Gonzaga. "PEC 241, a moratória do contrato social". *Carta Capital*, set. 2016.
[2] KASTINER, Tássia. "Investimento público deve cair a R$ 30 bi ano que vem, menor patamar registrado". *Folha de São Paulo*, ago. 2019.
[3] KASTINER, Tássia. "Investimento público deve cair a R$ 30 bi ano que vem, menor patamar registrado". *Folha de São Paulo*, ago. 2019.

CAPÍTULO VII – A LEI DO TETO

> tende a crescer quando a economia cresce e vice-versa. O governo, em vez de atuar como estabilizador das altas e baixas do ciclo econômico, contribui para acentuar a volatilidade da economia: estimula a economia quando ela já está crescendo e é obrigado a fazer ajuste fiscal quando ela está em recessão (...) Também tem caráter pró-cíclico a estratégia de usar a meta de resultados primários como âncora da política fiscal (...) o Novo Regime Fiscal será anticíclico: uma trajetória real constante para os gastos associada a uma receita variando com o ciclo resultarão em maiores poupanças nos momentos de expansão e menores superávits em momentos de recessão. Essa é a essência de um regime fiscal anticíclico.[4]

Como o destino é gozador, adora brincadeira, acha muito engraçado botar cabreiro quem nasce brasileiro. Para 2020, as projeções para o IPCA (índice que determinará o acréscimo nominal das despesas e investimentos públicos em 2021) orbitam 1,65%. A expectativa de queda do PIB está em torno de 5,5%. Em 2021, portanto, a lei do teto irá provocar exatamente o que pretendia evitar, uma elevação da participação do "Estado no PIB" e, ao mesmo tempo, inviabilizar a prática de políticas anticíclicas. Nas palavras do nosso amigo José Francisco Lima Gonçalves, carinhosamente conhecido como Kiko, "mesmo funcionando o teto não funciona".

Essa breve digressão não busca envaidecer os egos destes autores, castigados pelo contínuo processo de frustração que envolve estudar economia. Tudo aquilo que aparece como força normativa deve ser analisado na sua gênese. A gênese é a compreensão de como as coisas são feitas, pela desconstituição daquilo que aparece como necessário. Ao desfazer sua aparência de coesão se explicita aquilo que a norma procura deixar implícito.

---

[4] Exposição de Motivos Do Projeto De Emenda Constitucional 241/2016 assinada por Henrique Meirelles e Dyogo Henrique de Oliveira e encaminhada ao então Presidente em exercício Michel Temer.

Em carta enviada ao jornal *Financial Times*, economistas ingleses capitaneados por Robert Skidelsky – o biografo de Keynes – fizeram um apelo ao Office for Budget Responsibility:

> Nosso apelo é simples. Poderia a OBR discutir economia, a economia e a política econômica necessárias e abandonar sua obsessão com o problema contábil de equilibrar orçamentos que foram raramente equilibrados nos últimos 326 anos?[5]

O debate econômico aparenta uma oposição entre aqueles que desejam limitar e controlar o gasto público, ainda que isso implique comprometer políticas públicas, e os que priorizam ampliar a rede de proteção social do Estado, sem compromisso com o controle dos gastos e dívida pública.

O cidadão de carne osso fica cindido entre a percepção de um excesso de Estado na hora de pagar tributos e o sentimento de desamparo na carência dos serviços públicos essenciais. A contradição aponta para a verdadeira questão: superar o debate de mais ou menos Estado e avançar para a análise de quem devemos cobrar impostos e a quem deve se destinar os recursos públicos.

Mais da metade de tudo que o governo arrecada vem da tributação de bens e serviços, que incide de forma igual sobre desiguais. Isso significa que independentemente de sua renda, o cidadão paga o mesmo imposto sobre aquele bem ou serviço consumido, o que proporcionalmente onera mais os que tem menos.

Como aponta o nosso tanto brilhante quanto querido Eduardo Fagnani:

> Esses recursos – que são transferidos para as camadas mais abastadas e, deste modo, aprofundam o caráter regressivo

---

[5] ALLEN, Patrick *et al.*; PROGRESSIVE ECONOMY FORUM. "Letter: the OBR should stop obsessing about balancing the books". *Financial Times*, jul. 2020.

da tributação – totalizam cerca de 12,8% do PIB, patamar próximo do montante de receitas obtidas pela tributação de bens e serviços (16,23% do PIB), no caso da Seguridade Social, cujo dispêndio (11,3% do PIB) é menor que a parcela capturada pelas renúncias e pela sonegação (12,8% do PIB).[6]

A alienação decorrente da naturalização das regras fiscais, que são autoimposições e convenções sociais, interditam o verdadeiro debate necessário. Um regime fiscal que pretende realizar um regime democrático deve necessariamente enfrentar a composição das despesas e arrecadação do governo. Ao invés disso, nos atiramos a malabarismos contábeis para furar o teto, mas mantendo a aparência de sua preservação.

Esse fetiche talvez tenha alcançado seu paroxismo na problemática acerca do aproveitamento para o orçamento dos R$ 400 bilhões decorrentes da valorização contábil das reservas. Perceba caro leitor que o volume de reservas em dólares no Banco Central permanece o mesmo. Sua majoração contábil em reais, decorrente da valorização do dólar contra nossa moeda, exprime graficamente o ganho que seria auferido caso as reservas fossem vendidas hoje. Dado que essas não foram vendidas, de ondem surgem, portanto, os R$ 400 bilhões? Ou entendemos que as possibilidades orçamentárias de um país que emite sua própria moeda em nada se assemelham à de uma empresa ou família, ou passamos a cogitar a hipótese do acasalamento e procriação de notas guardadas sobre a forma de reservas no Banco Central.

A ideia do teto de gastos revela o fenômeno apontado pelos economistas ingleses, a subordinação da macroeconomia aos desvarios tresloucados dos mercados financeiros. Em entrevista à *Folha de São Paulo* publicada na terça-feira, 18 de agosto

---

[6] FAGNANI, Eduardo. "A reforma tributária necessária sem sacrificar o Estado Social". In: ZUNIGA, Acácio *et al*. *A reforma tributária necessária*. Brasília: São Paulo, 2018.

um economista (do mercado) ouvido pela reportagem, disse que uma possível saída antecipada de Guedes pode levar os indicadores de mercado a um patamar destrutivo. Os juros futuros para contratos de dez anos dobrariam dos atuais 7% para cerca de 14%. O dólar poderia ultrapassar R$ 7. Isso deflagraria um movimento que pode ser perverso para o país, a migração de investidores locais para a compra do dólar ou investimentos atrelados a moedas estrangeiras.[7]

Na matéria da *Folha*, a turma do mercado esmerou-se em comparações entre os momentos que antecederam o impeachment de Dilma Rousseff e as hesitações de Bolsonaro entre Guedes e Braga Neto.

Dilma sucumbiu ao terrorismo dos gestores e economistas acasalados nos mercados e permitiu que Joaquim Levy produzisse uma depressão econômica antes do colapso da pandemia. O ajuste de Levy fez a economia brasileira desabar 3,5% em 2015 e 3,3% em 2016. Já o déficit primário engordou dos 0,63% do PIB em 2014, o primeiro em duas décadas, para 1,88% em 2015 e 2,47% em 2016.

Depois do ajuste que desajusta, o teto que faz desabar a economia.

Referências bibliográficas

ALLEN, Patrick *et al.*; PROGRESSIVE ECONOMY FORUM. "Letter: the OBR should stop obsessing about balancing the books". *Financial Times*, jul. 2020.

BELLUZZO, Luiz Gonzaga. "PEC 241, a moratória do contrato social". *Carta Capital*, set. 2016.

---

[7] WIZIACK, Julio. "Bancos comparam Bolsonaro a Dilma e temem que o governo gaste mais do que pode". *Folha de São Paulo*, ago. 2020.

FAGNANI, Eduardo. "A reforma tributária necessária sem sacrificar o Estado Social". *In*: ZUNIGA, Acácio *et al*. *A reforma tributária necessária*. Brasília: São Paulo, 2018.

KASTINER, Tássia. "Investimento público deve cair a R$ 30 bi ano que vem, menor patamar registrado". *Folha de São Paulo*, ago. 2019.

WIZIACK, Julio. "Bancos comparam Bolsonaro a Dilma e temem que o governo gaste mais do que pode". *Folha de São Paulo*, ago. 2020.

CAPÍTULO VIII
O TETO DE PIRRO

LUIZ GONZAGA BELLUZZO

A batalha doméstica no solar dos Bolsonaros entre os beleguins do Segura-Teto e os guerrilheiros do Fura-Teto mal começou. Há quem se atemorize com um desfecho bizarro do conflito. Bizarro, porque seja qual for o vencedor, os brasileiros preocupados com seu destino podem encarar um fenômeno inédito: A Derrota de Pirro.

Bem sabem os leitores de *Carta Capital* que a expressão Vitória de Pirro se origina do triunfo de Pirro de Épiro contra os romanos na Batalha de Asculum em 279 a.C. Triunfo que destruiu grande parte de suas forças. A vitória Pirro é o avesso do verdadeiro senso de conquista e prejudica o progresso a longo prazo.

Entre tetras e mutretas para violar o teto de gastos sem assustar os mercados, o governo ensaia um acerto com o Congresso para prorrogar o Orçamento de Guerra. O caro leitor sabe que o embate dos Bolsonaros é travado sob o olhar vigilante e traiçoeiro dos terroristas do mercado financeiro que contam para suas investidas com o valioso apoio balístico da mídia brasileira. Em sua configuração contemporânea, o capitalismo globalizado entregou aos mercados financeiros os poderes de intimidar, aterrorizar e submeter o imaginário social a seus propósitos.

Não por acaso, em 1933 John Maynard Keynes disparou petardos contra o bunker das finanças: "As regras autodestrutivas da finança são capazes de apagar o sol e as estrelas porque não pagam dividendos".[1]

Para não deixar barato, vou reproduzir um trecho do discurso de Franklin Delano Roosevelt em 1936, na Convenção do Partido Democrata. Ele dizia que a moderna civilização, depois de demolir as velhas dinastias, erigiu outras.

> Novos impérios foram construídos a partir do controle das forças materiais. Mediante o novo uso das corporações, dos bancos e da riqueza financeira, da nova maquinaria da indústria e da agricultura, do trabalho e do capital – nada disso sonhado pelos fundadores da pátria – a estrutura da vida moderna foi totalmente convertida ao serviço da nova realeza. Não havia lugar nos seios da nova nobreza para abrigar os milhares de pequenos negócios e comerciantes que desejavam fazer um uso sadio do sistema americano de livre iniciativa e busca do lucro.[2]

Na edição de segunda-feira, a *Folha de São Paulo* abriu espaço para o diligente Fernando Canzian informar os distintos leitores do jornal: "Flerte de Bolsonaro com mais gastos dobra dívida pública de curto prazo para R$ 1 tri".[3]

---

[1] KEYNES, John Maynard. *Collected writings*: activities 1931-1939 – world crises and policies in britain and america. vol. 21. Cambridge: Cambridge University Press, p. 242

[2] ROOSEVELT, Franklin Delano. "Acceptance speech for the re-nomination for the presidency". *The american presidency project*, jun. 1936.

[3] CANZIAN, Fernando. "Flerte de Bolsonaro com mais gastos dobra dívida pública de curto prazo para R$ 1 tri". *Folha de São Paulo*, out. 2020.

CAPÍTULO VIII – O TETO DE PIRRO

Depois da abertura, certamente a sequência da matéria elevou a temperatura dos crédulos da Religião dos Mercados. Canzian prossegue:

> Falta de direção no controle do endividamento e barbeiragens levam investidores a cobrar prêmio do Tesouro e a se refugiarem no dólar. O prazo dos títulos emitidos desde janeiro de 2020 caiu à metade, de 4,7 anos para 2,4 anos, refletindo o aumento da desconfiança de investidores em relação à solvência do país. Com isso, em apenas um ano os vencimentos em doze meses praticamente dobraram, de R$ 553 bilhões para R$ 1,02 trilhão, atingindo quase 25% da dívida total. Os juros exigidos pelo mercado para refinanciar o governo também aceleraram, sobretudo nas últimas semanas e dias, mesmo para os papéis com vencimento mais curto. Enquanto a taxa básica de juros do Banco Central (Selic) está fixada em 2% ao ano, o Tesouro Nacional vem sendo obrigado a pagar mais que o dobro disso para vender títulos na praça com vencimento daqui a dois anos. Para papéis mais longos, de dez anos, a taxa exigida pelos investidores encosta em 9% —e sobe mês a mês.[4]

Meu amigo Gabriel Galípolo lembrou ter escapado ao diligente jornalista que o Bacen decidiu encurtar o prazo da dívida, realizando a troca de juros por *duration*. Em situação semelhante de aguda incerteza, no início de 1945, Keynes recomendou aos membros do National Debt Inquiry que não "fundassem a dívida pública na emissão de títulos a longo-prazo. Os prazos das emissões deveriam, portanto, preservar um grau máximo de flexibilidade para as políticas futuras".[5]

---

[4] CANZIAN, Fernando. "Flerte de Bolsonaro com mais gastos dobra dívida pública de curto prazo para R$ 1 tri". *Folha de São Paulo*, out. 2020.

[5] KEYNES, John Maynard. *Collected writings*: activities 1940-1946 shaping the post-war world – the clearing union. vol. 27. Cambridge: Cambridge University Press, 1982.

Para juntar ofensa à injúria diante dos dogmatismos dos mercados vou recorrer à citação de um trecho da entrevista do economista Willem Buiter, concedida ao *Project Syndicate*. Entre outras façanhas, Buiter foi membro independente do Comitê de Política Monetária do Banco da Inglaterra, Economista-Chefe do Citigroup e articulista do *Financial Times*. Hoje está abrigado na Universidade de Columbia.

Vamos lá:

> Eu gostaria de ver o Fed expandir significativamente seu balanço – e o estoque dos ativos de risco que ele contém. Para fazer isso direito, é importante entender que o Fed é essencialmente a janela de liquidez do Tesouro dos EUA, que, em todos os lugares, é o proprietário do Banco Central. De fato, além da definição da *policy rate*, ... a independência do banco central é uma ilusão. Isso significa que mudanças no tamanho e na composição do balanço do Fed são, na verdade, operações fiscais. Na verdade, o Tesouro deve garantir totalmente o balanço do Fed. Do jeito que está, o Tesouro garante apenas cerca de 10% dos ativos e empréstimos de risco que o Fed já colocou em seu balanço sob uma série de novos programas. ... Isso representa uma fuga ao dever tanto do Tesouro quanto do Fed.... Cadeias de suprimentos cortadas e efeitos de longo prazo sobre as estruturas de demanda e oferta resultarão na persistente subutilização dos recursos reais. A incerteza generalizada e duradoura aumentará a poupança e deprimirá o investimento. Diante disso, a necessidade de «dinheiro de helicóptero» em apoio à política fiscal expansionista não desaparecerá tão cedo.[6]

---

[6] PROJECT SYNDICATE. "Willem H. buiter says more". *Project syndicate*, set. 2020.

Vou seguir com as observações de Claudio Borio, chefe do Departamento de Política Monetária do *Bank of International Settlements*:

> O balanço [dos Bancos Centrais] tornou-se uma ferramenta-chave para definir a postura da política monetária. Daí, as compras em larga escala de títulos do setor público e do setor privado e, na zona do euro, títulos do setor público de diferentes graus de risco de crédito, bem como regimes especiais de empréstimos subsidiados para os bancos.[7]

Referências bibliográficas

BORIO, Claudio. "When the unconventional becomes conventional". *BIS Quartely Review*, set. 2020.

CANZIAN, Fernando. "Flerte de Bolsonaro com mais gastos dobra dívida pública de curto prazo para R$ 1 tri". *Folha de São Paulo*, out. 2020.

ROOSEVELT, Franklin Delano. "Acceptance speech for the re-nomination for the presidency". *The american presidency project*, jun. 1936.

KEYNES, John Maynard. *Collected writings*: activities 1940-1946. shaping the post-war world – the clearing union. vol. 27. Cambridge: Cambridge University Press, 1982.

KEYNES, John Maynard. *Collected writings*: activities 1931-1939 – world crises and policies in Britain and America. vol. 21. Cambridge: Cambridge University Pres, 2012.

PROJECT SYNDICATE. "Willem H. Buiter says more". *Project Syndicate*, set. 2020.

---

[7] BORIO, Claudio. "When the unconventional becomes conventional". *BIS Quartely Review*, set. 2020.

CAPÍTULO IX

O TETO DE GASTOS, INDIANA JONES E A ARCA DO TESOURO

LUIZ GONZAGA BELLUZZO

Vejo e ouço as sabedorias da turma da Globonews e da CNN, a ruminar as perplexidades com o pagamento dos precatórios. O espanto dos sábios da telinha foi provocado pela dificuldade de o governo Bolsonaro encontrar os recursos necessários para financiar a Renda Brasil prometida por Paulo Guedes.

Nas falas de uns e as conjeturas de outros está homiziado o Teto de Gastos, em sua inexpugnável, mas sempre ameaçada, solidez. Uma vez trincada a cobertura, dizem eles, a economia se precipitaria nos abismos da hiperinflação e da desgraça dos pobres e paupérrimos.

Quando aponto os controles para os dois canais de notícias, fico empolgado, na esperança de fruir os ensinamentos do "nosso timaço de comentaristas", solenemente anunciados pelas âncoras ou pelos âncoras da variada programação. Isto para não falar do deleite em observar o desfile de elegância protagonizado por senhoras e senhores da notícia.

Devo admitir: quando ouço perplexidades travestidas em expressões do tipo "não sei de onde vão tirar o dinheiro", sou tomado pela tentação de invadir o terreno da ficção econômica. Sugiro aos simpáticos jornalistas pedir emprestado a Steven Spielberg o uniforme do Indiana Jones e estimular um ilustre economista de mercado a vestir a fatiota de Indiana Jones, além de instigar no "Faria Limer" o destemor de Harrison Ford em seu enfrentamento com múmias e demônios.

Há que cuidar da escolha da companheira de proezas de Indiana. Dúvidas não me acodem sobre o acerto de se recrutar a heroína entre as simpáticas e elegantes comentaristas da CNN, também devotas fiéis dos "especialistas do mercado".

Assim paramentado e acompanhado, o sábio da Crematística vai se sentir em condições de resolver a encrenca da falta de dinheiro. Amparado nas certezas dos modelos Dinâmicos Estocásticos de Equilíbrio Geral, o Indiana Jones do mercado vai à caça da Arca Perdida, certamente enterrada em algum escaninho abaixo do Teto de Gastos, sob o olhar vigilante do guardião Paulo Guedes.

Uma vez encontrada a Arca da Fortuna, é só mandar brasa no gasto com o dinheiro redescoberto. Imagino que Arquimedes cederia de bom grado a expressão Eureka!! À proeza de tal calibre e impetuosa criatividade. Tira a dinheirama metálica da Arca Perdida e paga, indistintamente, pobres e paupérrimos com moedas de ouro.

No auge da Grande Depressão dos anos 30, o sistema monetário-financeiro do padrão-ouro em colapso, Ludwig von Mises, economista da confraria austríaca, recomendou a defesa das reservas metálicas. Isso com mais de 25% de desemprego nos Estados Unidos e mais de 30% na Alemanha. Dizia que isso iria garantir que ricos, pobres e vivessem em uma economia saudável.

Nesse momento de penúria e sofrimento não foram poucos os que invocaram o livro do *Eclesiástico*, versículo 31, 5 para demonizar a moeda que os economistas austríacos consideravam verdadeira: "Aquele que ama o ouro dificilmente escapa do pecado". Na *Eneida*, o poeta Virgílio, em versos contundentes, proclamou "A que não obrigas os corações humanos, ó execranda fome do ouro!"

John Maynard Keynes não deixou barato e escreveu uma diatribe contra o padrão-ouro intitulado "Auri Sacra Fames", a "Execranda Fome do Ouro".[1] Não faltou, no Brasil Varonil, quem traduzisse o verso de Virgílio como "A Sagrada Fome do Ouro". Devemos admitir que os esgares e piripaques dos mercados e de seus economistas diante das ameaças de violação do Teto permitem compreender a troca semântica: sai execranda, entra sagrada.

Tantas e tais foram as imprecações contra o padrão ouro que, agarrado à sua natureza inquieta e criativa, o capitalismo libertou-se dos incômodos e inconveniências das amarras auríferas. Assim, sistemas monetários modernos ultrapassaram as limitações impostas pela consubstanciação das funções monetárias em uma mercadoria particular (caso do ouro ou dos sistemas monetários que prevaleceram até o início do século XX).

Hoje esses sistemas são fundados exclusivamente na confiança e não em automatismos relacionados a uma imaginária escassez do metal ou ao caráter "natural" da moeda-mercadoria. "E o lastro?", perguntam os saudosos do padrão-ouro. Ah, sim! A âncora, retrucam os contemporâneos. Diria Hegel que a moeda realiza o seu conceito: é uma instituição social ancorada nas areias movediças da confiança. *Fiducia, Credere*.

Em um Boletim de 2014, *Money Creation in the Modern Economy*, o Banco da Inglaterra ensina que nos sistemas monetários contemporâneos, o dinheiro é administrado em primeira instância

---

1   KEYNES, John Maynard. "Auri sacra fames". *In*: _____. *Collected writings*: essays in persuasion. vol. 9. Cambridge: Cambridge University Press, 1982.

pelos bancos.[2] Essas instituições têm o poder de avaliar o crédito de cada um dos centros privados de produção e de geração de renda e, com base nisso, emitir obrigações contra si próprios, ou seja, depósitos à vista, o meio de pagamento dominante. A criação monetária depende da avaliação dos bancos a respeito do risco de cada aposta privada.

O dinheiro ingressa na circulação com a benção do Estado, o cobrador de impostos, e a unção das relações de propriedade, isto é, decorre das relações estabelecidas entre credores e devedores, mediante a cobrança de uma taxa de juros. No circuito da renda monetária, os gastos privados e públicos precedem a coleta de impostos. As razões são óbvias. Não há como recolher impostos, se a renda não circula.

O banco credor empresta exercendo a função de agente privado do valor universal. O devedor exercita seus anseios de enriquecimento como proprietário privado, usufruindo a potência do valor universal. O dinheiro é riqueza potencial, promessa de enriquecimento, mas também algoz do fracasso. Se o devedor não servir a dívida, o banco, agente privado do valor universal, deve expropriar o inadimplente. A política monetária do Estado é incumbida, em cada momento do ciclo de crédito, de estabelecer as condições que devem regrar e disciplinar as expectativas de credores e devedores. Faz isso mediante a taxa de juros que remunera as reservas bancárias.

No livro *First Responders*, organizado por Ben Bernanke, Henry Paulson e Timothy Geithner, assessores do Federal Reserve e do Tesouro registram as características dos mercados contemporâneos:

> O sistema financeiro mudou de forma fundamental nas décadas que antecederam à crise de 2008: mais crédito e

---

2 MCLEAY, Michel; RADIA, Amar; THOMAS, Ryland. *Money creation in modern economy*. Bank of England: Quarterly Bulletin 2014 Q1, 2014.

precificação de risco foram intermediados nos mercados financeiros, sob os auspícios de instituições não bancárias. Muitas dessas instituições dependem de financiamento de curto prazo nos mercados monetários atacadistas, em vez de depósitos à vista garantidos e estáveis; assim, são mais vulneráveis a uma queda na confiança dos investidores, o que pode levar à queima de ativos e ao contágio do mercado.[3]

Nos tempos de "normalidade", esses mercados financeiros ocupam-se de diversificar a riqueza de cada grupo, empresa ou indivíduo, distribuí-la por vários ativos na esperança de assegurar o máximo de ganhos patrimoniais. Os agentes dessas operações, bancos e demais instituições não-bancárias, procuram antecipar provimentos de preços e administrar os instrumentos de hedge e os riscos de contraparte.

Em um clima de convenções "otimistas", bancos e demais instituições financeiras cuidam de antecipar o "estado de confiança" e estimar as condições de liquidez dos mercados, em conformidade com a evolução dos balanços de empresas, famílias, governos e países.

Sim, países, porque, na era da finança global, a integração dos mercados submeteu o processo de "precificação" dos ativos privados e públicos denominados em moedas distintas às antecipações acerca dos rendimentos dos ativos "de última instância", líquidos e seguros, emitidos pelo Estado gestor da moeda-reserva. Esses títulos são o fundamento do sistema de criação de moeda fiduciária à escala global, o último refúgio da confiança. Há, portanto, uma hierarquia de moedas – conversíveis e não-conversíveis – que denominam ativos de "última instância" em cada jurisdição monetária.

---

[3] BERNANKE, Ben; GEITHNER, Timothy; PAULSON JR. Henry. *First responders*: inside the US strategy for fighting the 2007-2009 global financial crisis. Londres: Yale University Press, 2020.

A crise financeira de 2008 ofereceu a oportunidade de se examinar a resposta da política econômica à desorganização e ao pânico dos mercados. O *Quantitative Easing* (QE) trouxe à tona o que se movia nos subterrâneos: a articulação estrutural entre o sistema de crédito, a acumulação financeira-produtiva das empresas e a gestão monetária do Estado.

O QE ressaltou, ademais, a importância da expansão da dívida pública para o saneamento e recuperação dos balanços das instituições financeiras. Salvos da desvalorização dos ativos podres que carregavam e agora empanturram o balanço dos bancos centrais, os bancos privados e outros intermediários financeiros garantiram a qualidade de suas carteiras e salvaguardaram seus patrimônios, carregando títulos públicos com rendimentos reduzidos, mas valor assegurado. Os títulos dos Tesouros com rendimentos pífios não cessavam de atrair a volúpia dos investidores apavorados.

Seria interessante observar as relações entre a dívida pública e a dívida privada ao longo dos ciclos de expansão e contração da atividade econômica. O endividamento de empresas e famílias se expande nos períodos de crescimento e "confiança". A dívida pública se expande nos períodos de depressão e recessão.

Os bancos, sob a supervisão dos bancos centrais, emprestam às empresas e às famílias. As instituições financeiras não-bancárias emitem títulos que, abrigados nos portfólios, próprios e de outras instituições, amparam as "poupanças" das empresas e das famílias, poupanças acumuladas ao longo dos sucessivos circuitos de gasto-emprego-renda. Títulos públicos e privados são emitidos nos mercados primários, abrigados nos portfólios das instituições e negociados nos mercados secundários. Nos bons tempos, a precificação dos ativos gerados no processo de endividamento define uma curva de juros ascendente conforme a *duration*.

Na pandemia econômica, os nexos monetários foram rompidos e os proprietários privados, aí incluídos os proprietários da força de trabalho, foram excluídos do circuito da renda. A propriedade perdeu sua função crucial de legitimar a apropriação da renda e a valorização da riqueza. O mercado vira uma mixórdia: não é capaz de diferenciar os ativos de grau de investimento daqueles de alto risco. Trata-se do fenômeno da indiferenciação. A precificação dos ativos só aponta para baixo, jogando os juros longos para cima. Incumbe ao Banco Central achatar a curva, comprando os longos e vendendo os curtos.

A fuga desesperada para a liquidez atesta que, na derrocada, não há ativos melhores ou piores. Todos são fâmulos desprezíveis perante o Dinheiro. A crise desvela o segredo que o sodalício dos Crentes da Sabedoria Informacional dos Mercados – uma seita poderosa – pretende abafar: em sua dimensão monetária, o capitalismo revela o indissociável contubérnio entre o Universal e o Particular, entre o Estado e o Mercado, entre a Comunidade e o Indivíduo.

No pandemônio econômico os mercados gritam: "O Dinheiro acima de Todos, o Estado acima de Tudo". A restauração das relações de propriedade e de apropriação só pode ser efetuada pela ação discricionária do Estado – Banco Central e Tesouro Nacional. É o paradoxo da livre-iniciativa. A iniciativa é livre enquanto os empreendedores estão legitimados pelo manto protetor da moeda, instituição social administrada pelo Estado.

O banco credor empresta exercendo a função de agente privado do valor universal. Aí está implícita a tensão constitutiva entre o caráter público e a dimensão privada do Dinheiro Capitalista, ou se quiserem, da Economia Monetária da Produção.

Somente uma forma de riqueza dotada de reconhecimento diretamente social, garantido pelo Estado, é capaz de assegurar a validade das decisões e dos critérios de enriquecimento privado nas economias capitalistas. As políticas monetária e fiscal do Estado Soberano estabelecem, em cada momento do ciclo de crédito, as condições que devem regrar e disciplinar as expectativas de credores e devedores.

O devedor exercita seus anseios de enriquecimento como proprietário privado, usufruindo a potência do valor universal.

O dinheiro é riqueza potencial, promessa de enriquecimento, mas também algoz do fracasso. Se o devedor não servir a dívida, o banco, agente privado do valor universal, deve expropriar o inadimplente. A política monetária do Estado é incumbida, em cada momento do ciclo de crédito, de estabelecer as condições que devem regrar e disciplinar as expectativas de credores e devedores. Faz isso mediante a taxa de juros que remunera as reservas bancárias. No circuito da renda monetária, os gastos privados e públicos precedem a coleta de impostos. As razões são óbvias. Não há como recolher impostos, se a renda não circula.

Nos momentos de crise, como hoje, a ruptura dos circuitos monetários fomentados pelo crédito e pelo gasto entrega ao gestor público da moeda um poder extraordinário.

Essa forma de criação monetária está submetida às relações indissociáveis e conflituosas entre os poderes da propriedade privada e da soberania estatal. A pretexto de se cingir às regras da "ciência", a teoria econômica dita ortodoxa expurga as relações de poder de uma disciplina que, supõe-se – cuida da sociedade dos homens e de seus poderes.

Em entrevista do atual Presidente do Federal Reserve, Jerome Powell, ao programa *60 Minutes*, disponível na *internet*, é possível assistir ao seguinte diálogo:

Entrevistador: Você simplesmente inundou o sistema com dinheiro?

Jerome Powell: Sim, nós fizemos. É uma outra forma de pensar nisso. Nós fizemos.

Entrevistador: De onde ele vem? Você simplesmente imprimiu?

Jerome Powell: Nós imprimimos digitalmente. Como Banco Central nós temos a habilidade de criar dinheiro, digitalmente, e nós fazemos isso comprando títulos do tesouro ou *bonds*, o que na realidade amplia a oferta de dinheiro. Nós também imprimimos moeda efetivamente e distribuímos pelos bancos do Federal Reserve.[4]

Referência bibliográficas

BERNANKE, Ben; GEITHNER, Timothy; PAULSON, JR. Henry. *First responders*: inside the us strategy for fighting the 2007-2009 global financial crisis. Londres: Yale University Press, 2020.

KEYNES, John Maynard. "Auri Sacra Fames". *In*: _____. *Collected writings*: essays in persuasion. vol. 9. Cambridge: Cambridge University Press, 1982.

MCLEAY, Michel; RADIA, Amar; THOMAS, Ryland. *Money creation in modern economy*. Bank of England: Quarterly Bulletin 2014 Q1, 2014.

POWELL, Jerome. "Jerome Powell: the 2021 60 minutes interview". Entrevistador: Scott Pelley. *CBS*, abr. 2021.

---

[4] POWELL, Jerome. "Jerome Powell: the 2021 60 minutes interview". Entrevistador: Scott Pelley. *CBS*, abr. 2021.

CAPÍTULO X
A IGREJA DO DIABO

LUIZ GONZAGA BELLUZZO

Machado de Assis conta que um certo dia o Diabo teve a ideia de fundar uma igreja. Ao ser questionado por Deus, respondeu haver recém-concluído uma observação, começada há séculos:

> as virtudes, filhas do céu, são em grande número comparáveis a rainhas, cujo manto de veludo rematasse em franjas de algodão. Ora, eu proponho-me a puxá-las por essa franja, e trazê-las todas para minha igreja; atrás delas virão as de seda pura...[1]

A nova doutrina clamava que as virtudes aceitas deviam ser substituídas por outras, que eram naturais e legítimas. "A soberba, a luxúria, a preguiça foram reabilitadas, e assim também

---

[1] ASSIS, Machado. "A igreja do Diabo". *In*: _____. *Volume de contos*. Rio de Janeiro: Garnier, 1884.

a avareza, que declarou não ser mais do que a mãe da economia, com a diferença que a mãe era robusta, e a filha uma esgalgada".[2]

A venalidade era o exercício superior a todos os direitos.

> Se tu podes vender a tua casa, o teu boi, o teu sapato, o teu chapéu, coisas que são tuas por uma razão jurídica e legal... como é que não podes vender a tua opinião, o teu voto, a tua palavra, a tua fé, coisas que são mais que tuas, porque são a tua própria consciência, isso é, tu mesmo?[3]

No entanto, "à vista do preconceito social, conviria dissimular o exercício de um direito tão legítimo, o que era exercer ao mesmo tempo a venalidade e a hipocrisia, isto é, merecer duplicadamente".[4]

No dia 7 de agosto, o *New York Times* publicou matéria com o título: "Como *Think Tanks* ampliam a influência corporativa na América".[5] Segundo o jornal, na busca por recursos, os *think tanks* – organizações que atuam produzindo e difundindo conhecimento sobre assuntos estratégicos – estão empurrando agendas importantes para seus doadores corporativos, muitas vezes sem divulgar suas conexões com interesses corporativos, borrando a linha entre pesquisadores e lobistas:

> Milhares de páginas de memorandos internos e correspondências confidencias entre o Brookings e seus doadores como JPMorgan Chase, o maior banco americano; K.K.R., a firma

---

[2] ASSIS, Machado. "A igreja do Diabo". In: _____. *Volume de contos*. Rio de Janeiro: Garnier, 1884.
[3] ASSIS, Machado. "A igreja do Diabo". In: _____. *Volume de contos*. Rio de Janeiro: Garnier, 1884.
[4] ASSIS, Machado. "A igreja do Diabo". In: _____. *Volume de contos*. Rio de Janeiro: Garnier, 1884.
[5] LIPTON, Eric. "How Think Tanks amplify corporate america's influence". *New York Times*, ago. 2016.

de investimento global; Microsoft, a gigante do *software*; e Hitachi, o conglomerado japonês – demonstram que o suporte financeiro sempre veio com garantias do Brookings que seriam fornecidos "benefícios" incluindo o arranjo de eventos com executivos corporativos e oficiais do governos de acordo com documentos obtidos pelo *The New York Times* e o New England Center for Investigative Reporting.[6]

Entrevistada, a Senadora Democrata Elizabeth Warren não apalpou: "É um lobby dissimulado. Trata-se de corporações gastando alguns milhões de dólares para influenciar decisões em Washington e ganhar bilhões de dólares".[7]

Jean Pisani-Ferry, comissário geral de planejamento de política do primeiro-ministro francês, se debruçou sobre as razões do que denominou: "cólera contra aqueles que representam o conhecimento e a expertise".[8]

Abrimos aspas para o economista francês:

> A primeira explicação se refere à baixa estima dos eleitores por aqueles que não foram capazes de advertir contra o risco de uma crise financeira em 2008... As suspeitas que pesam sobre os economistas, apresentados em 2010 pelo filme *Inside Job* como capturados pela indústria financeira, estão longe de terem sido removidas. As pessoas estão em cólera contra o que parece uma nova traição dos intelectuais.[9]

---

[6] LIPTON, Eric. "How Think Tanks amplify corporate america's influence". *New York Times*, ago. 2016.
[7] LIPTON, Eric. "How Think Tanks amplify corporate america's influence". *New York Times*, ago. 2016.
[8] PISANI-FERRY, Jean. "Why are voters ignoring experts? social Europe". *Social Europe*, jul. 2016.
[9] PISANI-FERRY, Jean. "Why are voters ignoring experts? social Europe". *Social Europe*, jul. 2016.

O choque das banalidades abstratas dos economistas do *establishment* com as realidades da vida das pessoas de carne e osso, impulsiona o sentimento de que a filha esgalgada da avareza seja um campo fértil para o exercício da venalidade e da hipocrisia.

Por aqui, a opinião publicada apresenta a trajetória da dívida bruta nacional e o desempenho fiscal para incriminar aposentados, trabalhadores e mães do Bolsa Família pelo "ataque" ao orçamento público. Seguimos na missão de combater um mantra com outro: em 2015 o orçamento original destinou R$ 103 bi ao ministério da educação, R$ 121 bi ao da saúde, R$ 75 bi ao desenvolvimento social e R$ 20 bi aos transportes Somados aos R$ 86 bi do déficit da previdência os gastos chegariam a R$ 405 bi. No mesmo ano os recursos destinados ao pagamento de juros foram de R$ 502 bi, quase R$ 100 bi a mais que os orçamentos elencados.

Sem hesitar, os locatários de opinião tentarão inverter a relação de causalidade, responsabilizando a trajetória e o estoque da dívida pelos juros altos (e não o inverso), sonegando que a economia brasileira exibiu ao longo de dezesseis anos (1998 a 2013) superávits primários, o que não impediu o salto da dívida bruta do setor público do patamar de 40% em 1998 para quase 58% do PIB em 2013, acompanhada da elevação de 6% na carga fiscal, também medida em relação ao PIB.

O Japão deve duas vezes e meia o seu PIB, os EUA em torno de 105%, a Grécia deve aproximadamente 170%, enquanto o Brasil detém uma dívida bruta inferior a 70%. Ainda assim, proporcionalmente ao PIB, o Brasil reverte aos detentores da dívida pública quase cinco vezes mais do que o Japão e EUA e o dobro da Grécia.

O "exército de intelectuais" a serviço dos poucos que hoje controlam tudo, como batizado por Jessé Souza, repreenderá a impropriedade da comparação entre EUA, Japão ou países da Zona do Euro com o Brasil. Sim, eles são países com moedas conversíveis. Esse é justamente o nosso contraponto à tese da determinação da taxa de juros pelo espaço fiscal.

CAPÍTULO X – A IGREJA DO DIABO

Contudo, o quasímodo conhecido como Selic também não consegue se mesclar entre as taxas de juros praticadas em outras economias emergentes. Os juros no México são de 4,25%, na industriosa China de 4,3%, na Índia de 6,5%, na Turquia de 7,5% e na Rússia de 10,5%.

A disparidade de nossos protuberantes 14,25% continuam convidando os capitais em movimento a realizar arbitragens com nossa moeda. A valorização do Real é o expediente empregado (há mais de vinte anos) por nossas autoridades monetárias para conter a inflação e ceifar a indústria nacional.

Ante as suspeitas ao diversionismo que tenta isentar o rentismo e atribuir às vítimas a responsabilidade pelo desastre econômico, o leitor tem o direito de imaginar que escrevemos com o objetivo de estigmatizar moralmente os profissionais da economia que servem a Deus e ao Diabo. Em tempos de anátemas fulminados por prelados de todas as religiões, nada poderia ser mais perigoso para a vida laica e democrática.

Na fábula de Machado, após descobrir que vários de seus fiéis, às escondidas, praticavam as antigas virtudes, o Diabo voou de novo ao céu, trêmulo de raiva. Deus ouviu-o com infinita complacência, pôs os olhos nele, e lhe disse:

"Que queres tu, meu pobre Diabo? As capas de algodão têm agora franjas de seda, como as de veludo tiveram franjas de algodão. Que queres tu? É a eterna contradição humana".[10]

Referências bibliográficas

ASSIS, Machado. "A Igreja do Diabo". *In*: _____. *Volume de contos*. Rio de Janeiro: Garnier, 1884.

---

[10] ASSIS, Machado. "A igreja do Diabo". *In*: _____. *Volume de contos*. Rio de Janeiro: Garnier, 1884.

LIPTON, Eric. "How Think Tanks amplify corporate america's influence". *New York Times*, ago. 2016.

PISANI-FERRY, Jean. "Why are voters ignoring experts? social Europe". *Social Europe*, jul. 2016.

CAPÍTULO XI

OS PATRONOS DE PAULO GUEDES

LUIZ GONZAGA BELLUZZO

O chorrilho de manifestações desencontradas começou cedo. Nos idos de 2019, o Ministro Guedes mostrou os dentes escovados com a pasta do liberal-autoritarismo brasileiro: "Não se assustem se alguém pedir o AI-5 contra os protestos". Esse apelo ao Ato Institucional que abriu as portas para o período mais cruel da ditadura brasileira recebeu a adesão dos filhotes do Presidente Bolsonaro, aqueles rapazes que também advogaram a convocação de um cabo e um soldado para "fechar o STF".[1]

Em fevereiro de 2020, Guedes aprimorou suas idiossincráticas declarações ao invocar o comportamento, em sua opinião inconveniente, das empregadas domésticas. Ao discursar em um evento em Brasília, o ministro celebrou a caminhada da taxa de câmbio para a casa dos 5 reais por dólar. Em seus peculiares sestros verbais, sapecou:

---

[1] DIAS, Marina. "Não se assustem se alguém pedir o AI-5, diz Guedes". *Folha de São Paulo*, nov. 2019.

> O câmbio não está nervoso, o câmbio mudou. Não tem negócio de câmbio a 1,80. Todo mundo indo para a Disneylândia, empregada doméstica indo para a Disneylândia, uma festa danada. Pera aí. Vai passear ali em Foz do Iguaçu, vai passear ali no Nordeste, está cheio de praia bonita. Vai para Cachoeiro de Itapemirim, vai conhecer onde o Roberto Carlos nasceu, vai passear no Brasil, vai conhecer o Brasil. Está cheio de coisa bonita para ver.[2]

Alguém mal-intencionado poderia sugerir que os efeitos da desvalorização cambial não foram negativos para o dinheiro que escapou de ser desperdiçada em viagens para Miami, mas preferiu deambular sobranceira nas veredas dos paraísos fiscais. A dinheirama dos ricos segue as recomendações dos economistas liberais: invariavelmente, seus movimentos são guiados por critérios de eficiência na alocação de recursos. Nos paraísos dolarizados, a dinheirama está protegida dos solavancos que machucam as merrecas circulantes nos infernos (sub) mergentes.

Diante de tais virtudes mercadistas, os patronos de Guedes, Friedrich Hayek e Milton Friedman, não se assustariam com o AI-5, muito menos, com a censura às empregadas domésticas que ousam acalentar o desejo de voar para Miami. Sempre empenhados em elevar a desembaraçada troca de mercadorias ao pináculo das liberdades, os dois sabidos economistas recomendavam restrições à democracia, caso a irracionalidade das massas pudesse ameaçar a liberdade dos mercados. A visão hayekiana da economia e da sociedade advoga abertamente a concorrência darwinista: a sobrevivência do mais forte e do mais apto é a palavra de ordem. Tombem os fracos pelo caminho.

Corey Robin, em artigo sobre as afinidades entre Nietzsche e Hayek, afirma que o economista austríaco admite a necessidade

---

[2] VENTURA, Manoel. "Guedes diz que dólar alto é bom: 'empregada doméstica estava indo para Disney, uma festa danada'". *O Globo*, fev. 2020.

CAPÍTULO XI – OS PATRONOS DE PAULO GUEDES

das "decisões de uma elite governante" como antídoto às trapalhadas da malta trabalhadora.[3] Nas páginas do famoso livro *The Road to Serfdom*, Hayek escreve: "O empregador e o indivíduo independente estão empenhados em definir e redefinir seu plano de vida, enquanto os trabalhadores cuidam, em grande medida, de se adaptar a uma situação dada".[4] Robin conclui corretamente que ao indivíduo trabalhador dependente de Hayek falta responsabilidade, iniciativa, curiosidade e ambição.

Por isso, nos escritos político-jurídicos, Hayek não hesita em escolher o liberalismo diante dos riscos da democracia:

> Há um conflito irreconciliável entre democracia e capitalismo – não se trata da democracia como tal, mas de determinadas formas de organização democrática (...). Agora tornou-se indiscutível que os poderes da maioria são ilimitados e que governos com poderes ilimitados devem servir às maiorias e aos interesses especiais de grupos econômicos. Há boas razões para preferir um governo democrático limitado, mas devo confessar que prefiro um governo não democrático limitado pela lei a um governo democrático ilimitado (e, portanto, essencialmente sem lei).[5]

No *site* Opendemocracy, Benjamin Selwyn relembra a aprovação de Hayek ao golpe de 1973 do general Augusto Pinochet, no Chile.[6] O general lançou um golpe contra o governo socialista

---

[3] ROBIN, Corey. Nietzsche, "Hayek, and the meaning of conservatism". *Jacobinmag*, jun. 2013.
[4] HAYEK, Friedrich August Von. *The road to serfdom*. Londres: Routledge, 1944.
[5] HAYEK, Friedrich August Von. *Direito, legislação e liberdade*: uma nova formulação dos princípios de justiça e economia política - "A Ordem política de um povo livre". vol. 3. Petrópolis: Vozes, 1985.
[6] SELWYN, Benjamin. "Friedrich Hayek: in defence of dictatorship". *OpenDemocracy*, jun. 2015.

democraticamente eleito de Salvador Allende e instituiu uma ditadura sob a qual milhares de sindicalistas foram torturados e assassinados. Hayek, mais tarde, descreveu a administração de Allende como o único governo totalitário na América Latina.[7]

O economista austríaco defendeu Pinochet em um contexto mais amplo de apoio à democracia apenas na medida em que contribui para a formação e manutenção de uma ordem de mercado liberal: "Nos tempos modernos, tem havido, naturalmente, muitos casos de governos autoritários sob os quais a liberdade pessoal era mais segura do que sob democracias".[8] Ele oferece como exemplo o "governo primitivo" de António de Oliveira Salazar em Portugal e sugere que existem muitas democracias na Europa Oriental, África, América do Sul e Ásia que não protegem a liberdade pessoal.

A história recente da América do Sul registra episódios singulares entre ditadores e liberais econômicos. Não eram exóticos os carinhos entre o general Augusto Pinochet e os Chicago Boys, as crias de Milton Friedman, no Chile dos anos 1970 e 1980. Tampouco na desdita Argentina o general-ditador Jorge Videla sentiu incômodos diante das políticas ultraliberais e desastrosas do economista Martínez de Hoz. O então celebrado (ou celerado?) ministro enfiou seu país no endividamento externo depois do choque do petróleo, recurso natural que sobrava nos Pampas. Martínez de Hoz argumentava, então, que a abertura da economia ao ar fresco da concorrência externa e à abundância de petrodólares baratos iria levar a economia argentina ao pódio dos países desenvolvidos. Os fatos sugerem que essa esperança não se concretizou.

A peculiaridade dessas inefáveis experiências ditatoriais sul-americanas é o arranjo entre autoritarismo político e "cosmopolitismo"

---

[7] SELWYN, Benjamin. "Friedrich Hayek: in defence of dictatorship". *OpenDemocracy*, jun. 2015;

[8] HAYEK. Friedrich August Von. "Freedom of choice". *Jornal The Times*, ago. 1978.

liberal na economia. Nada há de estranho ou estapafúrdio, portanto, no contubérnio Paulo Guedes-Jair Bolsonaro. A dupla promete um novo capítulo na tragicomédia do liberal-autoritarismo periférico.

Referências bibliográficas

DIAS, Marina. "Não se assustem se alguém pedir o AI-5, diz Guedes". *Folha de São Paulo*, nov. 2019.

HAYEK, Friedrich August Von. *The road to serfdom*. Londres: Routledge, 1944.

_____. *Direito, legislação e liberdade*: uma nova formulação dos princípios de justiça e economia política - "A Ordem política de um povo livre". vol. 3. Petrópolis: Vozes, 1985.

_____. "Freedom of choice". *Jornal The Times*, ago. 1978.

ROBIN, Corey. Nietzsche, "Hayek, and the meaning of conservatism". *Jacobinmag*, jun. 2013.

SELWYN, Benjamin. "Friedrich Hayek: in defence of dictatorship". *OpenDemocracy*, jun. 2015.

VENTURA, Manoel. "Guedes diz que dólar alto é bom: 'empregada doméstica estava indo para Disney, uma festa danada'". *O Globo*, fev. 2020.

CAPÍTULO XII

A ENTREVISTA DE EDMAR BACHA

LUIZ GONZAGA BELLUZZO

A entrevista do economista Edmar Bacha à *Folha de São Paulo* causou desconforto nas hostes progressistas. Na manchete do jornal paulistano, Bacha proclamava "Bolsonaro é risco à democracia, e Lula é risco à economia".[1] Os economistas do PT, Aloisio Mercadante e Guilherme Mello publicaram, também na *Folha*, uma resposta civilizada e bem argumentada.[2]

Vou arriscar aqui algumas considerações sobre a entrevista de Edmar Bacha. Minha a caminhada se inicia com a primeira estocada do ilustre economista, tão ilustre que enverga o fardão da Academia Brasileira de Letras. Nesta fatiota ele desfruta a companhia do não menos ilustre e ilustrado Merval Pereira. O primeiro Presidente da Academia, um certo Machado de Assis,

---

[1] BACHA, Edmar. "Bolsonaro é risco à democracia, Lula é risco à economia". Entrevistador: Eduardo Cucolo. *Folha de São Paulo*, set. 2021.

[2] MERCADANTE, Aloisio; MELLO, Guilherme. "O risco Lula é o de o Brasil voltar a crescer". *Folha de São Paulo*, set. 2021.

sentir-se-ia recompensado. (A mesóclise é uma homenagem a meu ex-companheiro das Arcadas, Michel Temer).

Peço desculpas ao leitor pela digressão reverencial, mas diante de figuras tão ilustres não poderia omitir o autor do conto O *Alienista*, aquele que narra as peripécias de Simão Bacamarte.

Retomo o fio da meada. Bacha dispara:

> Lula é um risco à economia. As últimas declarações que ele, Lula, tem dado mostram que ele não aprendeu nada. Tem se posicionado contra a austeridade fiscal, contra a abertura da economia. Os assessores dele são todos retrógrados, estão todos nessa linha de recuperar o Brasil grande, não aprenderam nada.

(Devo entender que o ilustre acadêmico almeja um Brasil pequeno? Não creio.)

Mais adiante, Bacha afirma que

> ao longo desse longo processo de construção e consolidação do Plano Real trabalhos extraordinários foram constituídos. Não só no combate à inflação; na construção de instituições fortes, programas importantes de distribuição de renda.

Não há como contestar as proezas extraordinárias do Plano Real. O sucesso inegável no combate à inflação foi acompanhado de uma proeza também extraordinária, o rápido e intenso processo de desindustrialização.

Nos anos de 1990, um novo ciclo de liquidez internacional e a escalada chinesa na produção de manufaturas baratas ensejaram a almejada estabilização do nível geral de preços e proporcionaram a chamada Grande Moderação. Imagino que o ilustre e ilustrado Edmar Bacha tenha conhecimento dos trabalhos do Bank of

CAPÍTULO XII – A ENTREVISTA DE EDMAR BACHA

International Settlements (BIS) a respeito da contribuição chinesa para a estabilização do nível de preços à escala global.

Em Pindorama, as classes conservadoras e conversadoras não aprendem e – ao contrário dos Bourbons – tampouco se lembram de coisa alguma. Diante da pletora de dólares, passaram a salivar com intensidade e patrocinar as visões mais pitorescas a respeito das relações entre desenvolvimento econômico, abertura da economia e sobre política fiscal e monetária. Aproveitaram a abundância de dólares para matar a inflação, mas permitiram a valorização do câmbio, sob o pretexto de que a liberalização do comércio e dos fluxos financeiros promoveria a alocação eficiente dos recursos.

Nesta visão bacharelesca, os ganhos de produtividade decorrentes das mudanças no comportamento empresarial diante do câmbio valorizado seriam suficientes para dinamizar as exportações, atrair investidores externos e deslanchar um forte ciclo de acumulação. Mas, na realidade, a abertura comercial com câmbio valorizado e juros altos suscitou o desaparecimento de elos das cadeias produtivas na indústria de transformação, com perda de valor agregado gerado no país, decorrente da elevação dos coeficientes de importação – sem ganhos nas exportações – em cada uma das cadeias de produção. Para juntar ofensa à injúria, esta forma anacrônica de abertura afastou o Brasil do engajamento nas cadeias produtivas globais.

Com tal estratégia, o crescimento da economia brasileira foi pífio. O investimento estrangeiro em nova capacidade deslocou-se para regiões mais atraentes, como a China, onde as políticas cambial e monetária favoreceram as iniciativas de política industrial e construíram o caminho para o rápido crescimento da exportação de manufaturados. Os dados da Organização Mundial do Comércio (OMC) mostram que a China avançou velozmente na sua participação nas exportações mundiais. Suas vendas externas evoluíram de menos de 2%, em 1998, para 10,4%, em 2012. Figura em primeiro lugar no ranking dos grandes exportadores, superando a Alemanha, o Japão e os Estados Unidos.

A partir de 2003, no primeiro governo Lula, ainda à sombra de uma política monetária conservadora, o país executou uma política fiscal prudente com queda das dívidas bruta e líquida como proporção do PIB. A acumulação de reservas construiu defesas para prevenir os efeitos de uma eventual crise de balanço de pagamentos. Isto foi proporcionado por uma conjuntura internacional excepcionalmente favorável, que levou às alturas os preços das commodities.

Nas condições descritas acima, seria desejável buscar uma combinação câmbio-juro real mais estimulante para o avanço das exportações e para o investimento nos setores mais dinâmicos do comércio mundial. Estes seriam passos decisivos para a integração do país nos fluxos de exportação e importação exigidos pela nova configuração da indústria global.

O Brasil encerrou os anos de 1990 e atravessou a década seguinte com uma regressão da estrutura industrial, ou seja, não acompanhou o avanço e a diferenciação setorial da manufatura global e, ademais, perdeu competitividade e elos nas cadeias que conservou.

A crise de 2008 acirrou a concorrência mundial na proporção em que os mercados se contraíam, o que deixou ainda mais patente a fragilidade da inserção externa da economia brasileira. Para quem tem um conhecimento elementar dos processos de industrialização e expansão industrial das economias emergentes, a manutenção do câmbio sobrevalorizado ao longo de muitos anos é um erro crasso de política econômica que afeta negativamente a política fiscal e a política monetária.

A última moda nos círculos bem-falantes e bem-informados (?) é pregar a integração da indústria nativa às cadeias globais de valor e clamar pelo aumento da produtividade. Essas recomendações equivalem às campanhas em defesa da saúde contra a doença.

A redistribuição espacial da manufatura foi impulsionada por duas forças complementares: 1) o movimento competitivo da grande empresa transnacional para ocupar espaços demográficos de mão de obra abundante; e 2) as políticas nacionais dos Estados soberanos nas áreas receptoras.

A participação da indústria brasileira no PIB caiu de 35,8%, em 1984, para 15,3%, em 2011. Em 2014, escorregou para 13%. O leitor poderá comparar o índice brasileiro com os indicadores de alguns países (dados da ONU de 2010): China (43,1%), Coreia (30,4%) e Alemanha (20,8%).

Essa queda seria natural se decorresse dos ganhos de produtividade obtidos ou difundidos pelo crescimento da própria indústria, como ocorreu em países de industrialização madura, como os Estados Unidos (13,4%). Mas não foi isso que se observou no Brasil.

Desde o crepúsculo dos anos de 1970, quando ocorria a revolução tecnológica da informática, dos contêineres e da automação – companheiras da intensa redistribuição da capacidade produtiva manufatureira entre o centro e os emergentes – a indústria brasileira ficou para trás.

A perda de dinamismo da industrialização brasileira provocou, desde o início dos anos de 1990, uma reação extremada nas hostes liberais: abrir a economia e expor os empresários letárgicos aos ares benfazejos da globalização. O silogismo em que se desdobra a premissa é grotesco em sua simplicidade: se a indústria brasileira perdeu a capacidade de investir ou de se modernizar, a solução é submeter a incompetente à disciplina da concorrência externa.

Tal estratégia de desenvolvimento, em geral, associada às recomendações do Consenso de Washington, está apoiada em quatro supostos:

a) a estabilidade de preços cria condições para o cálculo econômico de longo prazo, estimulando o investimento privado;

b) a abertura comercial (e a valorização cambial) impõe disciplina competitiva aos produtores domésticos, forçando-os a realizar ganhos substanciais de produtividade;

c) as privatizações e o investimento estrangeiro removeriam gargalos de oferta na indústria e na infraestrutura, reduzindo custos e melhorando a eficiência;

d) a liberalização cambial, associada à previsibilidade quanto à evolução da taxa real de câmbio, atrairia poupança externa em escala suficiente para complementar o esforço de investimento doméstico e para financiar o déficit em conta corrente.

Subitamente, a economia brasileira – sob inspiração desse ideário – foi colocada diante da seguinte realidade, inédita no pós-guerra: redução drástica da proteção efetiva provocada pela queda de tarifas associada a uma forte sobrevalorização do câmbio e taxa real de juros muito alta.

Um estudo encomendado pela União Europeia revela aspectos importantes do processo de internacionalização dos anos de 1990 e 2000:

1) nos países em desenvolvimento, os benefícios do investimento estrangeiro – tais como absorção de tecnologia, adensamento de cadeias industriais e crescimento das exportações – dependeram das políticas nacionais;

2) os países em desenvolvimento que cresceram mais e exportaram melhor, foram os que conseguiram administrar uma combinação favorável entre câmbio desvalorizado e juros baixos.

Na era da arrancada chinesa, é superstição acreditar que a abertura financeira e a exposição pura e simples do setor industrial à concorrência externa são capazes de promover a modernização tecnológica e os ganhos de competitividade. Neste jogo só entra quem tem cacife tecnológico, poder financeiro e amparo político dos Estados Nacionais. O resto está na arquibancada batendo palmas.

Referências bibliográficas

BACHA, Edmar. "Bolsonaro é risco à democracia, Lula é risco à Economia". Entrevistador: Eduardo Cucolo. *Folha de São Paulo*, set. 2021.

MERCADANTE, Aloisio; MELLO, Guilherme. "O risco Lula é o de o Brasil voltar a crescer". *Folha de São Paulo*, set. 2021.

CAPÍTULO XIII

MACHADO DE ASSIS E O BRASIL DE BOLSONARO

LUIZ GONZAGA BELLUZZO

"Ao verme que primeiro roeu as frias carnes do meu cadáver dedico como saudosa lembrança estas Memórias Póstumas".[1] Com essa dedicatória aos vermes, o saudoso Machado de Assis abriu sua obra magna, As *Memórias Póstumas de Brás Cubas*.

Digo saudoso Machado, assim como poderia deplorar a ausência de João Guimarães Rosa palmilhando as Veredas de seu Grande Sertão ou de José Lins do Rego apagando o fogo do engenho onde vivia o menino.

Voltemos às memórias de Brás Cubas. Ele jurou

> que essa orquestra da morte foi muito menos triste do que podia parecer. De certo ponto em diante chegou a ser deliciosa. A vida estrebuchava-me no peito, com uns ímpetos

---

[1] ASSIS, Machado. *Memórias póstumas de Brás Cubas*. Rio de Janeiro: Tipografia Nacional, 1881.

de vaga marinha, esvaía-se-me a consciência, eu descia à imobilidade física e moral, e o corpo fazia-se-me planta, e pedra e lodo, e coisa nenhuma.[2]

Na morte brasileira perpetrada pelo Capitão, esvai-se a consciência, avança a imobilidade social e moral, o corpo tem a mobilidade das plantas e das pedras imersas no lodo e os que desgovernam o país são coisa nenhuma.

Devo confessar que voltei ao Brás Cubas de Machado depois de uma longa conversa telefônica com meu velho e querido amigo Luis Antônio de Oliveira Lima. Quando lhe perguntei como estavam as coisas, ele me respondeu de pronto: coisas? Estamos no país do nada, de coisa nenhuma.

Ele prosseguiu: Bolsonaro é a realização do Nada. Logo senti que havia uma mensagem do Luiz Antônio, meu companheiro das Arcadas e da Faculdade de Filosofia, ainda na era da rua Maria Antônia.

O Ser e o Nada. O Nada do Ser. Jean-Paul Sartre sugeriu que Heidegger, ao enfatizar as forças recíprocas de repulsa que o ser e não-ser exercem uns sobre os outros, o real surge da tensão resultante dessas forças antagônicas.[3] Não raro, o Nada atropela o Ser.

Mas, mesmo diante do Nada da morte para narrar o Ser da sua vida, Machado não poderia imaginar os vermes adquirindo tal poder e potência nos trópicos. Poder e potência que habilitam as funéreas criaturas a roer as carnes do Brasil ainda vivo, na verdade, moribundo. Se estivesse entre nós, o grande escritor brasileiro

---

[2] ASSIS, Machado. *Memórias póstumas de Brás Cubas*. Rio de Janeiro: Tipografia Nacional, 1881.
[3] SARTRE, Jean-Paul. *O Ser e O Nada*: ensaios de ontologia fenomenológica. Petrópolis: Vozes, 2015.

CAPÍTULO XIII – MACHADO DE ASSIS E O BRASIL DE BOLSONARO

ficaria certamente espantado com a indicação da cloroquina e a insistência na suspeita de fraude nas urnas eletrônicas.

Ficaria espantado, sim, como ficou Brás Cubas com sua própria teimosia e indignidade ao insistir no emplastro milagroso:

> Com efeito, um dia de manhã, estando a passear na chácara, pendurou sê-me uma idéia no trapézio que eu tinha no cérebro. Uma vez pendurada, entrou a bracejar, a pernear, a fazer as mais arrojadas cabriolas de volatim, que é possível crer. Eu deixei-me estar a contemplá-la. Súbito, deu um grande salto, estendeu os braços e as pernas, até tomar a forma de um X: decifra-me ou devoro-te.
>
> Essa idéia era nada menos que a invenção de um medicamento sublime, um emplastro anti-hipocondríaco, destinado a aliviar a nossa melancólica humanidade. Na petição de privilégio que então redigi, chamei a atenção do governo para esse resultado, verdadeiramente cristão. Todavia, não neguei aos amigos as vantagens pecuniárias que deviam resultar da distribuição de um produto de tamanhos e tão profundos efeitos. Agora, porém, que estou cá do outro lado da vida, posso confessar tudo: o que me influiu principalmente foi o gosto de ver impressas nos jornais, mostradores, folhetos, esquinas, e enfim nas caixinhas do remédio, estas três palavras: Emplasto Brás Cubas. Para que negá-lo? Eu tinha a paixão do arruído, do cartaz, do foguete de lágrimas. Talvez os modestos me argúam esse defeito; fio, porém, que esse talento me hão de reconhecer os hábeis.[4]

Brás Cubas confessa:

> A minha idéia, depois de tantas cabriolas, constituíra-se idéia fixa. Deus te livre, leitor, de uma idéia fixa; antes

---

[4] ASSIS, Machado. *Memórias póstumas de Brás Cubas*. Rio de Janeiro: Tipografia Nacional, 1881.

um argueiro, antes uma trave no olho. Vê o Cavour; foi a idéia fixa da unidade italiana que o matou. Verdade é que Bismarck não morreu; mas cumpre advertir que a natureza é uma grande caprichosa e a história uma eterna loureira.[5]

A natureza caprichosa nos ofereceu as desgraças do Coronavírus e a História Sorrateira nos deixou à mercê das arapucas e desgovernos do Nada. No famoso conto O *Alienista*, Machado de Assis apresenta o Doutor Simão Bacamarte. Depois de encerrar toda a cidade no manicômio – inclusive a sua própria mulher – acabou por trancar a si mesmo.[6] Se não é saudável propagandear emplastros milagrosos, cloroquinas e ataques às urnas eletrônicas, tampouco é prudente apostar, como o faz Bolsonaro, na idiotice geral. Imagina-se em plena sanidade quando há evidências de que grassa no Planalto uma epidemia de capota furada.

No conto *A Igreja do Diabo*, Machado de Assis surpreendeu o Demônio ao conjeturar a fundação uma igreja. Ao ser questionado por Deus, respondeu haver recém-concluído uma observação, começada há séculos:

> As virtudes, filhas do céu, são em grande número comparáveis a rainhas, cujo manto de veludo rematasse em franjas de algodão. Ora, eu proponho-me a puxá-las por essa franja, e trazê-las todas para minha igreja; atrás delas virão as de seda pura...[7]

A nova doutrina clamava que as virtudes aceitas deviam ser substituídas por outras, que eram naturais e legítimas. "A soberba,

---

[5] ASSIS, Machado. *Memórias póstumas de Brás Cubas*. Rio de Janeiro: Tipografia Nacional, 1881.
[6] ASSIS, Machado. "O Alienista". In: _____. *Volume de contos*. Rio de Janeiro: Garnier, 1884.
[7] ASSIS, Machado. "A igreja do Diabo". In: _____. *Volume de contos*. Rio de Janeiro: Garnier, 1884.

a luxúria e a preguiça foram reabilitadas, e assim também a avareza, que declarou não ser mais do que a mãe da economia, com a diferença de que a mãe era robusta, e a filha, uma esgalgada".[8]

A venalidade era o exercício superior a todos os direitos.

> Se tu podes vender a tua casa, o teu boi, o teu sapato, o teu chapéu, coisas que são tuas por uma razão jurídica e legal... como é que não podes vender a tua opinião, o teu voto, a tua palavra, a tua fé, coisas que são mais que tuas, porque são a tua própria consciência, isto é, tu mesmo?

No entanto, "à vista do preconceito social conviria dissimular o exercício de um direito tão legítimo, o que era exercer ao mesmo tempo a venalidade e a hipocrisia, isto é, merecer duplicadamente". As duas virtudes de Asmodeus, venalidade e hipocrisia, dançam abraçadas no País da Rachadinhas, ao som dos alaridos que proclamam: "Deus Acima de Tudo".

Referências bibliográficas

ASSIS, Machado. "A igreja do Diabo". *In*: _____. *Volume de contos*. Rio de Janeiro: Garnier, 1884.

_____. "O Alienista". *In*: _____. *Volume de contos*. Rio de Janeiro: Garnier, 1884.

_____. *Memórias póstumas de Brás Cubas*. Rio de Janeiro: Tipografia Nacional, 1881.

SARTRE, Jean-Paul. *O Ser e O Nada*: ensaios de ontologia fenomenológica. Petrópolis: Vozes, 2015.

---

[8] ASSIS, Machado. "A igreja do Diabo". *In*: _____. *Volume de contos*. Rio de Janeiro: Garnier, 1884.

CAPÍTULO XIV

AS POSSIBILIDADES ECONÔMICAS DE LULA E AS CONSEQUÊNCIAS ECONÔMICAS DE BOLSONARO

NATHAN CAIXETA

Quanto mais a eleição se aproxima, mais a corrida para a construção da base política e social se acentuam entre os postulantes ao Planalto. Lula é um mestre na arte de reunir forças contrárias em torno de um ideal comum. Bolsonaro é um desastre como Presidente, mas tem se revelado resistente em suas ameaças à democracia, mantendo sólida sua base de apoiadores que enxergam a política como uma espécie de demonstração moral do poder: os imorais do lado de lá, os protetores dos valores tradicionais do lado de cá. A terceira via tenta conseguir espaço, cooptando os desiludidos com Bolsonaro à direita, ou os desertores do "velho PT" à esquerda.

A campanha eleitoral é o momento de brilho dos comentaristas políticos que, de um dia para o outro, passam a ser especialistas em saúde pública, Direito Constitucional, astrofísica, ou qualquer coisa que possam dizer para apontar tendências nas pesquisas eleitorais. Outros que ganham destaque são os economistas. Todo presidenciável tem que apresentar sua equipe econômica para ser sabatinada por jornalistas que buscam arrancar pistas do programa de governo dos candidatos.

O foco na economia mais do que nas outras áreas de governo deve-se ao interesse da mídia de "vender o peixe do mercado". A cada novo posicionamento dos favoritos nas pesquisas em relação à economia, os magos das finanças precificam os impactos futuros das medidas econômicas anunciadas pelos candidatos. Igualmente, as fofocas, amenidades, ou opiniões sobre temas polêmicos, logo que saem na mídia, aparecem no painel de negociação da bolsa de valores.

Como nos ensinou Keynes, a precificação de ativos ocorre mediante a formação de convenções entre os participantes do mercado diante da incerteza que compartilham sobre o futuro. As decisões sobre a forma de alocação da riqueza seguem, portanto, a opinião da maioria construída a partir do embate entre as apostas na subida ou na descida dos preços financeiros.[1]

As convenções em torno dos eventos políticos são baseadas nos efeitos futuros que as promessas dos candidatos podem provocar, em primeira instância, na economia em geral, e em última instância, nas remunerações do setor financeiro. Portanto, não são as condições objetivas que norteiam a precificação de ativos, mas as postulações ideológicas que promovem os anseios em relação ao futuro à posição de conjuntos de probabilidades que, na média (reflexo da opinião da maioria), tornam o preço de mercado dos ativos o reflexo da "verdade" a respeito dos eventos futuros.

---

[1] KEYNES, John Maynard. *A teoria geral do emprego, do juro e da moeda* (*Coleção Os economistas*). São Paulo: Nova Cultural, 1996.

CAPÍTULO XIV – AS POSSIBILIDADES ECONÔMICAS DE LULA...

A ideologia é um véu de ideias que encobre as reais intenções na busca e manutenção do poder, como Marx a definia.[2] Nos mercados financeiros reina a ideologia do dinheiro. Quanto mais dinheiro, maior o poder compartilhado entre quem toma as decisões sobre a riqueza e quem toma as decisões sobre as condições de reprodução da riqueza através da política econômica.

O diálogo com o mercado é fundamental para conquistar o planalto e esse diálogo é executado equilibrando o discurso entre o aceno à ideologia do mercado e a construção de bases econômicas para o desenvolvimento nacional e social. Assim se constrói a chamada correlação de forças entre quem manda sobre o dinheiro e quem elege, exibindo na urna, a confiança que carrega o voto popular.

A corrida eleitoral começa muito antes do anúncio dos candidatos postulantes à nova eleição. Ela começa nas avaliações sobre o atual governante. As pesquisas de avaliação dão voz estatística ao povão que quando muito inflamado vai às ruas exibir suas exigências. Quando toca o alarme, o gigante acorda pressionando as instituições a tomar posição diante das reivindicações. Entretanto, o poder do povo é limitado, pois compartilhado pelas convenções morais e ideológicas que unem, ou separam a sociedade.

Na hora do voto, o cidadão carrega seus valores morais, suas visões de mundo, acreditando que pelo menos parte disso é representado pelo candidato escolhido. Na mesa de operações financeiras, o "voto" em busca de mais dinheiro é dado cotidianamente, exercendo pressão sobre a política, apostando a favor, ou contra as medidas anunciadas pelo governo. Na corrida eleitoral, a possibilidade da troca de governante é recebida pelos mercados como chance de escolher o peão que executará de forma mais eficiente o xeque-mate sobre as adversidades envolvidas na busca por retornos financeiros.

---

2   MARX, Karl; ENGELS, Friedrich. *A ideologia alemã*. São Paulo: Boitempo, 2007

Para avaliar as possibilidades econômicas de Lula não se pode partir do discurso para a construção da hipótese, como se a existência do conceito parisse "a coisa" conceituada, mas deve-se partir da impossibilidade de prolongamento do atual governo, portanto da realidade tal como ela se apresenta.

1 As consequências econômicas de Bolsonaro

Partindo do lado avesso do discurso, pergunto: por que o mercado apoiou Bolsonaro em 2018? Nesse caso, a navalha de Occam não se aplica, e a resposta mais simples nos levaria ao frágil discurso da moralização da política. Proponho verificar o que prometia Paulo Guedes, o Czar econômico que o então candidato Bolsonaro promovia como "posto Ipiranga", uma espécie de oráculo nos assuntos econômicos.

Guedes prometia a privatização da Petrobrás, da Eletrobrás, dos Correios e de tudo mais que pudesse vender, como se anunciasse um bazar ao mercado, pondo a venda o patrimônio público. O mercado atento, apostou a favor, esperando sedento para comprar o patrimônio nacional com desconto na feirinha de Paulo Guedes. O governo avançou nesse campo, mas descobriu que os processos de privatização requerem habilidade política para negociar as letrinhas miúdas que se escondem no *Valuation* feito para definir o preço de venda de uma empresa. No quesito habilidade política, Paulo Guedes e Bolsonaro se revelaram brucutus. Indo ao exterior vender a imagem do Brasil, esperando chamar compradores para o bazar, voltaram de bolso vazio, exibindo nariz de palhaço.

O posto Ipiranga seguia prometendo a autonomia do Banco Central, o que representou a constitucionalização de um quarto poder na república: o poder do oligopólio do setor bancário sobre as condições de emissão da dívida pública e de controle do crédito, determinações operadas pela definição da taxa básica de juros – a execranda SELIC. A taxa básica é responsável por sinalizar as tendências das operações entre o Banco Central e os bancos

CAPÍTULO XIV – AS POSSIBILIDADES ECONÔMICAS DE LULA...

comerciais. Como em um cassino, o BC dá as cartas e os bancos apostam em contrapartida. A autonomia do Banco Central implica que as cartas – a taxa de juros – são marcadas antes mesmo de serem distribuídas. Ao determinarem o destino da taxa de juros, os bancos, através do BC, definem as condições "livres de risco" de alocação da riqueza financeira. Em outras palavras, o mercado financeiro define o piso para sua remuneração.[3]

Outra promessa de Guedes era avançar no programa de reformas iniciadas na gestão golpista da dupla Temer-Meirelles. Isso significou manter e respeitar o teto de gastos, implementar a reforma trabalhista e tributária.

Para o mercado, o teto de gastos funciona como o limite do cartão de crédito para os gastos do governo. Respeitar o teto significa garantir, a despeito de qualquer coisa, o pagamento dos juros da dívida pública cujo valor é definido na contratação dessa dívida mediante o preço estabelecido pela taxa de juros do Banco Central. Ou seja, o mercado tem fixado o piso para remuneração dos ativos – via BC – e a garantia de que, por mais elevados que sejam, os juros serão pagos antes de qualquer outra despesa pública.

A reforma trabalhista, ao precarizar as condições de negociação entre empregados e empregadores, transfere a insegurança jurídica e econômica para o trabalhador que passou a responder, sem cobertura, pelos custos que envolvem a atividade de trabalho (no caso dos terceirizados e autônomos), e pelo desalento representado pelo desemprego. Para as empresas, a redução do custo com mão de obra, não eleva a eficiência da produção, ou os lucros, somente as protege do aumento do passivo trabalhista (a dívida a ser paga por demissões de empregos no regime CLT). Enquanto, "macroeconomicamente", a reforma trabalhista prejudica o crescimento da economia por reduzir os rendimentos dos empregados e

---

[3] ABOUCHEDID, Saulo; RAIMUNDO, Licio. "O triste fado dos independentes". *FACAMP*, 2021.

flexibilizar a oferta de mão de obra, as empresas estão condenadas à instabilidade de suas receitas, o que induz a precarizar ainda mais a mão de obra.[4] Resultado: o fluxo de renda adquire maior instabilidade, implicando em baixo crescimento da economia e uma taxa de desemprego resistente à queda, enquanto o estoque de dívida das empresas diminui, gerando concentração da riqueza para os proprietários do capital. Nessa história, o trabalhador fica condenado a vender o almoço para pagar o jantar.

Finalmente a reforma tributária, que cambaleou no Congresso Nacional, não saiu do papel. Enquanto Paulo Guedes prometia reduzir impostos sobre o consumo e os lucros das empresas, compensando com a criação de impostos sobre propriedade, o lobby financeiro no congresso barrou a proposta. Na prática, o modelo tributário proposto criaria um monstrengo que romperia com o pacto federativo, tornando o lema "mais Brasil, menos Brasília", um sinônimo de instabilidade para a arrecadação de Estado e Municípios. Há uma razão para a centralização das receitas tributárias e a repartição a partir da Federação: a possibilidade de repasses que equalizem as necessidades orçamentárias para as distintas realidades de Estados e Municípios. Caso fosse exitosa, a proposta reduziria a carga tributária sem gerar distribuição de renda, enquanto jogaria os preceitos constitucionais pela janela. Novamente, a falta de habilidade política do governo Bolsonaro, encalhou seu diálogo com o congresso e os representantes do mercado que lá habitam.

A Economia Política de Guedes-Bolsonaro, fundada a partir de um liberalismo atrapalhado, se baseia no preceito do individualismo meritocrático através do qual os agentes econômicos devem se responsabilizar pelos frutos de suas ações. Não por menos, Guedes atribuiu a pobreza dos brasileiros à ausência de poupança,

---

[4] KREIN, Dari José; MANZANO, Marcelo; LEMOS, Patrícia Ramos; TEIXEIRA, Marilane (Coord.). *O trabalho pós-reforma trabalhista*. vol. 1 e 2. São Paulo: CESIT, 2021.

CAPÍTULO XIV – AS POSSIBILIDADES ECONÔMICAS DE LULA...

ou seja, ao ato moral da abstinência.[5] Enquanto isso, patrocina o discurso da meritocracia dos ricos que respeitam as boas práticas do equilíbrio orçamentário que, em bom português, significa: "eu ganho porque poupei, e poupei porque ganhei". Novamente, a moral implícita nesse discurso reproduz o preceito do "gasto" como um pecado, redimido através da poupança, uma penitência que justifica a desigualdade social.

No embalo de Guedes, para Bolsonaro, a fome não existe no país, o que existe é "falta de conhecimento".[6] O lema de campanha e de governo de Bolsonaro já nos revela as origens dessa ideologia: "conhecereis a verdade e a verdade vos libertará". Portanto, a pobreza vem do pecado do gasto que supere a renda das pessoas, e o pecado é fruto da ignorância sobre o caminho libertador da riqueza: a poupança.

A lógica válida para o indivíduo é aplicada, pela administração de Guedes, para à nação, pois: o dinheiro gasto pelo Estado é "tirado" do bolso das pessoas que poderiam poupá-lo. Logo, o Estado deve gastar o que arrecada e nada mais, senão para pagar os compromissos da dívida pública, um ato perpétuo de penitência capaz de atrair investidores e colocar o país para crescer. Como um bom apóstolo dos *Chicago boys* diria: *"no pain, no gain"*.

Para o capitão malicioso de milícias, a Economia é uma espécie de teologia da riqueza. Para o posto Ipiranga, a teologia da riqueza se traduz em liberdade econômica para que os pobres sejam pobres, e os ricos sejam ricos, seguindo os desígnios do deus-mercado.

As consequências econômicas de Bolsonaro estão às vistas do povo e foram precificadas pelo mercado: um país de famintos,

---

5 SALOMÃO, Paulo. "Dá para esperar 4 anos de um liberal-democrata após 30 anos de centro-esquerda?, diz Guedes". *Folha de São Paulo*, nov. 2019.
6 SALOMÃO, Lucas; MAZUI, Guilherme, G1. "'Falar que se passa fome no Brasil é uma grande mentira', diz Bolsonaro". *G1*, jul. 2019.

desempregados cujo salário real é decadente, comandado por um governo que paralisou o investimento, desmobilizou os bancos públicos e cortou o quando pode do gasto social. A inflação segue incontrolada pelo BC independente e por falta de políticas de estabilização. Para o povo, fome! Pois o gasto exagerado causou inflação. Para os mercados, uma rota de insegurança quanto aos anseios totalitários de Bolsonaro. Segundo a teologia da riqueza, a agulha é maior que o camelo e a verdade libertadora está ameaçada pelo retorno de Lula à presidência.

2 As possibilidades econômicas de Lula

Quando deixou a presidência, Lula tinha 87% de aprovação, trazendo um legado cujas proezas superavam os erros na administração da política econômica e social.

O Bolsa-Família, a valorização do salário-mínimo, a expansão do crédito para os mais pobres, a inclusão social pelo estímulo ao ensino público, a distribuição de água potável e energia para as regiões carentes foram políticas que contrastaram com o conservadorismo em matéria de combate à concentração da riqueza. Resultado: os pobres adquiriram protagonismo, conquistando a dignidade de um padrão de vida minimamente coerente com o humanismo que habita nossa Constituição promulgada em 1988. Por outro lado, os ricos aprofundaram seu domínio sobre as condições macroeconômicas de formação da renda, isto é, as decisões sobre alocação da riqueza a partir de um determinado nível de concentração dessa riqueza.

Esse fenômeno alimentou uma contradição entre o populismo das políticas sociais e o rentismo permitido pelas políticas econômicas. Ainda assim, sob a égide do populismo-plutocrático, os anos Lula podem ser interpretados como o respiro social de uma Economia em processo de destruição desde a década de 1980.

Problema: o conservadorismo das políticas macroeconômicas – na administração do câmbio, da taxa de juros e do orçamento

CAPÍTULO XIV – AS POSSIBILIDADES ECONÔMICAS DE LULA...

fiscal – aprofundaram as raízes dessa destruição, verificada pela queda da participação da indústria (de transformação) no PIB, acompanhada pela paralisia da taxa de investimento. As condições externas que garantiram o crescimento, assobradado pela explosão do consumo de bens duráveis, fixaram o tempo de duração desse "respiro social" à manutenção de um ciclo de liquidez internacional que acabaria tão logo o crescimento da economia mundial declinasse.

Socialmente, os governos Lula, foram um salto histórico para a emancipação dos mais pobres. Economicamente, um voo de galinha, isto é, um modelo econômico cujo crescimento dependia de fatores externos, visto que os fatores de dinâmica interna, a indústria e o investimento, prosseguiram sendo destruídos pela política econômica conservadora.

Relembrados esses aspectos contraditórios, vale perguntar: por que o mercado apoia Lula, após crucificar Dilma e hastear, através da mídia, a bandeira pró reformas liberais?

A admissão de que Bolsonaro é um fiasco econômico para o país e uma ameaça para a democracia é uma resposta rasa, escolhida por alguns analistas que veem a política como uma opção binária entre o ruim e o péssimo, ficando na média com o pleonástico "menos pior". O voto em Lula revela algo mais do que apenas uma escolha pela antítese de Bolsonaro. Assim como o voto em Bolsonaro em 2018 era algo além do antipetismo.

Em 2018, assim como na eleição que nos aguarda, o núcleo essencial do voto estará na captura do ressentimento daqueles que se veem expurgados da ordem social. O ressentimento, nos ensina Nietzsche, é a fragilização da compaixão em face de uma vontade de poder (ou representação) não correspondida.

No capitalismo, o ressentimento se expressa naquele cujas condições de subsistência estão submetidas ao domínio dos meios de produção e do dinheiro. O dinheiro é poder, liberdade, autonomia, logo, também é vontade. Usurpados pelo desemprego, pela fome, os ressentidos atribuem a si mesmo, e ao próximo, a culpa pela impotência diante da subordinação aos detentores da riqueza. Não é outra a raiz dos flamejantes discursos que diziam em 2018: "a culpa é do PT"; "a culpa é da corrupção"; "a culpa é do governo que gasta com pobre" etc.

A teologia da riqueza de Bolsonaro, oferecia acalanto para os ressentidos ao prometer representar os valores tradicionais que, no campo da economia, representam abstinência ao pecado do gasto público direcionado ao pobre que não cumpriu seu dever divino para com a sociedade: guardar o café para o almoço, o almoço para janta, a janta para o dia seguinte e assim por diante.

No fim, os trabalhadores ressentidos saem do supermercado com sacolas vazias, deixando todo salário para a inflação. Os desempregados ressentidos se amontoam em busca de restos de comida e ossos. O resultado da Economia Política de Bolsonaro é a fome. A fome, por sua vez (cada qual mais cotidiana), é a forma de ressentimento que não some pelo ódio ao contraditório. A barriga dói, não pela fartura de quem come demais nos jantares da Faria Lima, mas pela falta de comida na mesa.

Lula como candidato remete a um passado no qual, se eram contraditórias as condições de desenvolvimento, todos tinham comida na mesa. Entretanto, saudade não enche barriga. É preciso olhar para frente!

Para o mercado, Lula remete à figura do colega de trabalho do qual não se gosta, que vem de origens distintas, tem graxa nas mãos, mas que, no cômputo dos lucros, supera qualquer Bolsonaro vestido de Dolce Gabbana, como os senhores Sérgio Moro e João Doria. Nos tempos de Lula, a "verdade" dos preços de mercado foi abençoada com elevação do *rating* de risco do Brasil, o principal indicador de segurança para investidores estrangeiros. Os rentistas têm saudade do operário, pois sabem que se a economia que não cresce, os retornos financeiros não sobrevivem.

CAPÍTULO XIV – AS POSSIBILIDADES ECONÔMICAS DE LULA...

Os desafios de Lula são enormes e requerem avaliar criticamente o passado, tanto da esquerda no poder, quanto do fenômeno do conservadorismo golpista que desembocou em Bolsonaro.

Não basta fazer tudo de novo. Tudo tem que ser feito de novo, mais e melhor.

No plano dos direitos, é necessário persistir na universalização e qualificação da saúde, da educação, do saneamento e da habitação. Lula terá a missão de reerguer a imagem do Brasil no exterior, conquistada a duras penas pelo trabalho do Ministro Celso Amorim, um descendente legítimo de Oswaldo Aranha, e destruída rapidamente pelo espalhafatoso Ernesto Araújo. Em relação à renda, é necessário apontar para algo mais amplo do que o Bolsa Família mediante programas de transferência de renda de tipo universal. Mas os maiores desafios estarão nos entraves estruturais do desenvolvimento econômico: a concentração da riqueza e a destruição da indústria, e do investimento público.

Reindustrializar o país significa elevar a produtividade do país, absorvendo tecnologia e investindo em inovação, o que representa criação de emprego em larga escala. Entretanto, estamos num momento de rápida evolução do paradigma tecnológico e a entrada na 4ª revolução industrial demandará enorme esforço e coragem para revigorar os bancos públicos e aumentar o nível de investimento do Estado. Para investir e expandir o crédito, o próximo governo terá que enfrentar o Teto de Gastos, destravando o limite imposto ao endividamento público "*post*-juros". Essa última condição implica na necessidade de uma reforma tributária progressiva que combata a concentração da riqueza. Um caminho para acelerar esse processo é a integração regional e o fortalecimento das relações comerciais com os países em desenvolvimento, algo que Lula está inclinado a tentar.

As possibilidades econômicas de Lula não se encontram no retorno ao passado, mas num futuro de desenvolvimento social, tempo esse no qual a barriga doa de fartura, não pela escassez.

Tempo esse em que o trabalhador é valorizado. Tempo esse onde pobres, pretos, indígenas, mulheres, população LGBT+ sejam representados e não assassinados em massa. Tempo em que a favela tenha vez e voz. As possibilidades são também esperança. Como toda esperança existe o risco da frustração. Risco esse que o mercado precifica como aceitável e que a sociedade está disposta a correr. Na captura dos ressentidos, dois projetos estão em disputa: barrigas cheias ou armas nas mãos.

O voto em Lula representa a aposta nas flores vencendo os canhões.

Referências bibliográficas

ABOUCHEDID, Saulo; RAIMUNDO, Licio. "O triste fado dos independentes". *FACAMP*, 2021.

KEYNES, John Maynard. *A teoria geral do emprego, do juro e da moeda (Coleção Os economistas)*. São Paulo: Nova Cultural, 1996.

KREIN, Dari José; MANZANO, Marcelo; LEMOS, Patrícia Ramos; TEIXEIRA, Marilane (Coord.). *O trabalho pós-reforma trabalhista*. vol. 1 e 2. São Paulo: CESIT, 2021.

MARX, Karl; ENGELS, Friedrich. *A ideologia alemã*. São Paulo: Boitempo, 2007

SALOMÃO, Lucas; MAZUI, Guilherme, G1. "'Falar que se passa fome no Brasil é uma grande mentira', diz Bolsonaro". *G1*, jul. 2019. Disponível em: https://g1.globo.com/politica/noticia/2019/07/19/falar-que-se-passa-fome-no-brasil-e-uma-grande-mentira-diz-bolsonaro.ghtml. Acessado em: 10.04.2023.

SALOMÃO, Paulo. "'Dá para esperar 4 anos de um liberal-democrata após 30 anos de centro-esquerda?', diz Guedes". *Folha de São Paulo*, nov. 2019.

TEIXEIRA, Marilane (Coord.). *O trabalho pós-reforma trabalhista*. vol. 1 e 2. São Paulo: CESIT, 2021.

CAPÍTULO XV
SANTO RINCÃO

LUIZ GONZAGA BELLUZZO

Santo Rincão era uma terra abençoada, onde se plantando tudo dá.

A agricultura próspera fez a gastronomia e a nutrição ocuparem papel central naquela sociedade.

Os grandes banquetes se davam no *Buffet* Central, restaurante da cidade frequentado pela grã-finagem. A alta sociedade de Santo Rincão gravitava em torno de suas grandes atividades econômicas: a Fazenda e o Mercado.

A produção da Fazenda dava conta de abastecer não só Santo Rincão como outras cidades, inclusive metrópoles distantes.

A Fazenda era afortunada, tinha inclusive uma jazida de ferro. Há muitos anos abasteceu uma ferraria que existiu na cidade, mas que se mudou para outra cidade chamada Novo Oriente.

A natureza não foi tão generosa com Novo Oriente. Seus cidadãos tinham de se dedicar a atividades engenhosas para conseguirem seu sustento. Com o ferro que compravam da Fazenda produziam de tudo, produtos maravilhosos consumidos pelas pessoas de Santo Rincão.

O Mercado de Santo Rincão estava bem estabelecido há décadas. Administrado por cinco sócios, era um caso de sucesso no setor pela sua elevada lucratividade. Quatro em cada cinco santorinquenses eram seus clientes.

Aconselhado por um de seus cidadãos, que foi estudar nutrição na Capital, na Cidade Grande, o prefeito de Santo Rincão desenvolveu uma forma peculiar de assegurar o bem-estar da população.

O nutricionista aprendeu na Capital que a maior parte das pessoas padecem por doenças crônicas, como hipertensão e diabetes, passíveis de serem prevenidas pela alimentação frugal. Visando preservar a saúde de seu povo, sugeriu ao prefeito baixar decreto para regrar a dieta da população.

A comida deveria ser preparada no *Buffet* Central, onde ocorriam os tradicionais banquetes na modalidade "sirva-se à vontade", frequentados pelos donos e executivos do mercado e da fazenda.

Segundo o nutricionista, a mais moderna literatura recomenda uma dieta rica em calorias para o perfil socioeconômico dos frequentadores do banquete. Na condição de donos e executivos, estes indivíduos podem determinar o quanto trabalham e gastam de energia. O tamanho de suas refeições é uma decisão racional, baseada na expectativa futura de consumo enérgico autodeterminado.

Para o restante da população seriam distribuídas marmitas, preparadas com aquilo que não havia sido consumido (sobrado) no banquete. Assim, naturalmente, pela lei da oferta e procura, são reduzidos os ingredientes mais calóricos da dieta popular.

Como praticamente toda a população economicamente ativa de Santo Rincão era funcionária do Mercado ou da Fazenda, os próprios empresários se encarregavam de preparar e distribuir as marmitas, com os alimentos que não haviam consumido.

CAPÍTULO XV – SANTO RINCÃO

Inicialmente o prefeito achou aquela ideia muito esquisita, mas o nutricionista assegurou ser uma estratégia utilizada desde os anos 1980 em grandes cidades, inclusive no estrangeiro. Era a dieta do gotejamento.

Outros nutricionistas levantaram objeções. Advogavam os benefícios de uma dieta mais rica em nutrientes e calorias para o povo, que é composto por trabalhadores e consumidores. Se todos estivessem mais dispostos e energizados, isso retornaria em crescimento para os próprios negócios e impostos. Em vão.

Sob os alarmes do articulista do jornal da cidade quanto aos riscos da obesidade, surtos de infartos, problemas circulatórios e despesas com insulina, o prefeito limitou a condução da cozinha do *Buffet* Central aos adeptos da dieta do gotejamento.

Um certo dia, a única rodovia que permitia acessar Santo Rincão ruiu, impossibilitando a chegada ou saída de pessoas e produtos da cidade. Por sorte, a cidade tinha a Fazenda e o *Buffet* Central, capazes de produzir todo o alimento necessário para sua população.

O prefeito, novamente apoiado na sabedoria do nutricionista, renovou a manutenção da dieta do gotejamento. Mais do que nunca era fundamental que todos permanecessem saudáveis.

Passam os dias e o combustível que abastecia os ônibus e automóveis da cidade se esgota. Os trabalhadores não têm como se locomoverem.

"Nada de ficar em casa", disse o prefeito, "vamos enfrentar a adversidade de forma altiva! Caminharemos ou usaremos bicicletas!"

As longas caminhadas elevaram o consumo energético das pessoas. Crescem relatos de desmaios por hipoglicemia e outros tantos problemas decorrentes da subnutrição. O povo passou a reivindicar mais comida nas marmitas.

Nutricionistas argumentaram que mesmo cidades adeptas ao gotejamento, em situações similares, passaram a fornecer alimento diretamente à população.

O colunista do jornal contra-ataca. Adota uma linha sensacionalista, com edições inteiras dedicas ao relato de casos fatais decorrentes de doenças relacionadas ao sobrepeso.

Outro grupo de nutricionistas, zelosos de sua reputação, propõem uma solução que não afronte a prefeitura, a imprensa e a gente do banquete. Basta ampliar a fartura no banquete, o quanto for necessário. Pelo conceito do gotejamento, seguramente mais alimento e calorias chegarão às marmitas.

A cozinha do *Buffet* Central passa a trabalhar como nunca. A comida antes produzida aos quilos passa às toneladas.

Seguem os casos de desmaio e subnutrição. Já não importavam mais as palavras do colunista ou do nutricionista que estudou na cidade grande. Não havia mais como esconder da população faminta as calças apertadas e as geladeiras abarrotadas da grã-finagem.

Quando a estrada foi reconstruída já não havia mais Mercado, Fazenda, *Buffet* Central ou prefeitura. Apenas o ser humano em seu estado de natureza.

CAPÍTULO XVI

CAPITALISMO: OS RITMOS DE UM CARANDIRU SISTÊMICO

NATHAN CAIXETA

Em homenagem a Carlos Lessa: a Economia sozinha não vai para lugar nenhum.

Poucas frases ecoaram tão forte em minhas sinapses do que aquela proferida pelo Professor Carlos Lessa durante o documentário *Um Sonho Intenso*: "Estou dando a cultura, porque a economia sozinha não vai para lugar nenhum".[1] Retocando a frase com a ajuda valiosa de Max Weber, pensador dos mais raros e nobres, assim como Lessa, obtemos uma observação imponderável em relação ao auxílio da cultura na análise da sociedade.

Em primeiro lugar, há que se deixar explícito, exposto à luz do dia para o alcance de qualquer retina, o seguinte fato: as chamadas ciências sociais, das quais a economia é talvez a "menos

---

[1] UM sonho intenso. Direção: José Mariani. São Paulo; Rio de Janeiro: Espaço Itaú de Cinema, 2015. Duração 1h42.

humana", formam um corpo autônomo ao longo de sua consolidação, enquanto "ciências" portadoras de métodos, rígidos aparatos conceituais e bijuterias numéricas e vocabulares. Corpo este que aos poucos se descolou da "cultura", seja pela simples desprezo, seja para o escrutínio erudito da cultura de massas aparecida ao longo do século XX.

A razão pela qual deixo afirmado que a cultura explica em muito maior precisão e profundidade a realidade social do que as ciências dedicadas a tal fim é de tão modo simples que some nas empenadas análises vindas da classe acadêmica: a cultura é o testemunho do modo de ser de uma sociedade, de um povo, ou qualquer agrupamento que tem na cultura o fundamento de seu nexo social. Ainda que a separação das distintas realidades sociais possam ser realizadas com êxito por divisões clássicas como "modos de produção", "regimes políticos", "entrecortes bélicos" etc., quaisquer dessas divisões prescinde da investigação e separação dos elementos culturais cujas mutações são atravessadas por tais recortes.

Tal preâmbulo serve para dar a conta que estou entrando em um caminho pantanoso, cheio de regras rígidas às quais só me permito respeitar uma: "escrever com os olhos de um leitor". O restante do regimento "processual" lego aos mais aptos ao exercício da autofagia, ou "autoconsumo" intelectual. Falo neste texto de um modo de produção de riqueza, ou melhor, de mais riqueza, porque voltado à sua acumulação.

Qualquer semelhança entre essa definição e palavra "capitalismo" não é mero acidente, embora necessite de um refinamento. O capitalismo pode ser definido como um padrão sistêmico de produção e reprodução da riqueza visando sua acumulação, sem travas no "espaço-tempo", mas demarcado "temporalmente", por mutações que estão na base desse padrão.

A lógica capitalista é a mesma e opera sempre num sentido único, embora a roupagem sempre mude, seja no capitalismo do "Tio Patinhas", de Rockefeller, ou de Bill Gates. O fato mais icônico, e por isto cômico, é que o único "lugar" onde o capitalismo é tudo, menos ele mesmo, são nos textos econômicos que ou o defendem, ou o desculpam, ou o atacam ferozmente pelo seu "modo de ser".

Feitas tais considerações, ofereço uma visão sintética do sistema capitalista pelo ângulo da cultura, mais especificamente de um dos símbolos mais pulsantes da cultura brasileira, a música "Diário de Um Detento" do grupo Racionais MC's. Não proponho com isso a construção de uma fábula, mas a utilização do testemunho de uma determinada realidade social para explicar o fenômeno geral do capitalismo.

1 Estado e capitalismo, enquanto filhos da modernidade: notas históricas

Tão claro e factual quanto a brevidade da vida, são as relações entre o estabelecimento do capitalismo e a sedimentação do Estado Moderno. Fernand Braudel encontraria as raízes da reprodução capitalista na fagulha violenta da formação das metrópoles comerciais conduzida desde a "ponta" pelos Estados invasores: o Estado mais fraco é incorporado pelo mais forte, até que igualmente fortes tenham instaurado o violento processo de dissolução dos Absolutismos e evanescer dos Estados Republicanos.[2]

O capitalismo, por seu turno, inaugura um modo dinâmico e endogenamente determinado de produção de riqueza, contrastado com a impavidez dos modos anteriores no desenvolver cumulativo de meios técnicos para expandir a capacidade de geração de riqueza. A Economia Política Clássica, embora persista no imaginário como defensora e promotora das liberdades individuais e da espontaneidade da ação humana como as raízes fundantes do "livre-mercado" esconde, enquanto propulsiona "às claras", seu

---

[2] BRAUDEL, Fernand. *Civilização material, economia e capitalismo*. São Paulo: Martins Fontes, 1996.

apoio a intervenção violenta do Estado sobre os modos de organização social "não capitalistas".

A "acumulação primitiva" descrita por Marx, salvo as descontinuidades históricas, no ato de desdobramento deste "véu", deixou claro que se "a violência é a parteira da história", tal processo não se impõe pelo espontâneo e diletante ato da "guerra de todos contra todos", mas mediante o avanço e fortalecimento dos Estados Nacionais.

O que, sem meios caminhos, nos conduz à seguinte conclusão: estado e capitalismo são ambos filhos da modernidade que nem nascem da espontaneidade humana, tão pouco são obras consolidadas pela mão-invisível na separação daquilo que deve permanecer a cargo dos interesses privados, isto é, as interações econômicas e aquilo que prescinde da ordenação violenta do espaço público.

Ao contrário, a violência da "guerra externa" ou a repressão interna aos povos permanecem em possibilidade de ativação para salvaguardar o espraiamento da violência do capital sobre o trabalho, do dinheiro em seu avanço sobre o "ego humano". Essas observações históricas, servem para desfazer o embaraço inicial sobre a definição do modo de produção capitalista que, de fato, nem aparece como "necessidade" do evanescer das liberdades, tão pouco é fruto do "império" do "fórceps" mágico dos detentores da propriedade sobre aqueles despossuídos. O "Estado moderno" aparece, "de saída" como salvaguarda instantânea, e resultado causal de todas as revoluções que inauguraram a modernidade, sejam políticas, religiosas e científicas.

2 Anos 1990: o museu de grandes novidades "by Cazuza"

Os anos 1990 traziam grandes novidades ao mundo já demarcado pelo furacão cultural da década anterior, a chamada "*me decade*" (década do eu). No mundo, inaugurou-se um novo ciclo de liquidez internacional acompanhado da desigual recomposição das cadeias globais de valor. Enquanto isso, as economias subdesenvolvidas, como o Brasil, operavam seus planos de estabilização inflacionária.

Dentre nós, brasileiros, havia a novidade do regime democrático, constituído em 1988. A década se encerraria com um pessimismo, igual, ou até maior do que havia sido o otimismo em relação ao primeiro governo diretamente eleito por vias democráticas. A crise econômica estava embolada aos ritmos da crise social, da elevação da violência urbana, do desemprego e das desigualdades.

No plano internacional, os novos padrões de gestão da riqueza ofereciam seus sinais de instabilidade sistêmica com a quebra das empresas ligadas à nova tecnologia que de fato revolucionou e continuaria a revolucionar o mundo, a *internet*.

Duas músicas ritmaram o espírito dos mais atentos: "O Tempo Não Para" composta e cantada por Cazuza e "Diário de Um Detento" do grupo Racionais MC's que impressionava por transformar o movimento do "Rap" em porta-voz da periferia, da favela, de todos aqueles excluídos do corpo social.

Em "O Tempo Não Para",[3] Cazuza, ainda em 1988, desfere golpe certeiro quanto à realidade que se avizinhava, em meio aos sibilantes ritmos de guitarra, martelo de "forja" da contestação cultural do *Rock n' Roll*:

> Eu vejo o futuro repetir o passado
> Eu vejo um museu de grandes novidades
> O tempo não para
> Não para não, não para.

---

[3] O TEMPO não para. Intérprete: Cazuza. Compositor: Cazuza e Arnaldo Brandão. *In*: CAZUZA. *O Poeta não morreu*. São Paulo: Mercury; Universal Music, 2000.

Sua razão é, de fato, inegável, ainda que desembaraçado os tons autoritários de quase três décadas de Ditadura, as novidades do Brasil democrático instalam-se no museu a muito inaugurado, o contraste entre a modernidade econômica e o atraso social. As raízes fundamentais desse "descompasso" consagrado na literatura especializada como "modernização conservadora" carregavam características tão endêmicas quanto o mico-leão, o "jogo do bicho", ou o carnaval.

Muito embora, em seu âmago, essas matrizes marcadas pelo movimento geral do modo de produção capitalista que sendo "unívoco" em seu sentido reprodutivo, evoluiu em sua ferocidade, nas formas de organização entre Estado, mercado e sociedade.

Três são os pilares de compreensão que trago para a conversa, flechando, tanto sentido reprodutivo, quanto a descrição da evolução da máquina capitalista sobre a mente dos homens, Karl Marx, J.M. Keynes e M. Foucault.

No fundo, suas sementes teóricas parecem ter abandonado o plano abstrato e florescido no dia 2 de outubro de 1992, no Massacre do Carandiru, que trouxe para o campo da realidade as cenas quase cinematográficas da tragédia. As "escopetas" do massacre revelam no plano metafórico os fundamentos do modo de produção capitalista, as transformações no plano da sociedade ocidental e os contornos particulares que os dois primeiros receberam em sua versão "tupiniquim".

3 O Carandiru sistêmico: de Marx, Keynes e Foucault a "Mano Brown"

Como afirmado por Marx, o modo de produção capitalista se diferencia dos anteriores por articular seu objetivo, isto é, a acumulação de riqueza, e os meios pelos quais isto é realizado, quais sejam: a submissão e criação da força de trabalho a ser explorada no curso de utilização e revolução dos meios técnicos de produção. Embora esta seja a forma "base" de reprodução do capital, os tentáculos do "regime do capital" se estendem para terrenos terrivelmente mais vastos, afirmando e negando o processo de criação de riqueza nova no ato de criação da riqueza fictícia, ou financeira.

Enquanto no curso de exploração do trabalho, o capital depreende ciclos de criação e destruição de riqueza temporalmente determinados, em sua versão fictícia, consegue criar ou destruir riqueza transformando as expectativas sobre o futuro em fato presente. Tal poder de transformação dá ao capital financeiro a potência de uma arma capaz de "varar" o espaço-tempo numa mesma rajada.

A esfera da produção e da exploração do trabalho tem seu curso determinado por aquilo que acontece no mundo das finanças, enquanto este último ganha movimento autônomo, afirmando e negando, ao sabor de sua violência, a criação de riqueza nova através da exploração do trabalho.

Keynes parte deste ponto, ensinando as propriedades psicossociais que regem a reprodução da riqueza no capitalismo. O comando das finanças sobre a produção ocorre em escala sistêmica pelo mesmo motivo que o medo e o amor são consubstanciados no dinheiro, governador impessoal da mente dos homens.

As decisões de investimento (que determinam o volume de emprego da sociedade) e de produção são subordinadas às decisões sobre a forma de gestão da riqueza financeira, pois por meio destas são criadas as convenções, as referências para as quais os faróis do investimento estarão apontados. O que importa nessa sociedade é manter-se líquido, com dinheiro no bolso. O motivo é que: o dinheiro pode se transformar em qualquer coisa e todas as coisas produzidas e vendidas devem se transformar em dinheiro.

A mesma lógica impera sob a mente humana, fazendo florescer no coração dos indivíduos um amor profundo e doentio em relação ao dinheiro. Profundo, pois baseiam as ações cotidianas. Doentio, porque a posse ou a renúncia ao dinheiro são capazes, mutuamente, de empreender ondas de acalanto ou desassossego num ritmo quase tão abrupto quanto bate o coração. Em "Vida Loka parte 2",[4] Racionais MC's bem resumem a invasão do dinheiro sob a mente e a alma dos homens, oposição imediata entre a fartura e a miséria:

> Não é questão de luxo
> Não é questão de cor
> É questão que fartura
> Alegra o sofredor...
> Miséria traz tristeza e vice-versa...
> [Assim,] Dinheiro é puta e abre as portas
> Dos castelos de areia que quiser...
> [Aqueles descartados] Só quer(em) um terreno no mato, só seu
> Sem luxo, descalço, nadar num riacho
> Sem fome, pegando as frutas no cacho
> Aí truta, é o que eu acho
> Quero também, mas em São Paulo
> Deus é uma nota de cem.

Do testemunho da vontade humana, verifica-se na poesia, as centelhas de transformação da sociedade empreendidas pelo "modo de ser" do capitalismo que tem em seu centro o fetiche do dinheiro. Castelos de Areia listados na Forbes em contraste com a miséria humana e material, tendo como regra a linha arbitrada pela lógica da acumulação incessante de riqueza por uns às custas da exploração do trabalho de outros.

---

[4] VIDA loka – parte 2. Intérprete: Mano Brown. Compositor: Mano Brown. *In*: Racionais MC's. *Nada como um dia após o outro*. São Paulo: Zimbabwe Records, 2002.

CAPÍTULO XVI – CAPITALISMO: OS RITMOS DE UM...

Na metrópole, uma porção de dinheiro desata qualquer nexo, religioso, moral, ou social, valendo apenas o que está escrito numa "nota de cem", ou em contas bancárias.

No *Nascimento da Biopolítica*, Foucault identifica os processos de mutação da sociabilidade capitalista, indo ao ponto: essa sociedade vive na permanente tensão entre a realização espontânea do "eu" e a violência muda, aberta ou armada, contra o "outro".[5] Esses eventos cotidianos travestidos pelo senso comum de que a concorrência pelos "castelos de areia" é capaz de articular as apreensões nascidas da aceitação social de uns que carregam o "crachá" monetário em contraste com a ilusão e o ressentimento dos outros.

Ao falharem as "barreiras" impessoais e lúdicas da concorrência, o sujeito moderno retorna aos seus instintos primeiros: a autopreservação na emergência da fome e da desilusão. Não espanta, deste modo, que a crise social esteja sempre num simbiótico exercício de dormência e ebulição. Evitá-la requer a violência do Estado, seja prescrita nas leis, seja por meio das armas, na repressão das insatisfações sociais. Nem a crise se enraíza na oposição entre capitalistas e trabalhadores, nem a intervenção violenta do Estado se propõe a romper as querelas da disputa entre empresas e sindicatos.

Ao contrário, as balas governamentais são de calibre refinado, pois atuam na eliminação daqueles que não são capazes de inscrever-se nos filões de disputa pelo "crachá" monetário. Neste complexo quadro, a sociedade assiste atônita a disputa entre a "normalidade" protegida pela violência do Estado, e o "caos" gerado pela violência do dinheiro.

As metralhadoras do Estado sobrevoam as nucas do homem comum e suas rajadas disparadas contra os "egos" e os "corpos" dedicam seu rápido estalido à reposição da ordem no cárcere

---

[5] FOUCAULT, Michel. *Nacimiento de la biopolítica*: curso no collège de france em 1978. São Paulo: Martins Fontes, 2008.

cotidiano. Todos enjaulados pela reprodução do capital, truísmo cotidiano da "liberdade".

As algemas e suas chaves compõem o par do diletante exercício do indivíduo moderno na luta pela conquista do dinheiro que liberta as ilusões de quem o detém, e aprisiona as paixões de quem o persegue. No pátio lúdico do cotidiano, as pessoas desfilam sua falsa liberdade indo ao "reino das trocas" para oferecer seu tempo-livre, suas virtudes e nexos sociais ao "deus-mercado".

Os atritos e desigualdades sociais, tão correntes quanto qualquer maré, flutuam sob o cego desígnio da ordem política, verdadeiro fomento da desesperança, pois "...[vivemos] um dia a menos ou um dia a mais, sei lá... os dias são iguais".[6] Quando algum produto defeituoso da fábrica social é avistado, ativa-se a violência estatal, e logo o ser humano sem a etiqueta de mercadoria espera por sua eliminação, senão pela fome, pela bala: "sem padre, sem repórter, sem arma, sem socorro...o 'robocop' do governo é frio, não sente pena".

A imagem que arrisquei pintar na mente do leitor, me valendo dos versos do grupo Racionais MC's, oferece a dinâmica de um Carandiru sistêmico onde os indivíduos servem ao dinheiro, expressão imediata da acumulação capitalista. Pelo crachá monetário batalham, construindo seus castelos de areia através da destruição dos demais.

Aqueles que sobram ao não serem absorvidos pela maquinaria capitalista, ou encontram seu destino na fome, perecendo no "país das calças bege", ou são eliminados quando sua insatisfação, ou mesmo mera presença perturba a ilusória ordem social. Sem saídas, qual a semente desse óbito cotidiano da esperança na fartura,

---

[6] DIÁRIO DE um detento. Intérprete: Racionais MC's. Compositor: Mano Brown e Josimar Prado. *In*: Racionais MC's. *Sobrevivendo no inferno*. São Paulo: Cosa Nostra Fonográfica, 1997.

concordata sem assinatura prévia pela miséria? A propriedade de um sobre o outro, privadamente adquirida, e pelo Estado protegida.

O Brasil que carrega sua versão do sistema capitalista, no tingimento do verde e amarelo pelo vermelho sangue, depois de 35 anos de ditadura, 101 mortos no Carandiru, pouco mudou, talvez apenas tenham sido inflados os reforços da ilusão, seja no progressismo "de ocasião", ou pelo retorno violento ao velho-novo mundo do Bolsonarismo.

Os versos ainda persistem, sem acalanto. Na última vez que o Brasil real apareceu no circo das ilusões do debate público, um pai de família havia sido assassinado com 80 tiros por policiais que primeiro pesaram a mão em defesa da "ordem" sem perguntar, flamulando suas armas em direção à etiqueta da pobreza e da cor. Sem intenção premonitória, a música "O Diário de Um Detento" alertou:

> O ser humano é descartável no Brasil
> Como modess usado ou Bombril
> Cadeia? Claro que o sistema não quis
> Esconde o que a novela não diz
> Ratatatá! Sangue jorra como água.[7]

Referências bibliográficas

BRAUDEL, Fernand. *Civilização material, economia e capitalismo*. São Paulo: Martins Fontes, 1996.

DIÁRIO DE um detento. Intérprete: Racionais MC's. Compositor: Mano Brown e Josimar Prado. *In*: Racionais MC's. *Sobrevivendo no Inferno*. São Paulo: Cosa Nostra Fonográfica, 1997.

---

[7] DIÁRIO DE um detento. Intérprete: Racionais MC's. Compositor: Mano Brown e Josimar Prado. *In*: Racionais MC's. *Sobrevivendo no inferno*. São Paulo: Cosa Nostra Fonográfica, 1997.

FOUCAULT, Michel. *Nacimiento de la biopolítica*: curso no collège de france em 1978. São Paulo: Martins Fontes, 2008.

O TEMPO não para. Intérprete: Cazuza. Compositor: Cazuza e Arnaldo Brandão. *In*: CAZUZA. *O Poeta não morreu*. São Paulo: Mercury; Universal Music, 2000.

UM SONHO intenso. Direção: José Mariani. São Paulo; Rio de Janeiro: Espaço Itaú de Cinema, 2015. Duração 1h42.

VIDA loka – parte 2. Intérprete: Mano Brown. Compositor: Mano Brown. *In*: Racionais MC's. *Nada como um dia após o outro*. São Paulo: Zimbabwe Records, 2002.

CAPÍTULO XVII
MARX VAI AO CAPÃO REDONDO: A DIALÉTICA DOS RACIONAIS MC'S

NATHAN CAIXETA

O que o espírito de Marx, o barbudo alemão que se esforçou para entender a dinâmica de funcionamento do modo de produção capitalista, iria fazer na ZL paulistana, sobrevoando, em projeção astral, o complexo do Capão-Redondo?

Talvez, testemunhar com os próprios olhos aquilo que denunciou quase 200 anos atrás, ou, visitar aqueles que dois séculos à frente reescrevem *O Capital* em forma de Rap?

O encontro entre Marx e os Racionais Mc's, grupo que trouxe à periferia paulistana para o mundo, só pode ser realizado mediante a fábula de um escritor. Com certo grau de desconfiança poética, é possível afirmar que tudo é fabulação, a história, os sentimentos, a música, as artes, tudo vive no reino do possível, até ser arrebatado ao mundo concreto, virando realidade, com pulso, vida, movimento, morte, ressurreição.

Marx procurou desvelar as leis de movimento do capital. Os racionais Mc's dão vida falada ao grito silencioso das mazelas da periferia, demonstrando o movimento do capital em seu aspecto mais real, pois desnudo de qualquer linguagem que não seja aquela própria à qual nasce na periferia e sobrevive à desigualdade: a linguagem dos oprimidos pelo capital, não pelo mero fato de que as pessoas viram mercadoria ao trabalhar, mas por sua liberdade ser assaltada logo ao nascer, pois a vida não se escolhe, se constrói e o problema sempre é o ponto de partida.

Nas canções dos Racionais MC's encontra-se um tipo de dialética diferente daquela de Marx, sem qualquer inspiração hegeliana, mas inspirada na contradição entre as raízes de "negros, pobres e favelados" e "mundão lá fora", onde reinam os poderosos. O barbudo alemão, admirado por essa faceta, dedica algum tempo para ouvir a obra-viva do Rap. De cara, se impressiona com a "batida", bem diferente das composições de Wagner. Mais a fundo, fica acabrunhado com o ritmo das rimas, longe de parecer com a poesia de Homero. Ao fim, é arrebatado pela composição, as letras, a mensagem que fazem lembrar daquilo que escreveu: "o dinheiro é a essência alienada do trabalho e da existência do homem; a essência domina o homem e ele a adora".[1] Mano Brow canta o verso, parafraseando Marx (em espírito, talvez):

> Não é questão de preza, nêgo
> A ideia é essa
> Miséria traz tristeza e vice-versa
> Inconscientemente vem na minha mente inteira
> Na loja de tênis o olhar do parceiro feliz
> De poder comprar o azul, o vermelho
> O balcão, o espelho
> O estoque, a modelo, não importa

---

[1] MARX, Karl. *Sobre a questão judaica*. São Paulo: Boitempo, 2010, p. 58.

CAPÍTULO XVII – MARX VAI AO CAPÃO REDONDO...

> Dinheiro é puta e abre as portas
> Dos castelos de areia que quiser.[2]

O dinheiro é o centro das relações sociais na sociedade capitalista, é o "feitiço" do capital, a "puta" que abre os castelos de areia, pela detenção do poder, da potência, de um contra o outro. O dinheiro é, ao mesmo tempo, símbolo das relações de propriedade, a essência da miséria, e um castelo construído, podendo ser montado, desmontado, erguido à cada vento daquilo que Marx chamou "a maldita ganância" e Mano Brown completou:

"Nego drama/ Entre o sucesso e a lama/ Dinheiro, problemas, invejas, luxo, fama".[3]

O dinheiro, em si, não é bem, nem mal, é a essência da dominância do capital sobre os homens, aquilo que dá a eles a falsa sensação de identidade, pertencimento e poder social.

Quando desfeito o feitiço, abatidas as pilastras de areia, o dinheiro revela a face ocultada pelo Capital, como o "X-9" que entrega seu chefe para ganhar 12 moedas de prata: não é o capital quem domina o trabalho, mas é o Capital quem domina os homens através do dinheiro, transformando-os em mercadorias que tendem a se tornar miseráveis para que o capital se acumule, se reproduza. Esse processo faz às vezes das lágrimas derramadas no cotidiano da miséria do trabalho, da fome, da vida periférica, onde as pessoas são medidas pela cor, pelo *status*, pelo dinheiro, pelo gênero. Como os pregos que prenderam Cristo na cruz, o dinheiro amarra os homens às lágrimas do cotidiano:

---

2   VIDA loka – Parte 2. Intérprete: Racionais MC's. Compositor: Mano Brown. *In*: Racionais MC's. *Nada como um dia após o outro*. São Paulo: Zimbabwe Records, 2002.

3   NEGO Drama. Intérprete: Racionais MC's. Compositor: Mano Brown. *In*: Racionais MC's. *Nada como um dia após o outro*. São Paulo: Zimbabwe Records, 2002.

NATHAN CAIXETA

O que é, o que é?
Clara e salgada,
Cabe em um olho e pesa uma tonelada
Tem sabor de mar,
Pode ser discreta
Inquilina da dor,
Morada predileta
Na calada ela vem,
Refém da vingança,
Irmã do desespero,
Rival da esperança
Pode ser causada por vermes e mundanas
E o espinho da flor,
Cruel que você ama
Amante do drama,
Vem pra minha cama,
Por querer, sem me perguntar me fez sofrer
E eu que me julguei forte,
E eu que me senti,
Serei um fraco quando outras delas vir
Se o barato é louco e o processo é lento,
No momento,
Deixa eu caminhar contra o vento
Do que adianta eu ser durão e o coração ser vulnerável?
O vento não, ele é suave, mas é frio e implacável
(E quente) Borrou a letra triste do poeta
(Só) Correu no rosto pardo do profeta
Verme sai da reta,
A lágrima de um homem vai cair,
Esse é o seu BO pra eternidade

> Diz que homem não chora,
> Tá bom, falou,
> Não vai pra grupo irmão aí,
> Jesus chorou![4]

As lágrimas do cotidiano da pobreza aparecem para Marx como fundamento da riqueza da burguesia:

> O economista denomina necessidade artificial, primeiro, as necessidades que têm origem na existência social do indivíduo; segundo, aquelas que não fluem de sua crua existência como objeto natural. Isso mostra a pobreza intrinsecamente desesperada que constitui o fundamento da riqueza burguesa e de sua ciência.[5]

Ora, se o dinheiro prende os homens ao cotidiano das lágrimas, no ato em que fundamenta a riqueza dos ricos, não é, nem para Marx, nem para os Racionais MC's, o grande problema da sociedade capitalista, mas a forma oculta desse problema. Por um lado, a ausência do dinheiro traz a miséria cotidiana, por outro, sua presença traz a alienante posse de um castelo, onde o rei é o vassalo.

"Trocando uma ideia", talvez Marx concordasse com Mano Brown, e este com Marx:

> Às vezes eu acho que todo preto como eu
> Só quer um terreno no mato, só seu
> Sem luxo, descalço, nadar num riacho

---

[4] JESUS Chorou. Intérprete: Racionais MC's. Compositor: Mano Brown. *In*: Racionais MC's. *Nada como um dia após o outro*. São Paulo: Zimbabwe Records, 2002.

[5] MARX, Karl. *Grundrisse*: manuscritos econômicos de 1857-1858 – esboços da crítica da economia política. São Paulo: Boitempo, 2011, p. 255.

Sem fome, pegando as frutas no cacho
Aí truta, é o que eu acho
Quero também, mas em São Paulo
Deus é uma nota de cem
Vida Loka![6]

Esse verso exprime aquilo que Marx já havia avistado, a grande questão em jogo no *"regime do capital"* é a luta de classes, assentada sobre as relações de propriedade. Porque todos não têm um "terreno no mato, só seu"? Para fruir da liberdade, do tempo livre, da esperança, do amor? "Deus é uma nota de Cem", diz o verso. É a desumanização do Cristo que se fez homem, para virar papel pintado, tudo isso, diria Marx: "para que o capital realize seu conceito, dinheiro que faz dinheiro" (paráfrase).

A vontade "truta" não é barrada pelo intransponível poder do homem sobre o homem, mas da consciência dos oprimidos sobre sua força contra os opressores. Diria Marx:

> As ideias dominantes de uma época sempre foram as ideias da Classe Dominante[7] (...) A história da sociedade até aos nossos dias é a história da luta de classes[8] (...) Não é a consciência do homem que lhe determina o ser, mas, ao contrário, o seu ser social que lhe determina a consciência[9] (...) É por isso que a humanidade só apresenta os problemas que é capaz de resolver e, assim, numa observação atenta,

---

[6] VIDA loka – Parte 2. Intérprete: Racionais MC's. Compositor: Mano Brown. *In*: Racionais MC's. *Nada como um dia após o outro*. São Paulo: Zimbabwe Records, 2002.

[7] MARX, Karl; ENGELS, Friedrich. *A ideologia alemã*. São Paulo: Boitempo, 2007, p. 47.

[8] MARX, Karl; ENGELS, Friedrich. *O manifesto do partido comunista*. São Paulo: Boitempo, 1998, p. 40.

[9] MARX, Karl. *Contribuição a crítica da economia política*. São Paulo: Expressão Popular, 2008, p. 47.

descobrirá que o próprio problema só surgiu porque as condições matérias para resolvê-lo já existem, ou estavam em vias de aparecer.[10]

Colecionando essas ideias de Marx, talvez a esperança da "fartura" alegre o "sofredor", o capitalismo, em seu movimento contraditório, produz a possibilidade para o reordenamento do poder, a antessala da propriedade, para que um dia se encontre o sonho de Marx e de Mano Brown com duzentos anos de distância, em um só tom, da Baviera ao Capão: "De cada um segundo as suas capacidades, a cada um segundo as suas necessidades".[11] Sem pobreza, discriminação, separação entre gêneros, classes, castelos humildes à beira de riachos, colhendo fruta, comendo uva no cacho. Esperança! Até porque:

> Porque o guerreiro de fé nunca gela
> Não agrada o injusto, e não amarela
> O Rei dos reis, foi traído, e sangrou nessa terra
> Mas morrer como um homem é o prêmio da guerra
> Mas ó, conforme for, se precisa, afoga no próprio sangue, assim será
> Nosso espírito é imortal, sangue do meu sangue
> Entre o corte da espada e o perfume da rosa
> Sem menção honrosa, sem massagem.[12]

---

[10] MARX, Karl. *Contribuição a crítica da economia política*. São Paulo: Expressão Popular, 2008, p. 48.

[11] MARX, Karl. *Crítica do programa de Gotha*. São Paulo: Boitempo, 2012, p. 28.

[12] VIDA loka – Parte 2. Intérprete: Racionais MC's. Compositor: Mano Brown. In: Racionais MC's. *Nada como um dia após o outro*. São Paulo: Zimbabwe Records, 2002.

Referências bibliográficas

JESUS Chorou. Intérprete: Racionais MC's. Compositor: Mano Brown. *In*: Racionais MC's. *Nada como um dia após o outro*. São Paulo: Zimbabwe Records, 2002.

MARX, Karl. *Contribuição a crítica da economia política*. São Paulo: Expressão Popular, 2008.

_____. *Crítica do programa de Gotha*. São Paulo: Boitempo, 2012.

_____. *Grundrisse*: manuscritos econômicos de 1857-1858 – esboços da crítica da economia política. São Paulo: Boitempo, 2011.

_____. *Sobre a questão judaica*. São Paulo: Boitempo, 2010.

MARX, Karl; ENGELS, Friedrich. *A ideologia alemã*. São Paulo: Boitempo, 2007.

_____. *O manifesto do partido comunista*. São Paulo: Boitempo, 1998.

NEGO Drama. Intérprete: Racionais MC's. Compositor: Mano Brown. *In*: Racionais MC's. *Nada como um dia após o outro*. São Paulo: Zimbabwe Records, 2002.

VIDA loka – Parte 2. Intérprete: Racionais MC's. Compositor: Mano Brown. *In*: Racionais MC's. *Nada como um dia após o outro*. São Paulo: Zimbabwe Records, 2002.

CAPÍTULO XVIII

TEMPO-LIVRE E NOVOS TEMPOS: NOTAS SOBRE A VIRTUALIZAÇÃO DO CAPITAL

NATHAN CAIXETA

A "queda do zap" na última segunda-feira (04/10/2021) atinou com desaviso a inquietante e cada vez mais esquecida forma de viver, forçando o distanciamento compulsório das redes sociais e das inúmeras formas de conexão virtual que consomem a atenção das pessoas.

Estima-se que as ações do Facebook tenham caído em quase 5%, enquanto os operadores da empresa se esforçavam para corrigir a falha técnica. Contudo, a paralisação de parte do mundo virtual em questão de horas, forneceu um interessante experimento social, levando as pessoas a perceberem a existência do próprio tempo, seja para arrancar os cabelos ao efetuarem pagamentos virtuais não compensados, ou para solucionarem a questão do que fazer com o próprio tempo-livre, uma vez que sua instância de captura imediata fixou-se em um limbo que retrocedeu as eras: do tempo das relações virtuais para a época já imperceptível das relações pessoais.

Embora tenha sido apenas um "susto" passageiro, o fenômeno abre espaço para observar as conexões entre a valorização do capital cujos desdobramentos comerciais, produtivos e financeiros são parciais, ou integralmente conectados ao mundo virtual e a disposição, captura e transformação do tempo-livre dos indivíduos em valor de troca.

1 A virtualização das relações sociais

Conforme insiste Eduardo Mariutti, professor da Unicamp, a esfera do virtual não se opõe a realidade, mas se expressa pelo transbordamento do "possível", isto é, pelo conjunto de possibilidades acessíveis à imaginação humana.[1] O virtual transforma os fragmentos criados pela imaginação humana em um universo construído, potencialmente ilimitado, mas restrito ao conjunto de percepções humanas em dado momento do tempo. O mesmo efeito é percebido, se comparada uma obra de arte, ou fotografia ao cinema, que amplia na conexão dos sentidos e das emoções, o universo imaginado pelo receptor da mensagem. A narrativa deixa de ser construção do real para o possível, contrariando a cada instante as emoções, pela invasão dos sentidos, criando espaço para que a imaginação do interlocutor dissolva as controvérsias entre a realidade presenciada e o universo virtualmente ilimitado da próxima cena.

As redes sociais exercem efeito semelhante sobre os indivíduos, dando-lhes a sensação da privacidade absoluta, cercada pelo próprio eu e subitamente invadida pela representação da realidade cristalizada na transmissão incessante de informações vindas de todos os lados. As formas de relacionamento social surgidas nesse meio acumulam contornos dispersos e fragmentados, pois a barreira do "eu" encobre seletivamente a invasão daquilo que é estranho, seja em ato de indiferença, ou em ofensiva oposição que tende a se

---

[1] MARIUTTI, Eduardo Barros. "A 'virada cibernética': capitalismo, informação e direitos de propriedade". *Instituto de Economia da Unicamp*, ago. 2020.

tornar, por vezes, violenta e extrema a medida em que o espaço da privacidade absoluta se percebe imerso no espaço coletivo.

O resultado é o estabelecimento de signos delineados de pertencimento, aderindo e repelindo conjuntos de expressão com a velocidade de quem ultrapassa em segundos a esfera da imaginação restrita a realidade concreta, integrando elementos que tornam o espaço pessoal uma fortaleza efêmera e ilimitada, onde os sentidos passeiam pela autopercepção de si, contrastada a célere aceitação, ou rejeição das representações do mundo exterior.

O mesmo fenômeno que explica a "viralização" de notícias falsas e verdadeiras, também explicita as raízes da cultura do cancelamento, efeitos encadeados pela psicologia das massas sublevada e erguida pela alimentação da sensação de autoaceitação e pertencimento: postar, compartilhar, curtir, ou desgostar são fenômenos de delineamento da própria personalidade, ou da parte aparente que o inconsciente permite ser exposta na rede. A estranha sensação de conectar-se aos outros, protegidos pela camada do próprio ego, permite aos indivíduos a célere remarcação do "eu" em contraste com os demais, reproduzindo a formação da consciência sem necessitar da confrontação entre o universo virtualmente ilimitado e os acontecimentos reais. A cultura do cancelamento é a expressão em massa de reafirmação da consciência, atrofiada pela fabricação do pertencimento.

O poder de atração do mundo virtual decorre, precisamente, da celeridade oferecida na disposição do tempo-livre ao exercício da autoafirmação, dispensando o "real" e entregando a formação do ser ao contato com a projeção do "não-ser", isto é, tudo aquilo que encobre os aspectos pudendos da realidade, expressando-se com exagerada aceitação, ou rejeição do virtualmente possível.

O tempo-livre, do qual falava Adorno, foi transformado de esfera de alienação da consciência em fábrica de emoções que corroboram e reafirmam a imagem que o próprio indivíduo tem de si mesmo, como se Narciso carregasse o rio em que projeta a própria beleza em seus bolsos, podendo apaixonar-se por si próprio sem necessidade de sacrificar seus olhos pela percepção da distância entre o concreto e o imaginado.

2 As virtudes do capital

O que chamamos de capital em muito se desloca de seu sentido original, gerando confusões como as disparadas por Pikkety no famoso livro *Capital no Século XXI*. O autor, como tantos outros leitores desatentos dos clássicos da Economia Política, refere-se ao capital como a totalidade de bens materiais referidos a forma monetária que são utilizados na produção de bens e serviços para a criação de valor mediante a exploração do trabalho. Contudo, convém lembrar em dupla missão de combater os "amantes da mais-valia" que o capital é, antes de mais nada, uma relação social que empresta suas vestes aos proprietários da riqueza para despi-los no ato da valorização dessa mesma riqueza. Portanto, trata-se de uma relação de autorreferência entremeada por trocas, onde o aspecto social é ocultado pelo dinheiro, aparecendo tão somente os aspectos materiais de desdobramento da forma-valor, desde sua criação pela objetivação da força de trabalho em trabalho-abstrato até sua consumação concreta na transformação do futuro em ato presente de "valorização do valor".

Portanto, antes de material, é uma relação monetária, expressando-se assim por ser, primeiramente, uma relação social de exploração do trabalho pelo capital, e não do trabalhador pelo capitalista que representa um infortúnio para o capital e, por isso mesmo, sua virtude está na negação do trabalho em seu próprio movimento de acumulação ao tornar riqueza-velha em mais riqueza, gerando incessante movimento de revolução dos meios técnicos de produção para expandir seus espaços acumulação, subtraindo, ainda que não eliminando, sua necessidade de confrontar-se com o trabalho, portanto, com a esfera social de criação do valor ainda não consumado em dinheiro.

CAPÍTULO XVIII – TEMPO-LIVRE E NOVOS TEMPOS: NOTAS...

O Capital não trata de tempo de trabalho, mas do tempo-livre cristalizado em suas formas de reprodução, por isso mesmo, se ocupa em capturar as esferas da existência humana "coisificando" as relações sociais, tornando-as à sua imagem e semelhança, isto é, a referenciação de tudo ao dinheiro. O Capital apaixona o homem pelo dinheiro e nisto reside seu império sobre o trabalho, porque o trabalho-abstrato está referido ao dinheiro que estabelece a própria forma material em que se transformará o dispêndio da força de trabalho. Pela revolução dos meios técnicos de produção, o trabalho torna-se mais produtivo, dispensando trabalhadores por máquinas que regem sistemicamente a produção de mercadorias. O trabalho acaba por revelar-se, conforme Marx disse certa vez: "base miserável de valorização do capital", pois prescinde da realização do valor, enquanto as formas concretas, subitamente financeiras do capital, realizam a si mesmas, porque diretamente referidas a forma potencial da riqueza, o dinheiro.

O tempo-livre fragmentado no cotidiano dos indivíduos permanece subitamente entregue a materialização das relações sociais pela via do trabalho precário e do consumismo, formas de alienação do ser que petrificam as relações entre pessoas na forma do dinheiro, e, sob a forma projetada do ser no dinheiro, o capital realiza seu feitiço, transformando tempo-livre em riqueza, partindo do dinheiro, a forma abstrata da riqueza, para no ato da abstração do ser transformado em coisa, concretizar seu aspecto autorreferente. Portanto, é pela submissão do tempo-livre que se dá a alienação capitalista para qual a alienação do trabalho funciona como engrenagem e não como fundamento de reprodução do capital.

3 A virtualização do capital

Para além de enervar o caráter narcisista da vida moderna, o mundo virtual tem por efeito, objetivado na consolidação das empresas-plataforma, tais como Google, Facebook, Uber etc., a captação, análise, remodelamento e retransmissão de informações desde dados e preferências pessoais até o direcionamento instantâneo de mensagens adaptadas aos perfis de cada usuário. É o retorno do virtual para o real, quando o conjunto de signos de pertencimento despejados pelas preferências pessoais são transformados em dados e informações facilmente receptíveis aos grupos de interesse para o qual são endereçados, chegando até mesmo à personalização completa.

A captura do virtual pelo capital dá-se na medida em que o espaço de conexões do ser com o "não-ser", oposto e ofensivo, delimita os caminhos de disposição do tempo-livre na formatação da consciência individual e coletiva. Desse modo, o capital atua na transmutação das relações sociais subjetivadas pelo mundo virtual em relações mercantis que transitam entre o virtual, o possível e o real, vazando para a realidade pela via da alienação da consciência na promoção do consumo como símbolo de felicidade, dos padrões de aceitação como identidade, e do trabalho autogerido, conforme denomina Ludmilla Abílio.[2] A subjetivação do trabalho virtual ocorre autoafirmação do valor social do ser individual ao transformar-se em mercadoria-trabalho, seja na criação de conteúdos digitais, ou correndo de um lado para outro das metrópoles urbanas carregando passageiros ou caixas de pizza.

O tempo-livre passa a ser capturado pelo capital em sua fonte de armazenamento mais impoluta, pois referida aos símbolos contemporâneos de afirmação social, estocado nas fortalezas dos *big-datas* das empresas-plataforma que direcionam as informações pelo desenvolvimento algorítmico de modo a prender o indivíduo ao mundo virtual, alimentando a autossatisfação do ego pelo adiamento do desespero em transformar a representação virtual em ações reais, como quem corre em uma esteira competindo contra o reflexo do espelho. Nesse movimento, a demarcação

---

[2] ABILIO, Ludmilla Costhek. "Uberização: do empreendedorismo para o autogerenciamento subordinado". *Psicoperspectivas*, vol. 18, n° 3, 2019.

do "não-ser" pelo indivíduo imerso no mundo virtual, laceia a competição capitalista, mediante a cooperação oligopolista entre as empresas-plataforma pela manutenção dos indivíduos conectados em rede, e pela disputa predatória pelos postos de trabalho, oferecimento de objetos de consumo e formas de representação virtual "plenamente aceitas", componentes ofertados virtualmente que medem e modelam o "pertencimento" dos indivíduos na sociedade das "telas pretas".

A transformação do movimento virtual de captura do tempo-livre e seu dinâmico processo de erosão do mundo real, acelera a coisificação das relações sociais, possibilitando ao capital transformar tempo-livre em riqueza abstrata. Essa transformação realiza-se pelo oferecimento do potencial tecnológico da conexão entre o virtual e o real aos mercados de riqueza financeira, dada a imersão parcial, ou total das operações das grandes empresas no mundo virtual e a otimização conectiva que a mediação, ou utilização de informações, concede aos blocos de capital em disputa por frações do tempo-livre das pessoas.

O poder de conectar e moldar o real pelo virtual permite ao capital, portanto, transformar relações de autoalienação da consciência em meio de alienação massificada do tempo-livre em dinheiro, uma vez que direta ou indiretamente a conexão em rede de indivíduos acaba por ser monetizada, portanto, transformada em riqueza potencial, efetivada pela via do trabalho, mantendo pulsante as correntes entre tempo de trabalho e tempo-livre, como certa vez comentou Adorno.

A virtualização do capital está instaurada na circulação da riqueza potencial nos circuitos de crédito, transformando a riqueza-velha cristalizada nas fortalezas tecnológicas em riqueza fictícia pela prospecção do "valor futuro" a ser gerado no fortalecimento da conexão entre o virtual e o real, trazido ao presente na forma de títulos de propriedade "marcados à mercado" pela capacidade de liquefação do futuro no presente.

4 Novos-tempos: a frustração de David Harvey

David Harvey entre todos os anunciantes das "limitações" do capital é o que mais se esmera ao estar correto, se houvesse a possibilidade de não estar errado. Os postulados assumidos em sua tese sobre a inevitabilidade da superacumulação esperam pelo "estouro" do caos a medida em que se enervam as condições de flexibilidade do sistema monetário-financeiro em contraste com a superexploração do trabalho.[3]

Outros como Ladislau Dowbor defendem que as transformações trazidas pela globalização, as novas tecnologias, os impasses do neoliberalismo e o tensionamento da financeirização da riqueza abrem espaço para novos paradigmas sociais.[4] Dowbor espera que esses paradigmas superem as limitações da razão econômica, operando em larga escala novas formas de organização social que "domem" o caráter predatório do capitalismo. Existem, ainda, os apóstolos do "decrescimento" como forma de ajustar o modo de produção capitalista às efetivas condições de distribuição sustentável dos recursos materiais e naturais.

Historicamente, todas as especulações que levantaram bandeiras contra a tirania do capital, evocando a força do Estado, das classes subalternas, ou de mecanismos endógenos de paralisia do movimento do capital, acabaram por fixar-se como esperança cuja efetividade histórica encontrou-se suplantada por aquilo que Marx chamou "derretimento dos sólidos".

Marx referiu-se não apenas aos valores da tradição, mas ao desmantelamento das barragens impostas pela organização social, no contínuo reforço de materialização das relações humanas e racionalização de todas as esferas de representação social, incluindo

---

[3] HARVEY, David. *Os limites do capital*. São Paulo: Boitempo, 2013.
[4] DOWBOR, Ladislau. *A era do capital improdutivo*: nova arquitetura do poder. São Paulo: Autonomia Literária, 2017.

o Estado, as forças sindicais, revolucionarias, além dos aportes teoréticos a bradar contra o "capital bandido".

Os teóricos da superacumulação como Harvey repisam em ovos quebrados, ao perceberam sua quase apostólica missão de anunciar as crises do capitalismo. Ocorre que não apenas existem crises no capitalismo, como elas são expressões do próprio movimento do capital que antes de guardar relação "coerente" com a capacidade efetiva de exploração do trabalho, entrando em crise quando ousa romper as "amarras" do valor-trabalho, opera ao avesso de sua superfície material, desqualificando e negando o trabalho, ao mesmo tempo que sua independência em relação ao trabalho revela-se nas crises ao serem liquidadas as posições financeiras, levando consigo os empregos dos trabalhadores, para mais tarde serem concentradas em frações maiores da propriedade, aumentando a soberania do capital sobre o trabalho.

Desse modo, a virtualização do capital não apenas desbanca a tese da superacumulação financeira como mecanismo de esgotamento da exploração do trabalho, como aprofunda essa exploração, pois reforça as correntes que amarram o homem ao dinheiro, ao mesmo tempo que o movimento de acumulação de capital *cria* a força de trabalho que irá explorar, antes em exércitos de reservas na porta das fábricas, hoje sentados na frente de um computador, ou no banco de motorista servindo a um aplicativo.

A frustração de Harvey, iguala-se à dos amantes da mais-valia, pois: *as pessoas falam de si para si, mostrando para os outros o quanto valem, o capital fala sozinho, medindo o valor das pessoas pelo silêncio.*

Referências bibliográficas

ABILIO, Ludmilla Costhek. "Uberização: do empreendedorismo para o autogerenciamento subordinado". *Psicoperspectivas*, vol. 18, n° 3, 2019.

DOWBOR, Ladislau. *A era do capital improdutivo*: nova arquitetura do poder. São Paulo: Autonomia Literária, 2017.

HARVEY, David. *Os limites do capital*. São Paulo: Boitempo, 2013.

MARIUTTI, Eduardo Barros. "A 'virada cibernética': capitalismo, informação e direitos de propriedade". *Instituto de Economia da Unicamp*, ago. 2020.

CAPÍTULO XIX
DA UTOPIA À PRÁTICA: RENDA BÁSICA NO CONTEXTO PANDÊMICO

NATHAN CAIXETA

Introdução: admirável mundo, novo?

Os debates sobre a criação de formas mais eficientes de distribuição da renda social, tal que sejam supridas as necessidades básicas das pessoas, remontam às duas problemáticas inaugurais da ordem social:

1) as pessoas enquanto seres humanos tem necessidades básicas de comer, vestir, morar etc. não atendidas pela simples congregação das vontades individuais;

2) em todas as estruturas sociais até hoje conhecidas pelos registros históricos, nas suas várias molduras culturas, religiosas e políticas, dois elementos persistem como sendo fenômenos comuns de uma mesma coisa: o poder hierarquizado verticalmente, por diferentes formas de imposição (violência, ordenação religiosa, patriarcado etc.), e, as desigualdades de todos os tipos, dentre

as quais, a desigualdade material salta às vistas, pois assume, no capitalismo, papel nuclear no aprofundamento das demais desigualdades sociais.

Aldous Huxley, no *Admirável Mundo Novo*, concebe uma sociedade distópica onde o prazer é permeado pela falsa sensação de liberdade, o passado é engolido pelo presente, e o futuro programado, de cima para baixo. As necessidades básicas de vida são fornecidas não segundo a capacidade individual de acessá-las, mas como pressuposto do prazer efêmero. Aos indivíduos, fabricados em tubos de ensaio e classificados segundo a "etiquetagem" de qualidades físicas, sociais e intelectuais, é dada a droga "soma" que "sacia" as necessidades físicas e ajusta as necessidades sociais ao papel que o indivíduo etiquetado deve exercer na sociedade. Um verdadeiro "sossega leão" para os sentidos do indivíduo nascido da modernidade pós-fordista.

A renda básica universal enquanto utopia cumpre a primeira parte, isto é, atender as necessidades materiais, deixando as incursões sociopsicológicas do indivíduo ao livre jogo do esmagamento do ego pela concorrência nos filões do "sucesso" denunciados pela referência da ideia de felicidade e as diferenciações permitidas pelos padrões de consumo.

Contraditoriamente, as mesmas condições que permitiriam a eliminação, reproduzem a escassez material sob o "regime do capital", aprisionando o sujeito moderno ao individualismo ególatra como expressão de sua incursão social na "corrida para felicidade". A coletivização dos frutos do produto social e do progresso técnico, e a dissolução das hierarquias verticalizadas de poder, em especial, da propriedade privada permanecem penduradas na prateleira das utopias, pois dizem respeito à conquista e fruição da liberdade.

Em 2020, no contexto pandêmico, as noções de liberdade e necessidade, utopia e prática, ordem constituída ou exceção, se não foram "para o espaço" enquanto conceitos calcados no progressismo social, vieram ao núcleo central do cotidiano, transformando-se na antessala da mutação social. Os termos "limites" destas noções encontram-se recônditos nas interações entre o "sistema" de reprodução social baseado na propriedade privada e a confecção da moral, dos valores, da cultura e da ordem político-jurídica, fatores estes que permitem tal reprodução.

1 Pandemia: as ondas do medo e a perturbação dos sentidos

O vírus pandêmico pegou de susto à tênue, embora não pouco espessa camada dos sentimentos humanos. Aflorando, em um curto espaço de tempo, todos os sentidos e sinapses nervosas já raramente sossegadas pela "vida normal". A crise sanitária inédita em escala de expansão, provocou uma larga corrida pelas sensações, gerando ondas de pânico e medo generalizadas.

A morte, o primeiro fato da vida, revelou ao homem comum sua característica de fatalismo absurdo que incorre diuturnamente sem discriminar. Contudo, se o medo do vírus pairou sob as mentes de forma geral, invocando ondas de *"lockdown"*, políticas públicas de emergência e novos hábitos de convívio, o vírus não discriminou em sua invasão ao corpanzil do caboclo, ou às rugas autodenunciadas de um financista preocupado com suas aplicações.

A exposição ao vírus letal, por outro lado, estabeleceu a clivagem entre aqueles que poderiam respeitar as recomendações sanitárias e aqueles cuja necessidade econômica expôs ao vírus. O aumento da desigualdade social durante a pandemia aprofundou a relação direta entre a situação de pobreza e a exposição a COVID-19. Dentre os mais pobres, o medo da morte foi mais forte pela fome do que pelo vírus.

Por si, o medo da morte é inadiável, instantâneo e evitá-lo permite as ações cotidianas, supondo a continuidade existencial do saco de células que fundam o corpo humano. Os medos psíquicos que atinam à insegurança existencial afirmam a tesourada diária nas esperanças do indivíduo moderno, impondo-o ao cálculo indeterminado entre o sucesso e o fracasso nos flancos da concorrência capitalista. O *status quo* assegurado pelo consumo e pelas distinções sociais derivadas do nível socioeconômico garantem a definição das métricas presentes na "régua" entre aqueles fracassados e bem-sucedidos. Os fracassados são, contudo, classificados por outra medida: a quilometragem a ser percorrida mediante o labor cotidiano entre a sobrevivência e a exclusão do corpo social.

Há outra categoria do medo, menos imediata, mas igualmente fantasmagórica do que o medo da morte e os medos psíquicos: o medo da insuficiência material, imposto pelo próprio "modo de ser" da sociedade capitalista moderna. Não por acaso, Keynes em suas incursões freudianas concebe o conceito de "amor ao dinheiro", denunciando as propriedades calmantes e violentas da forma "potencial" da riqueza.

O amor ao dinheiro, expressa, freudianamente, as pulsões de vida e de morte, governadoras das decisões sobre a gestão da riqueza que, por seu turno, é imperiosa em relação às decisões de investimento, consumo, produção e emprego.[1]

A incerteza da morte é tão radical, quanto as "certezas", ou convenções, serenamente assumidas pelos agentes econômicos para sustentarem seu frágil conhecimento sobre o futuro, fazendo do passado seu farol e do presente uma sala de espelhos cujos reflexos se autocompensam no processo de formação das decisões sobre a riqueza. É porque a decisão sobre a riqueza é concentrada privadamente que a insuficiência material suplanta o medo da morte, transformando a fome na fissura fundamental do capitalismo.

---

[1] ANTUNES, Davi Nardy. *Keynes e Freud*. Campinas: Facamp, [s.d.]. Não publicado.

2 Da focalização à universalidade das transferências de renda

Os programas de transferência de renda, voltados a atenuação da insuficiência material e da fome, passaram de suplementares a substitutivos dos serviços públicos na esteira do dogma da austeridade fiscal como sinônimo de eficiência do gasto público. Tais programas de transferência de renda foram moldados, guardadas as especificidades nacionais, em torno da lógica da focalização em que está implícita o ideal da meritocracia como sinônimo de vitória sobre a concorrência.

Aqueles cuja absorção pelo "redemoinho satânico" do livre mercado é negada, pelo "insucesso" em transforma-se em mercadoria, deveriam ser cobertos por programas de transferência de renda que possibilitasse, nas palavras de Milton Friedman, famoso promotor do ideário neoliberal:

> [um nível de renda].. baixo o suficiente para que o público se dispusesse a pagar o que deve, e, baixo o suficiente para dar às pessoas um incentivo substancial e constante para que consigam uma saída para escapar do programa.[2]

O saldo final da conversão da lógica de funcionamento do Estado de Bem-Estar Social em Estado-empresa Neoliberal tem se demonstrado na agonia do orçamento público espremido pelas regras de austeridade fiscal nos últimos 30 anos, e na promoção perversa da concorrência vampírica promovida e patrocinada pelo Estado, caminho no qual evoluem os níveis de desigualdade e concentração de renda.

A renda básica universal flutuou ao longo do histórico das molduras dos programas de transferência de renda como aspiração

---

[2] FRIEDMAN, Milton. *Capitalismo e liberdade*. Rio de Janeiro: LTC, 2014.

utópica ante a realidade constituída do capitalismo. Isto porque, em suma, a renda básica universal reúne em sua conceituação os elementos essenciais que desafiam mais do que a "focalização" dos atuais esquemas de transferência de renda.

Esses elementos subvertem questões fundantes da lógica de reprodução capitalista, enquanto aparece como uma das vias de necessidade histórica em defronte com a tendências estruturais da redundância do trabalho, provocada pela relação entre progresso técnico e o império da forma fictícia de valorização da riqueza.

Eis a definição comumente utilizada para a Renda Básica Universal: uma renda individualmente concedida, sem exigência de condicionalidades (comprovações de carência de renda, situação ocupacional etc.) ou esforço laboral para todas as pessoas.[3] A reunião desses elementos é o mais próximo que poderia ser denominado como igualdade de oportunidades no sentido de reduzir as desigualdades socioeconômicas na largada do processo concorrencial.

Programas deste tipo foram experimentados, desde pelo menos os anos 1970, mas não reúnem uma base solida que componham um "modelo" que possa ser recortado e colado globalmente. Ao contrário, no máximo, indicam elementos positivos e negativos quanto aos efeitos dessa categoria de benefício universal para a estrutura social, pois coligado a ele devém existir: uma malha ampla de serviços públicos universais de qualidade e formas de tributação progressiva que permitam um financiamento coerente desse tipo de programa do ponto de vista fiscal. Sem esses dois elementos, a renda básica permanece como fabula literária, linda e ilustrada como os contos de Esopo.

---

[3] STANDING, Guy. *Basic income*: and how we can make it happen. Londres: Penguin Books, 2017; PARIJS, Philippe Van; VANDERBORGHT, Yannick. *Renda básica*: uma proposta para uma sociedade livre e economia sã. São Paulo: Cortez, 2018.

A pandemia exigiu a transformação dos esquemas de transferência de renda tradicionais em programas de renda básica emergenciais capazes de, duplamente, impedir a queda da renda agregada e contrariar, em parte, os efeitos nocivos da paralisação das atividades econômicas sobre o emprego e a renda das famílias.

3 Há limites práticos para a renda básica universal?

Como mencionado, todas as experiências de renda básica universal até então registradas são pobres em dados e documentações. Os programas emergenciais de renda básica experimentados durante a pandemia fornecem um "ponto fora" de uma curva praticamente inexistente de correlação entre a eficiência dos programas de renda básica universal e a melhor distribuição de renda nas sociedades.

No entanto, mais do que a sentença taxativa na atribuição de qualidades boas ou ruins do ponto de vista econômico e social, é devido que a questão seja reposta em outros termos proveitosos para o debate público.

Qual a viabilidade da renda básica (?) compreendendo três interações do curso social: o embate político, os efeitos sobre a estrutura econômico-social, e o potencial da renda básica universal em formar uma via de solução para o chamado "desemprego tecnológico", expressão concreta (e confusa) da redundância do trabalho.

Do ponto de vista político, tal como comprovaram os embates em torno do tema da renda básica no contexto pandêmico, a questão centra-se em torno da tensão entre o processo em curso de reificação da ideologia neoliberal e a luta social que exige respostas ao desemprego e a fome.

Dos múltiplos aspectos que envolvem o tema, dois são destacáveis para os propósitos aqui requeridos: a verificação da falência da austeridade fiscal como prócer da "eficiência" governamental, até pelos mais conservadores; a *"mea-culpa"* por parte de economistas e representantes de organismos políticos, quanto à relação entre o modelo de gestão neoliberal e o aprofundamento das desigualdades sociais nos últimos 30 anos, abrindo um acanhado espaço para um neoliberalismo repaginado que incorpore e regurgite parcelas do pensamento progressista. Entretanto, não é prudente o livre curso do autoengano de que um "neoliberalismo 2.0", represente uma mudança drástica, senão mais violenta em relação à gestão da sociedade pelo Estado. O "conteúdo" político permanece: forte para os merecedores e fraco para os desvalidos.

Não havendo fórmula pronta para avaliar os impactos socioeconômicos de um programa de renda básica universal, é devido que sejam especuladas suas condições de operação enquanto política pública.

Duas condições, são, portanto, essenciais para avaliar a efetividade de programas de renda básica universal:

1) a progressividade da tributação, sua obrigatoriedade ligada à despesa e sua proteção constitucional;

2) não é devido experimentar dos sabores do engodo neoliberal de que programas de transferência de renda devem ser substitutivos mais eficientes dos serviços públicos universais – de saúde, educação, habitação etc. – ao contrário, esses serviços, na prática, liberam renda corrente para as famílias ao serem oferecidas de forma pública e universal, e financiadas pelo conjunto da sociedade.

Portanto, a "dobradinha" entre programas de renda básica e serviços públicos, ambos universais, é impreterível, pois: do lado da renda assegura-se o consumo individual básico, e do outro, o lado dos serviços essenciais, garante-se o acesso gratuito e universal, formando, de fato, um sistema de proteção social completo que acoberte as necessidades básicas das pessoas.

De um lado, a tributação progressiva, obrigatoriamente coligada aos gastos sociais, e constitucionalmente protegida, promove a distribuição mais equitativa da renda, pois encurta a distância entre os mais ricos e mais pobres da sociedade, engordando a fatia constitutiva da chamada "classe média". De outro lado, a promoção e fortalecimento dos serviços público completam a cena ao desenvolverem as condições de melhoria conjunta e acessível das condições de vida.

Os abutres que remexem as carniças da teoria econômica para provarem a inviabilidade de um esquema fiscal progressivo e amplo (tal como o que aqui foi aludido), dão com os burros n'água quando a justificativa do austericídio é contrastada com a realidade.

É necessário, porém, que se relembre o óbvio, requisitando até as ambições pouco pomposas da lógica elementar: executado o gasto de qualquer natureza, seja pública, ou privada, tal movimento tem como consequência a geração de renda para uma contraparte. Esta renda gerada é multiplicada ao sabor do proposito aquisitivo, gerando inúmeros processos transversais de gasto-renda que acabam por compor a renda agregada.

Aos "sabichões" das finanças é devido arguir: o que tem maior potencial multiplicador, dinheiro na mão de quem passa fome e de pronto "gasta" a renda recebida, ou migalhas nos bolsos dos "*top* 100" da lista Forbes? Nelson Rodrigues, diria: esta é uma obviedade ululante!

O terceiro ponto avaliativo sobre o potencial histórico de um programa de renda básica universal, requer enquadrá-lo à tendência estrutural da redundância do trabalho e das crescentes inseguranças, ocupacional, empregatícia e de renda. A renda básica universal acena para a eliminação da insuficiência material de renda, impactando sensivelmente um dos efeitos da redundância do trabalho: o descompasso entre renda e trabalho, causado pela concentração da riqueza financeira e a precarização do trabalho associada ao desemprego tecnológico. Ao excluir do "meio-campo" entre gasto e renda, a obrigatoriedade do trabalho, um programa universal de renda atua sobre a precarização e o desemprego, sem frear a concentração de renda, mas aliviando seus efeitos sobre a ordem social.

Por fim, nem a renda básica universal pode ser combatente solitária face ao neoliberalismo, nem deve ser entendida como a solução mágica das contradições do capitalismo, mas como uma via alternativa de amenização do conflito distributivo. Além disso, uma renda distribuída de forma individual pelo Estado é contributo para a emancipação das minorias e daqueles grupos historicamente presos aos grilhões do patriarcado, do machismo, do racismo e da LGBTfobia.

Referências bibliográficas

ANTUNES, Davi Nardy. *Keynes e Freud*. Campinas: Facamp, [s.d.]. Não publicado.

FRIEDMAN, Milton. *Capitalismo e liberdade*. Rio de Janeiro: LTC, 2014.

PARIJS, Philippe Van; VANDERBORGHT, Yannick. *Renda básica*: uma proposta para uma sociedade livre e economia sã. São Paulo: Cortez, 2018.

STANDING, Guy. *Basic income*: and how we can make it happen. Londres: Penguin Books, 2017.

CAPÍTULO XX

ALAN GREENSPAN E RUY BARBOSA NO CINEMA: *THE BIG SHORT*

NATHAN CAIXETA

Luz, Câmera, Ação: entrarão em cena dois personagens que nunca se encontraram em nenhuma das quatro dimensões físicas, necessitando, que os convoquemos à dimensão cósmica mediante algum ritual que dissolva a separação entre alma e espírito.

Acensos os charutos, velas, candeias, dançadas às gingas, sacrificados os bezerros de ouro, invocado o espírito, eis que se encontram, de um lado, Ruy Barbosa, escritor brasileiro que lutou bravamente pela Proclamação da República ao final do século XIX, tendo sido Ministro da Fazenda durante os primeiros governos da Velha-República "civil-militar". De outro, Alan Greenspan, economista e Presidente do Federal Reserve, o Banco Central dos EUA, entre 1987 e 2006. O que dois homens tão diferentes e que jamais poderiam se encontrar para discutir as últimas modas da cultura universal, fariam juntos num cinema?

Assistiriam ao filme *The Big Short* do diretor Adam McKay, inspirado no excelente livro de Michael Lewis *A jogada do Século*. O sucesso cinematográfico conta a história da Grande Crise Financeira de 2008 de um modo um tanto diferente, reunindo comédia e boa didática para desembaraçar os termos do universo das finanças.

Para resumir, escondendo os *"spoilers"* do leitor, três grupos de investidores descobrem o estopim da crise financeira em seu prelúdio, quando os títulos hipotecários que sustentavam a grande pirâmide de ativos pobres abrigados pelos bancos comerciais norte-americanos começaram a "micar".

Descoberta a "fraude" sistêmica que reunia de gestores de bancos a avaliadores de agência de risco, indo até boates de entretenimento adulto, os "marinheiros" nadaram contra a maré, apostando contra o sistema financeiro. Resultado: quebraram a banca, quando o sistema financeiro colapsou, em cadeia, levando uma multidão de cardumes mortos: os títulos que passaram a não valer nada. Acompanhava o declínio, a confiança dos gestores do dinheiro (Banqueiros Centrais, administradores de fundos de investimento etc.) que passaram a desconfiar da parlenda que havia sido disseminada por Alan Greenspan durante seus gloriosos anos no FED, quando a inflação respeitou a meta e de quebra os EUA assistiram o crescimento de seu mercado de consumo interno mediante à intima relação entre a indústria e a política cambial chinesa. A parlenda era: "Os bancos são grandes demais para falir, pois, se incumbidos da avaliação de seus próprios riscos, sua quebra é impossível".

Verificada a falácia desse mantra que acompanhou o mundo das finanças por pelo menos duas décadas, vejamos a contenda entre o ilustre intelectual brasileiro da velha República, e o ilustre financista norte-americano após dedicarem suas retinas ao deleite da 7ª arte.

Ruy Barbosa em seu período como Ministro da Fazenda botou em prática a política do "encilhamento" que liberava os bancos comerciais a emitirem sua própria moeda mediante certa ressalva em ouro. A ideia era simples e seguia a tradição dos economistas

Ricardianos, os únicos admitidos à época como "economistas da ciência": manejar a inflação pelo controle da quantidade de moeda em circulação e deixar para a autorregulação dos bancos o controle sobre a velocidade de circulação de suas próprias moedas, tal como, de seu lastro em ouro. O pleno emprego seria fato mágico, divino e natural, alcançado pelo equilíbrio entre poupança e investimento.

O resultado foi tão catastrófico que Barbosa demitiu-se tão logo a "quebradeira bancária começou", atitude repetida por Greenspan, com certa antecipação, quase um século depois. Em primeiro lugar, a inflação disparou, pois, as reservas de ouro dos bancos evaporaram com os fluxos de saída de ouro para o estrangeiro. Em segundo lugar, os bancos quebraram tão rápido quanto os peixes nadam ao avistar a rede de um pescador, pois não foram capazes de manejar a proporção entre as moedas timbradas com a garantia em ouro e a exigência de conversão dos depositantes na "boca do caixa".

A resposta dos banqueiros brasileiros, foi a mesma dada pelos administradores do Lehman Brothers em 2008: "não podemos ajudar no momento, passe amanhã". Antes do anoitecer, tal como no Banco norte-americano, guardião de bilhões de dólares em ativos, os bancos brasileiros quebraram, sem sobreaviso.

Ruy Barbosa pediu demissão, deixando uma rara lição para a história econômica que infelizmente Greenspan não aprendeu: "Os bancos são instituições inerentemente especulativas", diria a dobradinha Keynes-Minsky, e sendo assim, "são incapazes de se autorregular". Por quê?

Aí teremos que invocar o espírito provocativo do barbudo alemão que avistou dois séculos antes da grande crise de 2008, a natureza sistêmica e central que desempenham as instituições financeiras no capitalismo.

Ao avaliar a quebra do "Credit Mobiliere", uma instituição bancária Francesa, Karl Marx deixa assinalado a possibilidade de que os bancos, dada sua centralidade para a circulação do dinheiro na sociedade capitalista, possam ruir como pescadores experientes diante do mar revolto:

> *O banco seria, portanto, o comprador e vendedor universal.* Em lugar das notas, o banco poderia emitir cheque si e, em lugar destes últimos, poderia manter simples | cadernetas de débito e crédito ... Um segundo atributo do banco seria necessariamente o de fixar de maneira autêntica o valor de troca de todas as mercadorias, i.e., o tempo de trabalho nelas materializado. Mas suas funções não poderiam terminar aqui. *A dependência recíproca e multilateral dos indivíduos mutuamente indiferentes forma sua conexão social.* Essa conexão social é expressa no valor de troca, e somente nele a atividade própria ou o produto de cada indivíduo devêm uma atividade ou produto para si; o indivíduo tem de produzir um produto universal – o valor de troca, ou este último por si isolado, individualizado, dinheiro. *De outro lado, o poder que cada indivíduo exerce sobre a atividade dos outros ou sobre as riquezas sociais existe nele como o proprietário de valores de troca, de dinheiro. Seu poder social, assim como seu nexo com a sociedade, [o indivíduo] traz consigo no bolso.* [1]

Portanto, segundo Marx, o Banco atua não apenas como o "intermediador" na circulação do dinheiro, mas como seu "gestor" universal, portanto, como determinador *"ab initio"* dos riscos que envolvem a valorização, ou desvalorização da riqueza comercial-produtiva, e sobretudo, financeira, ao controlar o volume de crédito e determinar antes de qualquer outra pessoa ou instituição, a posição de risco individual que assume. Quanto mais interligados os bancos forem entre si, e assim são logicamente, não são capazes de avaliar o risco sistêmico da posição especulativa de um banco sobre outro, ou de um sobre todos, ou de todos sobre um.

---

[1] MARX, Karl. *Grundrisse*: manuscritos econômicos de 1857-1858 – esboços da crítica da economia política. São Paulo: Boitempo, 2011, pp. 156/157.

Quando um banco quebra, duas coisas acontecem: primeiro, o sistema bancário treme, exigindo que o Estado lance suas asas para a proteção das posições financeiras; segundo, o impacto em um banco se multiplica sobre outro, pois estão conectados na troca entre categorias de ativos, prazos e remunerações, escondidas em seus balanços na forma dos famosos "certificados de crédito" (para não falar "títulos securitizados", um palavrão!), que nada mais são do que: pegar créditos concedidos para pagamento futuro e transformá-los em ativos vendáveis no presente, ganhando nas duas pontas (advirto que a explicação de Margot Robbie durante o filme, curtindo um Champanhe na banheira é bem melhor do essa que acabei de escrever!).

Não sei se Alan Greenspan leu Marx, talvez tenha passado os olhos em Keynes e Minsky, mas se pudesse aprender com Ruy Barbosa, a crise de 2008 se não pudesse ser amenizada, pelo menos, suas raízes poderiam ser plantadas com muito menor profundidade do que foram durante os anos de ouro da política monetária do FED, entre 2001-2005, período da gloriosa "grande moderação".

Desde as crises nos países periféricos no final nos anos 1990, primeiro no México (1995), depois a asiática (1997), a russa (1998) e finalmente, a brasileira (1999), seguido da quebra das "empresas. com" em 2000, já se sabia o que a globalização dos bancos havia trazido para o sistema: a benção da diluição dos riscos individuais entre os agentes financeiros e a elevação "dinâmica" do risco sistêmico entre as instituições bancárias e o mercado de capitais.

Esses avisos foram renitentemente ignorados pelas autoridades monetárias, FMI e Banco Mundial que para além de terem imposto aberturas financeiras (maior flexibilidade para fluxos de capital externo nos países) para a estabilização da dívida e da inflação nos países periféricos durante os anos 1990, ainda prosseguiam "ficando comprados" pela parlenda dos financistas de que "os bancos são grandes demais para quebrar", e seguindo a festa, incentivaram maiores e melhores "desregulamentações" dos mercados financeiros.

A ideia da autorregulação bancária não pode ser observada desde o ponto de vista binário de quem: não comeu e não gostou, ou comeu tanto que se confessou glutão. Seria demasiado fácil, após uma década de crise, trazermos à baila o óbvio, como quem continua batendo em um adversário nocauteado.

Prefiro observar de um ponto de vista mais cético, dando um passo atrás em relação ao discurso corrente sobre regulação bancária.

Anunciarei a ideia central para auxiliar as retinas do leitor: "A capacidade inventiva do sistema financeiro é muitas vezes maior do que a capacidade regulatória do Estado e das organizações internacionais!"

Os economistas que apostam na regulação bancária como "a jaula" do capitalismo selvagem acertam ao apertar a mesma tecla (da necessidade urgente de regulação dos sistemas financeiros globais), mas se esquecem que em um piano existem mais 87 esperando ser tocadas para o florescer da melodia.

Regular é preciso e os anos de ouro de Bretton Woods assim ensinaram, denunciando a necessidade premente de que seja repensado o arranjo político-social diante dos desafios contemporâneos do capitalismo. Sim, e daí?

Mais aviltantes são as interpretações que opõe o capital financeiro "bandido" contra o "capital produtivo" bonzinho que gera emprego e renda, assaltados pelo bandido nas últimas quatro décadas de desregulamentação financeira. Não existe moral quanto o assunto é o capital: "O capital é uma relação social consigo mesmo, que no ato de negar-se, multiplica seus espaços de acumulação!"

As aventuras dos mercados financeiros e suas consequências pós Bretton-Woods, antes e depois da Grande Crise de 2008, são, nada menos, que a realização do conceito do capital: valor que se valoriza. O Estado, antes de opor-se ao capital, ou poder aprisioná-lo em amarras regulatórias, participa da roda financeira da valorização do capital, como financiador de primeira instância através da dívida pública, e emprestador de última instância, quando o risco sistêmico torna poeira de estrela a constelação de ativos financeiros.

Alan Greenspan e Ruy Barbosa após assistir *The Big Short* talvez saíssem da sala de cinema sabendo que:

> O dinheiro é criatura do Estado, mas é gerido privadamente pelos bancos que, necessariamente, se apoiam em posições crescentemente especulativas, fugindo de toda e qualquer regulação, existente, imaginária ou saudosista.

A regulação dos sistemas financeiros como alternativa solitária ao complexo inovativo da finança funciona como cavalos guiados por cenouras anos-luz à frente de uma oportuna abocanhada. Por outro lado, o desenvolvimento do capitalismo nos ensinou que o Estado se alia ao capital, podendo conduzir o processo de tomada de risco pelos agentes capitalistas, ou agir de forma subserviente, sancionando processos especulativos das posições de risco como aqueles que levaram a crise de 2008.

Ao conduzir o processo de tomada de risco pela participação no sistema de crédito e elevadas taxas de investimento, o Estado torna a regulação efetiva, trazendo a cenoura ao cavalo.

A lição que tiramos da crise financeira exige uma crítica mais profunda do que proclamar a ausência de um modelo institucional eficiente para o sistema financeiro. O desmonte do sistema regulatório veio junto ao decanto às doutrinas de austeridade fiscal e subserviência da política monetária ao sistema de metas de inflação. A soberania dos Estados prostrou-se a sabedoria dos mercados financeiros.

A luta pela regulação aponta as flechas para o *modus operandi*, enquanto a soberania monetária e fiscal dos Estados Nacionais trata do *modus vivendi* da relação Estado-Mercado-Sociedade.

Referências bibliográficas

MARX, Karl. *Grundrisse*: manuscritos econômicos de 1857-1858 – esboços da crítica da economia política. São Paulo: Boitempo, 2011.

CAPÍTULO XXI
NOTAS CRÍTICAS ÀS CONTROVÉRSIAS SOBRE A DÍVIDA PÚBLICA: TROPEÇOS À ESQUERDA E À DIREITA

NATHAN CAIXETA

A secretária do tesouro dos EUA, Janet Yellen, alarmou o mundo das finanças ao anunciar sua visão sobre o teto da dívida pública, argumentando a favor da expansão.[1]

Curiosamente, a questão da dívida já estava na baila do debate, quando o Evergrande anunciou suas dificuldades financeiras. Desde então, muitas páginas foram escritas para reabastecer o embate sobre a dívida pública, opondo os que verificam em sua dinâmica a perversidade do Estado "glutão", ou, por outro lado, o instrumento responsável pela margem de manobra dos governos para a recuperação do crescimento econômico. Nesse terreno,

---

[1] RAPPEPORT, Alan. "Janet Yellen says US could hit debt limit by dec. 15". *New York Times*, nov. 2021.

pouco importa quem está com a razão, mas qual teoria será capaz de arrendar um assento nos palanques políticos.

No Brasil, dizem os magos da Faria Lima: a regra é clara – salvar o teto de gastos para evitar a explosão da dívida, pressão sobre os juros e desestimulo ao caminho mágico entre a valorização dos ativos e a confiança dos investidores. Não por menos, o Ministro Paulo Guedes aproveitou as cabeçadas entre os Presidentes da Petrobrás e do Banco Central, para trazer novamente a cena seu projeto de privatizações que incluem, segundo ele, todas as estatais que conseguir privatizar.

O que por vezes é esquecido e, presencialmente, ignorado é o papel precípuo que a dívida pública desempenha na reprodução do capital. Vejamos, em síntese, a dinâmica entre a reprodução do capital, do dinheiro e do endividamento do Estado:

A reprodução do capital respeita a sobredeterminação de sua própria autorreferência sobre as órbitas da realização, da valorização e da acumulação de capital, atuando, portanto, como "valor que se valoriza" referido, necessariamente, ao dinheiro. Logo, a transformação da força de trabalho em trabalho-abstrato (cristalizado na mercadoria) tem por pressuposto a criação de valor-trabalho, a realização do valor em dinheiro, o dito-cujo "salto mortal da mercadoria".

Absorvendo a esfera da realização, o capital é valorizado em todas as suas órbitas – comercial, produtiva e financeira – perseguindo no âmbito concreto a realização de seu conceito, isto é, dinheiro inicialmente aportado com a finalidade de se tornar mais dinheiro.

A acumulação de capital é a instância onde a valorização do capital ocorre *ad aeternum*, ou seja, onde todas as órbitas do capital são fundidas e referidas aos estoques de riqueza cujo valor é definido por sua qualidade de liquefação, ou seja, na capacidade de se transformarem em dinheiro.

A primazia do dinheiro no processo de reprodução do capital aparece tanto na criação, quanto na valorização da riqueza, pois estas estão, logicamente, referidas ao dinheiro.

A riqueza criada (pelo trabalho), ou valorizada, só pode ser "riqueza", isto é, objeto de desejo e distinção, porque referida a uma forma potencial que pode ser transformada em qualquer coisa, e ser aquela em que todas as coisas pretendem se transformar. A "potência do ato" de transformação que reside no dinheiro que sanciona a propriedade sobre as formas particulares da riqueza.

O dinheiro nasce como necessidade lógica da circulação de mercadorias, não como mero reflexo equivalente dos preços relativos, mas como pressuposto da criação de valor, supondo, desde logo, a essencialidade do crédito, isto é, relações de troca consumadas à vista, ou a prazo sob determinado "preço" para se desfazer do dinheiro na data presente, ou futura.

Conforme assinalou Keynes, o dinheiro preserva uma característica especial em relação a qualquer outro bem ou ativo, pois a relação de crédito implícita na troca monetária oferece a preservação do valor em relação as demais mercadorias, físicas ou financeiras. Tal característica deve-se ao fato de o dinheiro absorver em sua forma os valores de troca das demais mercadorias, sendo capaz de manter seu valor, a despeito da flutuação dos preços relativos, logo, gerando segurança ao seu detentor, distinção preferível a qualquer outro ativo, salvo as circunstâncias em que os riscos assumidos ao abandonar o dinheiro sejam recompensados pela valorização do estoque de riqueza.

A circulação do capital no sistema bancário, permite que volumes de capital sejam adiantados pelos agentes capitalistas para quaisquer fins, inclusive para prospectar o valor futuro de um determinado ativo, comprando, vendendo, ou prometendo comprar e vender esse ativo em determinado prazo, mediante a determinação da remuneração esperada por quem se desfaz do dinheiro no tempo presente. Portanto, o sistema capitalista é movido pela dívida, pois sua dinâmica é nucleada pela referência da realização, valorização e acumulação de capital ao dinheiro.

A moeda estatal garante seu monopólio nas transações comerciais, produtivas e financeiras, porque ancoradas na relação de dívida entre o Estado e a sociedade, contemporaneamente operacionalizada por Bancos Centrais e Tesouros Nacionais.

Desse modo, a dívida pública é, lógica e historicamente, a premissa da Acumulação Capitalista, pois permite a transformação do dinheiro em capital ao fundar o sistema de crédito, nos ensina Marx:

> A dívida pública converte-se numa das alavancas mais poderosas da acumulação primitiva de capital. Ela dota o dinheiro de capacidade criadora, transformando-o assim em capital, sem ser necessário que seu dono se exponha as insatisfações da produção. A dívida pública criou uma classe de capitalistas ociosos, enriqueceu, de improviso, os agentes financeiros que servem de intermédio entre o Estado e Nação (...), mas, além de tudo isso, a dívida pública fez prosperar as sociedades anônimas, o comércio com títulos negociáveis de toda espécie, a agiotagem, em suma, o jogo da bolsa e a moderna bancocracia.[2]

O Estado adianta recursos, "gastando" na montagem de sua infraestrutura física, bélica e burocrática, e para tanto, cria a moeda que circulará nos setores comerciais, produtivos e financeiros, deixando como contraparte a dívida pública concentrada nos bancos. Os bancos, por seu turno, realizam a transformação da dívida pública em dívida bancária acessada por toda a sociedade para o financiamento de suas operações de gasto.

---

[2] MARX, Karl. O *Capital*: crítica da economia política. vol. 1. São Paulo: Boitempo, 2011.

CAPÍTULO XXI – NOTAS CRÍTICAS ÀS CONTROVÉRSIAS...

Contudo, todas as operações de dívida criadas por agentes privados têm por âncora o endividamento público que opera no financiamento, em primeira instância, da criação de crédito pelos bancos, e salvaguarda do valor dos estoques de riqueza, em última instância. Logo, todos os ativos são referidos à moeda, e a moeda tem em sua salvaguarda a dívida pública capaz de expandir-se autonomamente, conforme a necessidade de crédito dos agentes econômicos, ou em momentos de crise e diluição dos valores dos estoques de riqueza.

Na *Teoria Geral*, Keynes insiste que o crescimento dos níveis de investimento, produção e consumo, portanto, da atividade econômica, prescindem da expansão das relações de crédito para o adiantamento dos recursos gastos no presente para formarem a renda conjunta da sociedade. Isso não representa, necessariamente, volumes maiores de dinheiro em circulação no comércio e na produção, pois a medida em que o crédito bancário é expandido para atender as demandas dos agentes econômicos, parte desses recursos continuam no sistema bancário na forma de aplicações, ou retornam a ele quando os valores adiantados são pagos no prazo devido, guardando alguma margem de segurança.

O sistema bancário somente pode operar dessa maneira, pois suas operações de captação e concessão de recursos ao público são asseguradas, primeiro pela possibilidade do empréstimo interbancário, e em último caso, pela possibilidade de o Estado injetar recursos nos balanços bancários, criando dívida pública.

Nota-se que o crescimento da economia está inerentemente relacionado a expansão da dívida pública cujos compromissos são "rolados" para o futuro de modo a garantir liquidez ao sistema de crédito centrado nos bancos. O estabelecimento de "teto" para a dívida pública, ou no caso brasileiro, para os gastos públicos, funcionam como trava para o crescimento da renda para garantir a concentração da riqueza.

De igual forma, as metas para as taxas de juros, servem para sinalizar as pretensões da autoridade monetária a respeito do manejo da liquidez, podendo suas vontades serem contrariadas pelos bancos. Entra em cena, então, o aspecto político que rege a expansão da dívida pública, pois tanto os esforços fiscais para redução do endividamento público, quanto a "negociação" do Estado pela soberania na determinação das condições em que será processada a circulação da liquidez interbancária, e por fim, concedida ao público, são termos contraditórios de uma mesma coisa: o capital para consigo mesmo. Qualquer movimento de retração do endividamento público leva a desaceleração da dinâmica econômica.

A última década, demonstrou a perversidade da austeridade fiscal que visa reduzir os níveis de dívida pública até um patamar "aceitável" em relação ao PIB. Do mesmo modo, as pressões declinantes nas taxas de juros serviram para incitar sistema bancário a emprestar.

Nesse caso, o Princípio da Demanda Efetiva é fatal: se ninguém pede emprestado por não verificar possibilidade de vender o produto, ou serviço produzido, nada adianta. Na mesma esteira, ao reduzirem os volumes de investimento, os empresários demitem, ou não contratam mais trabalhadores. Um não compra do outro, e vice-versa. Sem o Estado para dar o pontapé inicial, criando dívida e gastando, verifica-se a recessão.

A comparação entre dívida pública e PIB tornou-se o parâmetro de saúde atestado pelos analistas financeiros sobre a situação fiscal de um determinado país. Ainda que, geralmente, esta seja a mesma comparação possível entre uma torneira e um copo, sua utilização alastrou-se como febre para determinar o risco de solvência dos países.

Mais ainda, além da dívida pública, os magos das finanças agregam ao volume da dívida pública, a dívida de empresas e famílias, para indicar os sinais de ruptura entre a dinâmica econômica e o sistema de crédito. Vamos à álgebra elementar para avaliar a gloriosa relação Dívida/PIB:

CAPÍTULO XXI – NOTAS CRÍTICAS ÀS CONTROVÉRSIAS...

A Dívida Pública constitui um estoque de riqueza, enquanto o produto interno bruto (PIB) é a soma líquida da produção, igualada ao total da renda e dos gastos da sociedade em um determinado período do tempo, constituindo um "fluxo".

O estoque de dívida habitante do numerador é conhecido, bem como, sua tendência de evolução a depender do volume de recursos aportados aos tesouros nacionais, ou direcionados pelos bancos centrais ao sistema bancário. A totalidade da renda da sociedade, equivalente ao PIB, é formada após a consumação dos gastos em consumo e investimento, permanecendo como incógnita inacessível à razão do empresário ao determinar seu volume de investimentos, logo, a quantidade de trabalhadores que empregará.

A variação do estoque de dívida pública, derivada de elevações nos compromissos orçamentários com juros, aumenta o numerador, enquanto a subida da taxa de juros reduz os investimentos, o PIB, logo, o denominador da Razão Dívida/PIB. O Crescimento do PIB (em termos nominais) deve ser maior que o efeito da taxa de juros sobre a dívida pública para que essa Razão seja decrescente. Resultado: para satisfazer a concentração da riqueza financeira, a renda da sociedade deve crescer menos do que os pagamentos governamentais ao sistema financeiro. Não reside na "escorregada" temporal, entre fluxo e estoque, o absurdo dessa medida, mas na suposição de que tal medida expressa a capacidade de solvência de um país, ou seja, a capacidade do Estado de "honrar" com sua dívida para com a sociedade.

Me permitam a extravagância: A EXPANSÃO DA DÍVIDA PÚBLICA OCORRE AUTONOMAMENTE AO RITMO DOS RECURSOS DISPENDIDOS, ao contrário de qualquer relação de dívida privada que sofre da restrição orçamentária imposta pelos riscos envolvidos na operação de crédito. Se o Estado pode trocar dívida por dinheiro e se todos querem dinheiro, como o Estado pode "quebrar", cara pálida?

O bom financista, responderia: "ora, mas as expansões da dívida pública sinalizam aumento de impostos", e completaria: "haveria menores fluxos de capitais estrangeiros; e pressão sobre a inflação, levando a elevação dos juros". Essas três preposições sofrem do mesmo equívoco analítico:

> 1) As expansões da dívida pública têm por consequência o adiantamento de recursos para a sociedade, diretamente, via gastos governamentais, e indiretamente via sistema bancário, as expectativas dos empresários sobre suas vendas futuras se eleva, fazendo-os investir, contratar trabalhadores que, por sua vez, consumirão o que será produzido. A consequência é: a elevação do gasto pelo Estado aumenta a renda do conjunto da sociedade, portanto, sua própria arrecadação tributária, sem necessitar de expansões na carga tributária.

> 2) Igualmente, crescendo a atividade econômica, os fluxos de capitais são estimulados pelas perspectivas de lucro;

> 3) O impacto de expansão da dívida pública sobre a inflação é fato nulo, caso as condições de oferta (produção), satisfaçam a elevação da demanda, algo que não ocorre somente na presença de choques nos preços de produção. Essa exceção tem tanta relação com a expansão da dívida pública quanto a soma de 2+2 corresponde ao número 5.

O único entrave para o crescimento da dívida pública é estabelecido pelo embate entre as autoridades monetárias e os grandes bancos, não pela expansão da dívida, mas por suas repercussões sobre o sistema de crédito, governado pela queda de braço entre as exigências bem justificadas dos bancos por maior margem de manobra em suas operações especulativas tão recobertas que acabam desnudas pelo risco sistêmico, e o estímulo do Estado em direcionar os recursos para os setores produtivos. Quando a "banqueirada" tira o corpo fora, o Estado atua como financiador da especulação, como demonstraram as sucessivas rodadas de injeção monetária (*Quantitative Easing* – QE) desde 2008.

Antes de me despedir, gostaria ainda de tecer alguns comentários sobre o Caso Evergrande[3] e a questão da regulação financeira:

Porque a China foi capaz de segurar o estouro de uma crise que guarda relação aparente com a implosão imobiliária entre 2007-2008? Os chineses aprenderam duas coisas que o Ocidente já praticou com grande esmero entre 1950-1980:

1) Por trás de toda operação que envolve grande aporte financeiro e longo prazo de maturação não pode estar misturadas fontes de financiamento e compromissos de remuneração crescentes ao ritmo de expansão do investimento. Não por isso, lá existem não apenas um, mas diversos canais de crédito semelhantes ao BNDES nos níveis dos governos centrais e regionais;

2) A regulação dos sistemas financeiros não se trata de "aprisionar" o capital bandido, mas de criar regras de funcionamento que favoreçam a interdependência entre grandes empresas e grandes bancos. A mais importante delas é quase uma heresia para os financistas ocidentais: controles de capitais na entrada e na saída. Desse modo, os chineses conseguem manejar, em simultâneo, sua posição externa levando a uma taxa de câmbio historicamente competitiva e a liquidez bancária compartimentada por diferentes regras de operação para instituições com diferentes graus de exposição e alavancagem. Assim, na ocorrência de casos como o Evergrande, o sistema financeiro chinês está protegido contra uma debacle sistêmica, pois é possível isolar o risco da instituição com problemas e tratá-lo diretamente, impedindo o contágio sobre todo o sistema. Para a agonia dos que defendem a desregulamentação dos sistemas financeiros, entregando aos agentes o prodígio da autorregulação: a China

---

[3] THE ECONOMIC TIMES. "China's evergrande: how will a 'controlled demolition' impact the economy?". *The Economic Times*, dez. 2021.

tem um Glass-Steagall Act (instituto legal abandonado pelo Ocidente), literalmente, do "tamanho de uma China".

Referências bibliográficas

MARX, Karl. *O Capital*: crítica da economia política. vol. 1. São Paulo: Boitempo, 2011.

RAPPEPORT, Alan. "Janet Yellen says US could hit debt limit by dec. 15". *New York Times*, nov. 2021.

THE ECONOMIC TIMES. "China's evergrande: how will a 'controlled demolition' impact the economy?". *The Economic Times*, dez. 2021.

CAPÍTULO XXII
REFLEXÕES SOBRE A "REVOLUÇÃO" TEÓRICA DA MODERNA TEORIA MONETÁRIA (MMT)[1]

NATHAN CAIXETA

Escrevo esse ensaio em homenagem ao amigo Luiz Alberto Viera, Doutorando da Unicamp, e seguramente, um dos exitosos pensadores da Moderna Teoria Monetária no Brasil. Essa homenagem é, ao mesmo tempo, fraterna e provocativa.

Luiz Alberto, o popular "Betinho", foi o responsável por minha inserção no canal de publicação do jornal *GGN*, estimulando minhas peripécias provocativas nos campos da análise crítica e ensaística. Portanto, devo-lhe préstimos eternos que não cessarão nesse ensaio, mas num futuro encontro para partilharmos algumas (muitas) cervejas.

---

[1] O título contém ironia.

A provocação que farei ao amigo foi instigada pela troca de textos nos últimos dias. Entreguei-lhe um ensaio sobre "O paradoxo da Moeda". Em contrapartida, apreciei com atenção seu recente artigo publicado pela *Real-World Economics Review*, intitulado "MMT, post-keynesians and currency hierarchy: notes towards a syntnthesis".[2]

Rapidamente, Betinho enviou-me suas considerações que muito me valeram como reflexão. Ao ler seu artigo, do qual atesto a emergência da leitura e a qualidade do conteúdo, retirei a síntese provocativa que apresentarei: nossas discordâncias não estão no campo estritamente teórico, isto é, nas amenidades que delineiam as franjas de nossas visões sobre a moeda, mas estão num campo um tanto mais sútil, incapaz de ser travado no âmbito acadêmico, onde o revanchismo por vezes supera a colaboração.

Concordamos em discordar e discordamos nas concordâncias, ao longo de um debate que supera e muito nosso diálogo particular. As pessoas não brigam, quem batalha são as ideias. É isso que farei nas páginas seguintes.

Dividirei esse ensaio em três partes: a primeira direcionada ao esforço teórico de Luiz Alberto em desvelar as articulações entre a Moderna Teoria Monetária, o pós-keynesianismo e a hierarquia monetária;

Na segunda parte, discutirei a MMT em sua essência, expondo minha visão sobre essa teoria, apontando seus proventos e insuficiências teóricas;

Por fim, evidenciarei a provocação prometida ao avaliar o quanto de paixão teórica misturada à viuvez da teoria *Mainstream* existe entre os apóstolos da MMT, deixando afirmado desde já

---

[2] VIEIRA FILHO, Luiz Alberto marques. "MMT, post-keynesians and currency hierarchy: notes towards a synthesis". *Real-World Economics Review*, set. 2021.

meu profundo respeito pela agenda de pesquisa, mas esclarecendo minha posição quanto à viabilidade da MMT, enquanto norte para novas formas de administração da política econômica nos países capitalistas.

Antes de "descascar o abacaxi" teórico, deixo claro que as considerações que serão apresentadas são parciais, amigavelmente provocativas e pretensamente sintéticas, não podendo ser confundidas com um esforço de uma análise teórica de fôlego.

1 Concordâncias e divergências

Entre Luiz Alberto e o autor desse ensaio existem diversos pontos de aproximação e separação. Evidenciarei os principais.

Nossa convergência central está no fato de admitir que a atuação do Estado no desenvolvimento capitalista não tem sido apenas essencial, mas histórica e logicamente necessária. Tal "necessidade" lógica do Estado para o depreendimento das leis de movimento do capitalismo se encontra subitamente na centralidade da moeda para o processo de acumulação. A ordenação política, social e cultural que envolve a participação do Estado no desenrolar da modernidade é consequência e não causa da conurbação entre o poder político e o poder financeiro que deram forma à sociabilidade capitalista.

O capitalismo como sistema voltado para a acumulação de riqueza existe como sistema social de dominação porque, antes de tudo, o dinheiro exerce a abstração real das relações sociais de produção, transformando todas as esferas da vida em processos atomicamente mercantilizados e centrados no cálculo moral realizado pelo indivíduo moderno, alienado e narcisista.

Igualmente, a exploração do trabalho tem por pressuposto a existência do dinheiro, fato que implica na autonomização do capital em relação à exploração do trabalho-abstrato, tonando a esfera da reprodução, algo miseravelmente subsumido pelo processo "global" de acumulação da riqueza que, por seu turno, é centrado na esfera concreta de valorização da riqueza pela autorreferência do dinheiro a si mesmo, isto é, no âmbito do capital fictício, ou financeiro.

É a moeda como forma geral da riqueza que concede fluidez ao movimento do capital, permitindo que as crises no capitalismo sejam fenômenos particulares de seu processo universal de acumulação irrefreável (que me perdoem David Harvey e outros tantos profetas da "crise terminal do capitalismo").

O fundamento que confere o poder de abstração real ao dinheiro encontra raízes na própria feição autorreferente da acumulação de riqueza (dinheiro que se transforma em capital, e o capital que objetiva transformar-se em mais dinheiro) não necessitando de âncoras ulteriores vindas da natureza humana, da razão ou do equilibrismo das vontades individuais como sugerem os economistas da corrente dominante, de David Ricardo até Paulo Guedes.

A função do Estado como emissor *par excellence* da moeda atua muito além do que supõe formalmente o conceito de soberania do Estado, baseada no monopólio sobre as leis e sobre o exercício da violência. O Estado atua como financiador, em primeira instância, da acumulação privada da riqueza, sendo o ente nuclear da coletivização dos capitais individuais, centralizados em blocos oligopolizados de atuação nas esferas da produção e do crédito (finanças).

Ao emitir dívida, o Estado está criando capital fictício, portanto, centralizando e coletivizando o capital que será alocado nos diversos ramos de atuação pela classe capitalista. Ao gastar o Estado "rola a bola" para efetivação das expectativas dos agentes capitalistas de que seus empreendimentos, por suposto, incertos e arriscados, terão validade real, levando os capitalistas a investirem inovativamente de modo a multiplicar o nível de emprego e de renda cujo patamar inicial é definido pelo gasto do Estado.

A capacidade de endividamento do Estado, virtualmente ilimitada, garante, simultaneamente, fundamento e segurança para o processo de alocação da riqueza, ao financiar a acumulação e atuar como "porto seguro" nas crises geradas pelo sistêmico e inerente fenômeno de equívoco na percepção dos riscos pelos agentes capitalistas ao alocarem sua riqueza, como ensinou Minsky.

Conclusão: sem Estado não existe mercado, nem sequer existiria capitalismo. Sem moeda, não existiria nem Estado, nem capitalismo, nem sociedade minimamente civilizada, pois é o dinheiro que funda o entrelace entre a produção, a circulação e o consumo de mercadorias. O que é específico do capitalismo é que esse entrelace é transformado de esfera objetiva de subsistência em esfera subjetiva de acumulação, subordinando os homens ao trabalho, e submetendo todas as relações sociais ao referendo do dinheiro, como categoria universal de validação do ser social.

Vamos às divergências: Luiz Alberto afirma que

> a ausência de restrições financeiras aos gastos públicos (endividamento), ocorrerá, enquanto a função do dinheiro como meio de pagamento for preservada, mesmo que as funções de unidade de conta e reserva de valor sejam perdidas.[3]

1.1 *We have a problem, my brother Charlie!*

As funções da moeda são intrinsecamente entrelaçadas umas às outras, mas assim o fazem ordenadamente, porque primeiro a moeda atua como reserva de valor, isto é, como fundamento social da alocação da riqueza. É porque a moeda preserva valor

---

[3] VIEIRA FILHO, Luiz Alberto Marques. "MMT, post-Keynesians and currency hierarchy: notes towards a synthesis". *Real-World Economics Review*, set. 2021.

que o endividamento estatal é virtualmente ilimitado, não por sua atuação, também, como meio de pagamento e unidade de conta.

De fato, a função da moeda como unidade de conta delineia a forma do processo de endividamento público-valorização da riqueza privada, ao estabelecer a nominalidade dos valores de troca criados pela exploração do trabalho, ou pelo seu adiantamento fictício via sistema de crédito. No entanto, tal função de medida de valor (ou unidade de conta) é uma categoria particular do dinheiro como reserva de valor. A corroboração social da moeda como meio de pagamento, através do sistema de troca, é o que estabelece a ligação entre a categoria universal do dinheiro como reserva de valor e sua particularidade como unidade de conta.

A deterioração das funções da moeda, causadas por seu próprio caráter perturbador sobre as decisões alocativas entre as formas da riqueza, ocorrem, ordenadamente na perda da função de reserva de valor (a categoria universal) que leva consigo à bancarrota as demais categorias particulares.

Ainda assim, diante do colapso da moeda, os agentes econômicos buscam desesperadamente por outras formas de preservar o valor da riqueza, sempre referida ao dinheiro como forma geral, ainda que este encontre-se destituído de suas funções. Os agentes econômicos assim o fazem porque, na ausência da função de reserva de valor pela moeda, a dívida pública incorpora a característica do dinheiro como forma geral da riqueza.

Tanto é assim, que em todos os eventos históricos de acelerada deterioração das funções da moeda, foi a atuação do Estado na emissão de dívida que conseguiu restaurar tais funções ao recondicionar as possibilidades de alocativas, portanto, ao assegurar a preservação do valor das formas da riqueza pela aceleração do processo de endividamento público, e consequentemente, remodelar as curvas de juros, isto é, os parâmetros de alocação da riqueza privada.

Relembrando Keynes, o fato do Estado ser capaz de "escrever as regras do jogo" da alocação entre as formas particulares da riqueza e sua forma geral, o dinheiro, significa, antes de tudo, que o Estado atua politicamente para assegurar tal prerrogativa, necessitando não apenas escrever as regras, mas ensinar os jogadores privados a utilizá-las, atuando na orientação do processo global de endividamento.[4]

Portanto, a soberania monetária não está assegurada *ab initio* pelo monopólio estatal sobre o endividamento virtualmente ilimitado, mas tal soberania é alvo de luta política entre a capacidade do Estado de influir sobre as condições de reprodução da riqueza e a atuação dos blocos de capitais ao arbitrarem sobre as taxas de remuneração da riqueza, determinando, logicamente, sua massa de lucros, conforme apreendemos nas considerações de Kalecki[5] e Maria da Conceição Tavares.[6]

O Estado interfere nessa arbitragem, ou pela taxação tributária, inibindo o espaço de arbítrio dos blocos de capitais, ou acelerando a realocação da riqueza ao intervir nas curvas de juros, portanto nas taxas de remuneração da riqueza. No entanto, os agentes capitalistas contra-atacam, encarnando os mecanismos de dominação do capital em geral, ao se disporem, ou não, a jogar segundo as regras definidas pelo Estado, forçando-o constantemente a remodelá-las.

Por fim, não é uma questão de ordem lógica, nem mesmo teórica, mas política. Pois, lembremos, o sistema de dominação do Estado aliado à burguesia não se impõe pelas políticas econômicas,

---

[4] KEYNES, John Maynard. *The treatise on money*. Cambridge: Cambridge University Press, 2013

[5] KALECKI, Michael. *Teoria da dinâmica capitalista*. São Paulo: Abril Cultural, 1978.

[6] CONCEIÇÃO TAVARES, Maria. *Ciclo e crise: o movimento recente da Industrialização brasileira*. Campinas: Instituto de Economia da Unicamp, 1998.

mas pela Economia Política voltada à justificação do modo de produção capitalista, desigual, explorador e envolto numa contradição em processo entre a abundância potencial e a escassez real da liberdade e dos meios de subsistência.

2 Teoria Monetária, moderna?

Retirada do Chartalismo e incrementada pelas imposturas Keynesianistas dos Keynesianismos bastardos, a MMT incorre numa grave incoerência teórica: supor a moeda como uma espécie de ontologia derivada da existência do Estado, ou de estruturas arcaicas de poder, sejam quais forem: do xamanismo ao Estado Moderno. Como afirmei, a moeda nasce do sistema de trocas, como seu pressuposto, não como consequência do desenvolvimento "natural" das relações sociais de produção. Entretanto, a moeda, no modo de produção capitalista, assume a forma de categoria universal, forma geral e (perfeita) da riqueza cujas repercussões particulares se alastram pelo processo de acumulação. Não há antologia, nem natureza humana que fundamente a organicidade do processo de soberania monetária.

O que é fato concreto é a violência da revolução capitalista (monetária-industrial) como "parteira da história" ao impor a metamorfose da luta de classes pelo sistema de exploração do Estado Moderno aliado ao capital para empreendimento do desenvolvimento do modo de vida moderno, o que implicou na transformação dos sistemas de dominação das tradições político-religiosas em um sistema de dominação centrado no poder político do dinheiro, ou como Marx aponta diversas vezes: o capitalismo implica no derretimento dos sólidos valores da tradição pelo oferecimento formal da igualdade e da liberdade e o movimento real de exploração da relação social capital sobre os homens sociais transformados em mercadoria-trabalho.

O naturalismo escondido nos postulados "chiques" da heterodoxia da Moderna Teoria Monetária, revela sua ancestralidade na teoria econômica tradicional: a incapacidade de incorporar o dinheiro como essência da dominação do capital, o trabalho como ferramenta dessa dominação e a própria hegemonia do poder político do dinheiro como fenômeno historicamente constituído. A MMT não é moderna, nem revolucionária. Se tanto, para o gosto dos acadêmicos é uma teoria coerente, mas está longe de apresentar consistência na captura do movimento real das transformações sociais. Ratifico meu respeito a essa agenda de pesquisa, mas não subscrevo o ânimo em torno de suas conclusões teóricas.

3 Paixão ou viuvez?

Luiz Alberto, com razão, atribui aos fenômenos contemporâneos do capitalismo a completa perturbação constrangedora que a teoria econômica tradicional sofre desde a crise de 2008. Entretanto, Betinho, atribui à MMT, também, a capacidade de colocar-se como alternativa prática aos dilemas econômicos que compõem o elenco de feições violentas da sociedade contemporânea, marcada pelo desemprego estrutural, pela fome, pela precariedade do trabalho e pela, até então, inconclusiva moldura política nos planos da geopolítica e da luta de classes.[7]

O exemplo do Plano Biden como remédio para as alucinações de Trump e similares, fermentado pela inspiração teórica na MMT, oferece a contraprova do poder "revolucionário da MMT". De fato, as políticas econômicas "não-convencionais" de combate à longa crise de 2008, muito se aproximam das recomendações dos teóricos da MMT. Bem como, é fato notório, que o Plano de investimentos de Joe Biden tem influência direta desse arcabouço teórico.

---

[7] VIEIRA FILHO, Luiz Alberto Marques. "MMT, post-keynesians and currency hierarchy: notes towards a synthesis". *Real-World Economics Review*, set. 2021.

Entretanto, assim como relógios conseguem acertar as horas pelo menos duas vezes ao dia, os MMTistas se socorreram das obviedades para se proporem revolucionários em relação aos incautos economistas pós-keynesianos que dominaram a cena ideológica desde a primeira década dos anos 2000.

Apaixonados por seu sistema hermeticamente fechado, os teóricos da MMT oferecem como remédio o endividamento público ilimitado e nisto tem total validade, dadas as preocupantes tendências do afastamento entre as condições de subsistência pela via do trabalho formal e a crescente concentração da riqueza que desestrutura a demanda por trabalho nas economias capitalistas. Entretanto, não há no arcabouço da MMT nada que aponte para o direcionamento do gasto público, senão os tradicionais apelos das demais heterodoxias pela adoção de sistemas de transferência de renda universais e a atuação do Estado na absorção do excedente da oferta de trabalho (o Estado como empregador de última instância).

Tais recomendações, válidas e pertinentes, resolvem um lado da questão ao redirecionarem o circuito do gasto diretamente para aqueles incapazes de participar do mercado de trabalho e que absorvem o ônus da concentração da riqueza, observado na fome e na insuficiência de renda como realidade cotidiana das bilhões de pessoas à margem do processo de centralização da propriedade sobre a riqueza.

Entretanto, a viuvez que a MMT preserva em relação às parcelas pinçadas criteriosamente das obras de Keynes, impedem que as questões da dominação do dinheiro sobre os homens, da concentração de renda e do contraditório intercurso entre o endividamento do Estado e acumulação privada da riqueza, concentradora e excludente, sejam discutidas efetivamente.

Keynes recomendava: a socialização dos investimentos, algo absorvido pelas premissas da MMT. Entretanto, Maynard não parou por aí, recomendou também a eutanásia do rentista, portanto, o estabelecimento de barreiras concretas na luta pela soberania monetária do Estado ante aos sistemas financeiros. Logo, recomendou a batalha política do Estado pela soberania monetária, assumindo, explicitamente, que essa prerrogativa não é nem lógica, nem naturalmente constituída.[8]

A eutanásia do rentista rivaliza com os pressupostos lógicos da MMT, enquanto expõe a condição da Moderna Teoria Monetária, enquanto "nova" forma de justificação do modo de dominação capitalista baseado no amor ao dinheiro pelo indivíduo utilitarista, uma dimensão psicossocial que vai de encontro às determinações políticas do dinheiro sobre o modo de vida moderno, algo inabarcável no arcabouço da MMT.

Tal incapacidade de absorver a questão do poder, da luta pela dominação no desenvolvimento teórico acaba por transformar a viuvez apaixonada dos apóstolos da MMT, novamente, em esforço de justificação da dominação do capital sobre os homens através do feitiço do dinheiro que, lembremos, é "criatura do Estado".

Sem falar de soberania no âmbito do poder, aprisionando o conceito ao seu substrato material e econômico, a MMT permanecerá como colcha de retalhos entre velhas e novas ideias, como teoria monetária do caixeiro viajante.

Referências Bibliográficas

CONCEIÇÃO TAVARES, Maria. *Ciclo e crise: o movimento recente da industrialização brasileira*. Campinas: Instituto de Economia da Unicamp 1998.

KALECKI, Michael. *Teoria da dinâmica capitalista*. São Paulo: Abril Cultural, 1978.

KEYNES, John Maynard. *A teoria geral do emprego, do juro e da moeda (Coleção Os economistas)*. São Paulo: Nova Cultural, 1996.

---

[8] KEYNES, John Maynard. *A teoria geral do emprego, do juro e da moeda (Coleção Os economistas)*. São Paulo: Nova Cultural, 1996.

KEYNES, John Maynard. *The treatise on money*. Cambridge: Cambridge University Press, 2013

VIEIRA FILHO, Luiz Alberto marques. "MMT, post-Keynesians and currency hierarchy: notes towards a synthesis". *Real-World Economics Review*, set. 2021.

CAPÍTULO XXIII

O LIBERALISMO DAS CAVERNAS

NATHAN CAIXETA

Não demorou para que os distúrbios da Economia global, gerados com a escalada inflacionária do último ano e, mais recentemente, com a guerra Russo-Ucraniana, estimulassem os economistas a remexerem as covas das teorias mortas a cem anos.

Destaco a recente presepada de Martin Wolf, na *Folha de São Paulo*, em sua tentativa de ressuscitar o monetarismo de Milton Friedman.

O Economista inglês desfiou os postulados da ortodoxia monetária até ver-se incapaz de juntá-los num argumento coerente. De início, recupera a célebre frase de Milton Friedman: "Toda inflação é um fenômeno monetário".[1]

Bravateiro que só, Friedman encobria essa suposição com um ornamento para lá de estiloso: os níveis de inflação guardam

---

[1] WOLF, Martin. "Inflação aumenta e monetaristas se realizam". *Folha de São Paulo*, fev. 2020.

relação com níveis compatíveis de desemprego. Quando o governo emite moeda de modo a forçar a taxa de juros para níveis inferiores ao seu patamar "natural", Bazinga! Ilusão!

O nível de emprego se eleva superficialmente, deixando o rastro de ilusões da inflação. Com algum atraso, os agentes econômicos se desfazem dos encantos inflacionários, e a redução da atividade econômica se converte, novamente, em desemprego. Essa situação produz o termo comum que tem habitado os noticiários econômicos: a estagflação, isto é, desemprego mais inflação.

No tempo de Friedman, essa teoria não amealhou mais de dois ou três seguidores. Seu sucesso veio quando o cenário da estagflação abateu os EUA na década de 1970. Os dois choques do petróleo e o movimento das finanças e dos bancos centrais contra a hegemonia monetária norte-americana, forjaram um manto para as concepções de Friedman: "se a inflação é um fenômeno monetário, a moeda é uma questão de hegemonia".

Não deu outra. Paul Volcker encontrou na doutrina de Friedman, a salvaguarda para matar dois coelhos com uma martelada só. Após uma reunião com os principais banqueiros centrais do mundo, Volcker lançou sua carta na manga (certamente retirada do baralho de Friedman): em 1979, triplicou as taxas de juros nos EUA, causando uma abrupta valorização do dólar, e consequentemente, uma fuga desesperada para a moeda norte-americana. Com isso, não apenas lançou à falência as propostas de alemães e japoneses de substituir o dólar como moeda internacional, como posteriormente arrasou a competitividade industrial japonesa.

Nos EUA, a inflação cedeu ao longo da década de 1980 às custas de uma recessão prolongada e de uma taxa de desemprego que só cairia nos anos 1990.

A escalada inflacionária recente, resultado direto da desorganização da oferta global durante os períodos mais duros da pandemia, encontra no liberalismo das cavernas um remédio venenoso.

CAPÍTULO XXIII – O LIBERALISMO DAS CAVERNAS

De fato, a Economia global e, especialmente, a brasileira estão enterradas na estagflação. Martin Wolf, acompanhado da dupla Guedes-Campos Neto, acredita ser capaz de remendar o monetarismo para justificar as falhas do sistema de metas de inflação.

Desconsiderando, quanto mais, os impactos da oferta sobre a inflação, atribuem à expansão monetária realizada para conter os efeitos pandêmicos sobre a Economia, as raízes para a inflação. Adicionando uma pitada dos teóricos das expectativas racionais, culpam os banqueiros centrais de estimularem a remarcação de preços ao persistirem no comedimento para elevarem as taxas de juros.

Pergunta inevitável: não fossem os estímulos fiscais e monetários, quantas pessoas mais teriam morrido, pelo vírus, ou pela fome? para piorar, qual o impacto de uma iminente crise de crédito global, não fosse a liquidez injetada nos sistemas financeiros?

Não se trata de escolher entre inflação e desemprego, mas de percebermos as conexões sistêmicas que envolvem o capitalismo globalizado. Se o abacaxi monetário-financeiro não fosse suficiente, a inflação adquiriu novas cores com a escalada do preço do petróleo, anunciando novos tormentos para os Bancos Centrais.

Na Banana Republique, Bolsonaro já deu a letra, ao anunciar a intenção de privatizar a Petrobrás, após blefar com a intervenção na política de preços. Para piorar, o Banco Central brasileiro puxa do baralho de Friedman a medida do choque monetário, pretendendo derrubar a inflação para o próximo ano. Até agora, Campos Neto agiu sem sucesso, enquanto Guedes posa jactante pelo retorno do dólar ao patamar dos "cincão", esperando a decolagem da Economia. Infelizmente, o avião de Guedes é o único que voa no chão.

A inflação brasileira só pode ser afetada pela elevação das taxas de juros, caso a Economia despenque. Fora isso, sobram os cânticos de Paulo Guedes, entoados ao deus-mercado, na esperança que a melhoria mixa no resultado fiscal, recupere a confiança do empresariado de que, vejam só: novas ilusões causadas por expansões monetárias não virão e a inflação retornará à meta.

Na Terra Tupiniquim, a preferência parece ser a contenção dos reajustes salariais, ao invés da constituição de estoques reguladores e ações de controle sobre os preços dos insumos centrais para a economia (energia, petróleo etc.). Como sempre, a conta foi para o bolso do trabalhador.

Ao redor do mundo, especialmente, na terra do Tio Sam, a turma sabe que o buraco é muito mais embaixo. A década das injeções monetárias pós-crise de 2008, demonstrou quão complexa se tornou a administração da política monetária, na ausência de salvaguardas regulatórias.

Ao manter persistentemente baixas as taxas de juros, injetando dinheiro nos balanços bancários, os Bancos Centrais tornaram o esforço de elevar as taxas de juros, um flerte constante com a crise sistêmica. Isso porque o grau de conexão do sistema de crédito global é tamanho que os choques monetários, produzem, de duas a uma: ou, célere desvalorização dos ativos, gerando uma nova crise de 2008, ou um desajuste no sistema monetário internacional, isto é, uma desvalorização brutal das moedas em relação ao dólar. Nos dois casos, o liberalismo das cavernas não encontra remissão. Uma crise sistêmica fará com que os atuais adoradores de Friedman, se arrependam ao raiar do dia, passando a carregar o velho Keynes embaixo do braço. A desvalorização cambial, em escala global, produz mais inflação.

A situação atual é muito mais complexa:

Os Bancos Centrais estão numa sinuca de bico: ou detonam a atividade economia, correndo o risco de estourar bolhas financeiras no processo de elevação das taxas de juros, ou se mantém em sobreaviso em relação aos impactos da Crise Russo-Ucraniana sobre os mercados financeiros;

CAPÍTULO XXIII – O LIBERALISMO DAS CAVERNAS

Depois da adoção do sistema de metas de inflação (pronunciadas, ou não), os operadores da política econômica se esqueceram que existem choques de oferta (desvalorizações cambiais, crises energéticas, elevações nos preços internacionais de insumos, como petróleo e gás, descontinuidades produtivas nos setores agrícola e industrial etc.). Resultado: a política monetária sequer consegue atuar sobre as taxas de câmbio, restando apenas o bom e velho instrumento da regulação: financeira sobre os movimentos de capitais, contenção dos preços dos insumos básicos e constituição de estoques reguladores.

O remodelamento das instâncias geopolítica e da geoeconomia das últimas décadas apresentou a ultrapassagem da indústria chinesa sobre a norte-americana, e nessas semanas, revelou um de seus mais abruptos movimentos: a Rússia passou a questionar abertamente a influência norte-americana, munida das intenções chinesas em deslocar o poderio do dólar na denominação de transações internacionais.

O mundo está passando por uma nova Grande Transformação, diz a memória que temos de Polanyi. Enquanto isso, os liberais se apegam a um velho mundo para justificar suas velhas concepções. Nos anos 1920, a escalada autoritária aproveitou-se dos distúrbios econômicos para eleger os "adversários da paz e da ordem", enquanto o reino hegemônico da vez, o Império Britânico, caía aos pedaços juntamente ao sistema monetário internacional.

Sem soluções práticas, o liberalismo pragmático se vê novamente sem saídas. O neoliberalismo é engolido pelo discurso autoritário, enquanto a concorrência capitalista que pretende estimular deprime o homem comum, desempregado e desvalido, tornando-o terreno fértil para que os discursos do passado, se tornem esperanças de futuro.

Referências bibliográficas

WOLF, Martin. "Inflação aumenta e monetaristas se realizam". *Folha de São Paulo*, fev. 2020.

CAPÍTULO XXIV

O ECONOMISTA QUE DESCOBRIU A MOEDA: MARTIN WOLF SAI DA CAVERNA

NATHAN CAIXETA

Argumentei em um texto anterior que Martin Wolf permanecia aprisionado na caverna da Curva de Phillips, a herança paleozoica do liberalismo monetário. Me enganei (?).

Em artigo recente, Wolf opera vendido, seguindo as opiniões dos economistas que atribuem ao FED uma lentidão imperdoável no curso de elevação da taxa de juros, contra uma inflação que dispara com a maior velocidade em 40 anos e cuja desaceleração concorre contra o tempo.[1]

O doutor da London School, assesta suas suspeitas em relação à lassidão do Federal Reserve: "Um pouco suave nos EUA é possível, mas improvável". Completando com as lições herdadas

---

[1] WOLF, Martin. "Um pouso suave nos EUA é possível, mas improvável". *Folha de São Paulo*, maio. 2022.

do monetarismo: "é otimista pensar que uma recessão não será necessária para conter a inflação, assim como a ideia de que é possível evitá-la".[2] Até aqui, Wolf permanece na caverna, esperando que o espírito das luzes o salve da ignorância a respeito do futuro.

Invocando as palavras de Jerome Powell, Presidente do FED, quando da elevação da taxa de juros em 0,5% em 4 de maio, o articulista do Financial Times, dispara:

> O que o renovado compromisso do Fed de baixar a inflação significa para o futuro? Powell afirmou de maneira otimista que "temos uma boa chance de ter um pouso suave ou quase suave". Com isso ele quis dizer que a demanda se reaproximará da oferta, o que por sua vez poderá "baixar os salários e a inflação sem ter de desacelerar a economia e ter uma recessão e fazer o desemprego aumentar materialmente".[3]

Contrariando o comedimento de Powell, Wolf questiona:

> O mais intrigante sobre essa linha de argumentação não é a confissão de que o caminho sugerido será duro de alcançar, mas a crença de que ele chegará ao seu destino. Seria possível reduzir a inflação à meta apenas podando o superaquecimento do mercado de trabalho?... Se alguém acredita que ela simplesmente vai se desfazer depois de um endurecimento modesto, deve pensar que a inflação é na maior parte "transitória". Isso é altamente otimista.[4]

---

[2] WOLF, Martin. "Um pouso suave nos EUA é possível, mas improvável". *Folha de São Paulo*, maio. 2022.

[3] WOLF, Martin. "Um pouso suave nos EUA é possível, mas improvável". *Folha de São Paulo*, maio. 2022.

[4] WOLF, Martin. "Um pouso suave nos EUA é possível, mas improvável". *Folha de São Paulo*, maio. 2022.

CAPÍTULO XXIV – O ECONOMISTA QUE DESCOBRIU A...

Para o homem da caverna monetária, o desemprego não é só inevitável, assim como o arrocho dos salários nominais, mas ambos formam condições necessárias para domar as expectativas de inflação, quando acompanhadas de uma política monetária que conduza a taxa de juros ao seu patamar natural. Dando voltas na caverna, o empréstimo da única fresta de luz existente, sombreia, novamente, os eixos da Curva de Phillips na imaginação de Martin Wolf.

Esmagando os ossos sobre as pedras que sustentam a estreiteza da caverna (e do pensamento), o economista escapa da caverna, topando no susto com *estrutura da realidade* que ordena as relações no capitalismo globalizado. Tropeçando no altar luminoso da realidade, Wolf desafia o caminho mais cômodo de retornar à escuridão:

> Outra incerteza, provavelmente mais importante, é sobre como a política monetária mais dura afeta as condições financeiras nos EUA e em outros países. Não devemos esquecer que há níveis excepcionalmente altos de dívida denominada em dólares em todo o mundo. Além disso, os preços dos ativos também alcançaram níveis extremos: os preços da habitação nos EUA (medidos no Índice Nacional de Preços de Residências S&P/Case-Shiller, deflacionados pelo índice de preços ao consumidor) em fevereiro de 2022 foram 15% mais altos que antes da crise financeira; e a proporção de preços/ganhos sobre ações, ajustada ciclicamente, foi mais alta do que em qualquer período desde 1881, exceto o final dos anos 1990 e início dos 2000. Colapsos nos preços dos ativos em reação ao endurecimento monetário turbocarregaria a política do Fed, mas de maneira imprevisível. Até uma ação modesta do Fed teve grandes impactos: as taxas de juros saltaram e os mercados entraram em turbulência.

> O que vimos é o fim desse tumulto ou, como parece mais provável, apenas seu começo?[5]

O economista, ao conhecer o dinheiro, age com o mesmo estranhamento do prisioneiro da caverna ao conhecer a luz: ou se vê obrigado a abandonar a neutralidade da moeda (que impõe a escolha entre desemprego e inflação), ou, ao negar-se ao abandono, improvisa a inclusão da moeda e do tempo no modelo que assegura a naturalidade da taxa de juros para equilibrar o mercado de trabalho aos movimentos de preços e salários.

O resultado desse jogo complexo contra a própria escuridão do pensamento é ingrato: para que a Curva de Phillips funcione, a moeda e o tempo são massivos demais para habitar o mesmo espaço que abriga a caverna do monetarismo. O modelo não implica, mas pressupõe a inexistência de perturbações endógenas vindas da temporalidade da riqueza monetária.

A vista da luz de uma realidade não determinada somente pelos choques externos de salários e preços, Wolf recua para a caverna, apostando suas fichas no "pouso suave" da inflação, mediante o desemprego e o risco de uma nova crise financeira global:

> Infelizmente, é muito provável que agora seja necessária uma recessão para manter sob controle as expectativas de inflação. Além disso, mesmo que venha a ser desnecessária, porque a inflação simplesmente desapareça, uma recessão ainda pode ocorrer, simplesmente porque até uma política modestamente mais rígida causa o caos nos frágeis mercados de ativos de hoje. Mas o Fed tem de sustentar sua credibilidade combalida em relação à inflação. Esse é o coração do

---

[5] WOLF, Martin. "Um pouso suave nos EUA é possível, mas improvável". *Folha de São Paulo*, maio. 2022.

mandato do banco central. Ele precisa juntar sua coragem e fazer o que é necessário.[6]

A sétima face de Carlos Drummond de Andrade, desnuda o ensinamento de que a coragem para o necessário é a antípoda da miséria vinda do mundo real.[7] No capitalismo não existem pousos suaves, entre o meio céu e o meio inferno. Existe o inferno da pobreza e o céu da riqueza. De volta à caverna, o economista que descobriu a moeda como coisa, esqueceu-se de investigar seu funcionamento como convenção social.

Referências bibliográficas

DRUMMOND DE ANDRADE. "Poema de sete faces". *In*: _____. *Alguma Poesia*. São Paulo: Pindorama, 1930.

WOLF, Martin. "Um pouso suave nos EUA é possível, mas improvável". *Folha de São Paulo*, maio. 2022.

---

[6] WOLF, Martin. "Um Pouso suave nos EUA é possível, mas improvável". *Folha de São Paulo*, maio. 2022.
[7] DRUMMOND DE ANDRADE. "Poema de sete faces". *In*: _____. *Alguma Poesia*. São Paulo: Pindorama, 1930.

CAPÍTULO XXV

ESTABILIDADE MONETÁRIA *VERSUS* CONTROLE DA INFLAÇÃO: PLANO REAL E A MACROECONOMIA DAS ILUSÕES, PAPOS ENTRE "MÚSICA E FUTEBOL"

NATHAN CAIXETA

Entre 1958 e 1994, três eram os problemas nacionais que reuniam os anseios do caboclo aos dos ricaços e ilustrados da elite brasileira: o futebol, a música e a inflação.

1 Guisa: música e futebol

Nos gramados, Pelé havia "inaugurado" um novo esporte ao reunir técnica, preparo físico, percepção privilegiado do espaço e a criatividade, marca características de nossos craques. No espaço de 12 anos, vencemos 3 Copas do Mundo, reunindo uma constelação de gênios.

Após 1970, nem os remanescentes da Copa do México, nem os craques da geração de 1982 conseguiram de trazer o "caneco" do triunfo ao seu lar habitual. Apenas quase três décadas depois,

Galvão Bueno pode gritar: "É tetra...", com o baile de Romário e Bebeto que faziam, ao estilo de Pelé e Garrincha, as tabelinhas que contrariavam a proposta defensiva de Parreira. O estilo do *"show"*, do drible, da criatividade foi substituído pela rigidez tática, pela retranca, pois se a magia perdeu para a força, frustrando as seleções de Telê Santana: o importante tornou-se ganhar pela força, mesmo que para isso a criatividade perecesse.

Movimento semelhante ocorreu com a música nacional que nos idos dos anos 1950-1960 mostrava ao mundo a "bossa-nova", logo depois, a MPB, a Tropicália, estilos que respondiam uns aos outros, colecionando os elementos do samba de roda, do cordel nordestino, do sertanejo. Até mesmo o rock nacional nasceu ligando as guitarras aos tambores. Com a avalanche cultural norte-americana, pouco a pouco, as raízes culturais da música nacional foram sendo misturadas aos símbolos universais da autofagia artística, substituindo no ritmo, na melodia e nas composições a "brasilidade" de nossa música, como registou o hino de Nelson Sargento "Samba agoniza, mas não morre":

> Samba,
> Inocente, pé-no-chão,
> A fidalguia do salão,
> Te abraçou, te envolveu,
> Mudaram toda a sua estrutura,
> Te impuseram outra cultura,
> E você não percebeu,
> Mudaram toda a sua estrutura,
> Te impuseram outra cultura,
> E você não percebeu.[1]

---

[1] AGONIZA, mas não morre. Intérprete: Nelson Sargento. Compositor: Nelson Sargento. *In*: Nelson Sargento. *Sonho de um sambista*. São Paulo: Estúdio Eldorado, 1979.

2 Economia Política, futebol e música: dois chopps, por favor!

Os porões da Universidade, dos congressos e seminários sobre Economia Política, ou qualquer outro tipo de Economia que os economistas pretenderam inventar, aspira o tédio há quem não está embebido no circuito do cotidiano intelectual e político.

O futebol é capaz de reunir públicos em torno de mesas de bar, abarrotados nos Estádios, ou em torno de aparelhos de rádio e televisão. A música, hoje universalmente disponível via *internet*, sempre conseguiu reunir multidões de almas, dançantes ao tom da poesia.

O Futebol é um fenômeno de massas. Não há quem não conheça Messi e Pelé. A música foi massificada, especialmente nas culturas periféricas. O samba no Brasil trouxe o morro ao asfalto, anunciando à alta elite, um fulgor cultural que unia os laços do quilombo à poesia do cotidiano. No Nordeste, Luiz Gonzaga sanfonou os versos do Sertão Veredas. Do Sertão também nasceu o "Menino da Porteira", representante do menino embalado pela música "caipira". Recentemente, o Rap e Funk tem tomado à frente do testemunho cotidiano de que "até no lixão nasce flor", chegando "para abalar a zorra toda".

No universo paralelo que conecta o escritor ao leitor é possível reunir, o apreciador de futebol, da música brasileira e o economista. Vamos à mesa de Bar, pedindo uma bela média de "cana", dois chopps e alguns cigarros para espantar mosquitos, diria Noel Rosa. O economista, ranzinza porque seu diploma não garante permuta, começa bradando:

"Se tudo continuar assim, o câmbio vai às alturas, os juros irão com ele e a inflação vai voltar"

"Que papo chato! Quem é essa tal de inflação? Jogou onde? Toca o quê?", perguntam o torcedor e o músico

Após mais alguns chopps, a conversa esquenta, pois, as distinções possíveis à primeira vista desaparecem quando o tom etílico doma o ritmo da contenda. Então, surge a única concordância possível, e como em uníssono grito de pênalti, dizem:

"Trocaram o drible pela tática, a poesia pela sonoplastia, o desenvolvimento econômico pelo controle da inflação. O Brasil parece com tudo, menos consigo mesmo!"

3 Plano Real e a Copa do Mundo: FHC ou Parreira?

Em 1993, a Seleção Brasileira estava sob eminente risco de não participar da Copa do Mundo pela primeira vez na história. O povo convocou Romário e o "baixinho" fez dois gols contra o Uruguai, classificando o Brasil que seria Campeão do Mundo, acabando com o jejum de Copas. Os cronistas esportistas à época criticavam Parreira, que optou pelo esquema da solidez defensiva, deixando que o gênio da área resolvesse na frente e Taffarel "garantisse lá atrás". Entre as Seleções de 1970 e 1982 havia um signo quase cósmico em torno do jogo: a magia dos pés que enfeitiçava a bola. Em 1994, a razão tomou o lugar da magia e o cosmos foi arrebatado pelo "bico para frente". De lá até então, o futebol brasileiro, com raras exceções, privilegia a tática ao drible, à criatividade, à "brasilidade" do esporte inglês que mudou de sotaque e passou a falar "Canarinho".

Enquanto a Seleção agonizava nas eliminatórias para a Copa, o país sofria de igual desespero com a inflação galopante que chegou a 2477% ao ano em 1993. Para se ter uma ideia, a cada hora 1 real guardado no bolso dos brasileiros perdia-se 3 centavos de valor. Ao final do mês, o salário recebido no início valia 31% a menos. A saída de Collor de Mello e o festival de Ministros da Fazenda de Itamar Franco agravavam o quadro e o inimigo público do cidadão persistia, sendo há uma década o índice de preços.

Quem tinha acesso ao sistema financeiro, não apenas podia se proteger da corrosão inflacionária, como ganhava com ela através da "financeirização" da moeda-bancária, valorizada diariamente pela correção segundo o índice de inflação.

Apenas em advertência à verborragia aglomerada no debate acadêmico sobre a inflação no Brasil, é devido desatar a confusão causada pela associação entre o caso brasileiro e as hiperinflações dos anos 1920.

A hiperinflação se caracteriza pela nulidade das funções da moeda, enquanto unidade de conta, reserva de valor e meio de pagamentos. Em cadeia, as funções vão desligando-se da moeda e fixando-se em outros tipos de ativos. Primeiro financeiros, depois ativos reais (imóveis, carros etc.). Logicamente, a reserva de valor "puxa" à nulidade das outras duas funções, fazendo com que as pessoas passem a adquirir bens para se livrar do dinheiro, pois "se um imóvel se desvaloriza em 1 ano, a inflação abocanha o valor do dinheiro em 1 dia".

Foi devido ao estranho e contraditório formato do sistema financeiro nacional que a inflação brasileira não se converteu numa hiperinflação, embora tenha assumido alguns de seus aspectos. Contudo, embora carros, imóveis, joias e outros ativos reais fossem atrativos para se livrar do "dinheiro azarão", os títulos bancários de poupança foram os preferidos àqueles que tinham acesso ao sistema financeiro. Aplicando na poupança, o depositante não apenas retrancava seus bolsos em relação ao ataque inflacionário, como contra-atacava ganhando com a corrosão do valor da moeda. Este aspecto é fundamental, pois reside nessa "retranca financeira" as dificuldades e especificidades do controle da inflação no Brasil desde os anos 1980.

Em fevereiro de 1994, FHC como Ministro da Fazenda de Itamar anunciou o Plano Real, esboçado por uma equipe de competentes economistas. A preparação do Plano seria complicada: o país estava em moratória, contando os centavos para fechar os saldos externos, a atividade industrial descadeirada pela avalanche representada pela abertura comercial e orçamento público depenado pelas despesas financeiras. O diagnóstico era o mesmo dos demais planos tentados anteriormente, assemelhando-se mais ao Plano Cruzado de 1985: deve-se indexar a moeda a uma âncora cujo controle possa ser manejado pelo Governo. Para a estratégia dar certo pressupunha-se: "solidez fiscal" e ajuste das contas externas, só para começar. Uma primeira fase bem difícil!

Mesmo antes da Seleção de Parreira estrear na Copa dos Estados Unidos, Pedro Malan já havia ido aos credores internacionais renegociar a dívida externa. As condições? – O Brasil deveria se comprometer com contenção de despesas públicas, ampliar a abertura comercial e financeira, e sobretudo, prezar pelo pagamento da dívida a despeito de tudo. De TUDO, MESMO! Inclusive dos programas sociais, do crescimento dos empregos e da indústria nacional. Acordo fechado, apito inicial!

No início dos anos 1990, os banqueiros internacionais abasteceram os mercados financeiros da periferia com uma proposta irresistível: arrumar as contas externas em troca de um palavrão: a securitização das dívidas que, em bom português, quer dizer – "melhor um na mão, do que dois voando". Dessa forma, os bancos receberiam parte das dívidas impagáveis que os países periféricos, como o Brasil, haviam contraído e esses países poderiam incluir-se no "clubinho" da globalização prenunciada pelo famoso consenso de Washington. O Plano Real em relação aos outros planos anteriores já começava com um gol de vantagem, ou pelo menos, jogando com um homem a mais: o apoio norte-americano e dos banqueiros internacionais.

Se Parreira tinha Bebeto e Romário, FHC teve a plataforma perfeita para lançar-se candidato à presidência, pois, logo que entrou em circulação o Plano Real conseguiu golear a inflação, ancorando a Unidade Real de Valor (URV) aos dólares que entraram inicialmente por um empréstimo do FMI e depois pela caça de investidores estrangeiros por ativos baratos (em dólar) no Brasil.

O pecado de Roberto Baggio ao chutar para fora a bola do título do Brasil, corou o defensivismo de Parreira e enterrou a magia de Telê Santana. Fernando Henrique Cardoso, disse: "esqueçam do que eu escrevi", para completar na campanha eleitoral, "enterrarei a Era Vargas no Brasil", ou seja, a ideia do Estado enquanto agente do desenvolvimento nacional. Assim foi feito!

Arrigo Sacchi, técnico italiano, foi contido por Parreira na final da Copa. FHC reforçou a defesa fiscal, assaltando o orçamento de seguridade social, e lançou a armadilha do contra-ataque: privatizou tudo o que conseguiu. Dois cavalheiros, mas "retranqueiros", Parreira "deu uma" de Fernando Henrique e vice-versa.

4 Inflação, inflação e dinheiro na mão!

O Plano Real acabou com a escalada inflacionária no Brasil. Remendada a constituição para que o Plano e a reeleição de FHC coubessem no orçamento público, a farra dos dólares se esgotou em 1999, quando Gustavo Franco descobriu na prática o que Keynes havia avisado aos alemães quase 80 anos antes: transferir recursos ao exterior com sua moeda atrelada aos fluxos estrangeiros é (com o perdão da paráfrase maledicente) "cuspir para cima, esperando cair na testa". Franco chutou as taxas de juros nas alturas, não adiantou, tendo sido posteriormente demitido.

Francisco Lopes inventou a "banda diagonal endógena" pela qual as flutuações da taxa de câmbio seriam administradas seguindo uma variação previamente anunciada. Belluzzo recorda em entrevista, o espanto de João Manuel Cardoso de Mello ao saber da engenhoca de Chico Lopes: "a última diagonal que deu errado foi a do Flávio Costa na Copa de 1950", quando o Brasil perdeu para os uruguaios no "Maracanaço".

Não deu outra. As crises mexicana, asiática e russa nos três anos anteriores prepararam o terreno para o estourou do dólar forçado a uma desvalorização brutal, desfazendo a potência do tomate-francês mais barato que o brasileiro, durante os anos em que o real valeu mais que o dólar. O que havia dado errado? A inflação voltaria com sua âncora debilitada?

Aí vamos nós para o cerne do controle inflacionário. O que efetivamente derrubou a inflação não foi a magia da valorização cambial continuada, mas a autocontenção das raízes históricas da inflação brasileira: o cenário internacional, este sim, responsável por segurar os impactos dos preços internacionais sobre os preços internos e, mais ainda, desvalorizar o dólar com grande ajuda da indústria chinesa. Os chineses exportavam manufaturas tão baratas que o poder de compra (em dólares) das outras moedas aumentava, além de absorvem em ritmo acelerado títulos públicos norte-americanos, freando qualquer pressão de valorização do dólar, portanto, uma desvalorização do real.

O que ocorre em 1999 é o inverso, as crises financeiras do exterior forçaram a valorização do dólar contra a qual nenhum dos *showmens* do Plano Real poderia lutar. Em 2000/2001, o Brasil recorre novamente ao FMI para conter a desvalorização do real e recebe como contrapartida a cartilha de ilusões macroeconômicas que durariam até hoje, arrefecendo e acelerando seu grau de efetividade: o tripé macroeconômico de Armínio Fraga.

5 O tripé macroeconômico, meio Garrincha, meio Dadá Maravilha

Esse arranjo consistia em trocar o controle da âncora cambial por uma administração controlada, deixando que o dólar flutuasse livremente; metas para o orçamento fiscal, o que forçou, federação, estados e municípios a adotarem a lei de responsabilidade fiscal que simbolizou constitucionalmente o desarranjo do pacto federativo da Constituição de 1988; metas para a inflação anunciadas com antecedência pelo Banco Central na tentativa de "negociar" com as expectativas de mercado a fixação das taxas de juros (a meta Selic e a taxa corrente).

O que difere, em substância, o tripé da hipervalorização do real entre 1994-1999? O modelo mudou, sem que seu objetivo e seu calcanhar de Aquiles fossem desfeitos. A valorização cambial continuada era sensível às crises internacionais. O tripé, igualmente sensível aos desfavores do exterior, reforçava com arrames o controle da inflação com um arranjo político: a manutenção de elevadas taxas de juros e contenção das despesas públicas para que o orçamento fechasse no azul, foi assim, de 2000 a 2014.

Os governos petistas não mexeram no tripé. Ao contrário, a perda de competitividade da indústria brasileira persistiu em ritmo acelerado, entretanto, contaram com as bençãos da conjuntura internacional no casamento entre a oferta chinesa e a demanda norte-Americana. Os avanços das políticas sociais ocorreram com esmero invejável, mas estiveram subordinados ao pagamento dos juros da dívida ao setor financeiro.

O esquema que permitia a sustentabilidade do tripé macroeconômico denunciava sinais de colapso entre 2011 e 2013, quando a economia global atravessa um período de forte instabilidade financeira, devido aos efeitos da crise de 2008 e da crise do Euro entre 2011-2012, e produtiva-comercial, pois se iniciava ali o reequacionamento das diretrizes tecnológico-comerciais que marcaram a década de início da revolução industrial 4.0.

A elevação nos preços das commodities que haviam possibilitado à valorização cambial excessiva desde 2005-2006 havia se esgotado. O ciclo de consumo de bens duráveis, afiançado pela política de valorização do salário-mínimo que sustentou o crescimento econômico até 2012-2013, também desacelerou.

Reunidos, esses fatores colocaram em xeque a operação do tripé, pois com a prenunciada desaceleração da economia e a tendência à desvalorização do câmbio, jogariam os operadores da política econômica numa encruzilhada impossível: elevar o gasto fiscal para manter o crescimento da economia, ou elevar às taxas de juros para conter a desvalorização do dólar? Contudo, o buraco era mais embaixo, pois não se tratava de uma questão de política econômica, e sim de uma mudança estrutural no complexo financeiro-tecnológico global ao qual o Brasil estava desintegrado e indefeso contra os ataques dos abutres da especulação cambial.

As pernas tortas do tripé emularam os dribles de Garrincha ao passar pelas defesas do inconveniente arranjo entre a política monetária conservadora e a política fiscal expansionista entre 2006-2013. Quando "parado no ar" o tripé macroeconômico, fez feito Dadá Maravilha ao cabecear, conseguindo marcar golaços, colando a inflação à meta.

Contudo, como é de se esperar, o futebol é jogado com bola ao chão, grudada no pé e a política monetária deve perseguir a mesma regra, mais para Garrincha, entortando os desafios impostos pelo crescimento econômico, menos para Dadá, pois a inflação brasileira tem tamanha estranheza com o sistema de metas, quanto Dadá Maravilha teria com um drible à Garrincha.

A desvalorização brutal da taxa de câmbio entre 2014-16 descarrilhou a inflação combatida com um choque de juros (de 10,5% em 2014 para 14,25% em 2015) causador direto de uma elevação da dívida pública bruta em 35,2% no período. Enquanto isso, a turma do "corta, corta" capitaneada por Joaquim Levy atribuiu a elevação da dívida ao "tamanho do Estado", desviando o olhar dos pagamentos de juros da dívida pública atrelados à SELIC, a inflação e ao câmbio.[2]

O tripé foi dissolvido pelas condições internacionais que se seguiram às rodadas de injeção de liquidez na economia global pós-2012. A desvalorização cambial foi fato inelutável. Qual o efeito do choque de juros? O mesmo de um drible de Dadá: bola retomada pelo adversário, nenhum impacto sobre uma inflação.

---

2 BELLUZZO, Luiz Gonzaga. *Manda quem pode, obedece quem tem prejuízo*. São Paulo: Contracorrente, 2017.

Em todo, o Plano Real não morreu, enforcou-se em seus postulados. O mundo mudou e o Banco Central do Brasil manteve-se fiel aos seus senhores, os banqueiros que mandam e desmandam na política de reservas bancárias, na taxa de juros, nas metas de inflação, nas pressões sobre gasto social, em suma, mandam no Brasil!

A inflação foi controlada pelo Plano Real? Sem dúvidas, não sem traumas, ou titubeios, mas mantém-se em ritmo exequível com as condições de oferta e demanda da economia. E a estabilidade monetária, foi alcançada?

Volto à mesa de Bar:

"Mais uma rodada, porque lá vem história boa!"

6 Estabilidade monetária e controle da inflação

O controle da inflação está conectado às condições de oferta e demanda da economia, isto é, com o complexo de relações que envolvem o ritmo de crescimento da demanda, dos salários nominais, da taxa de câmbio e dos preços de insumos e bens básicos "marcados à mercado", tanto pela variação cambial, quanto pela oscilação dos preços internacionais.

Entretanto, um aspecto peculiar das economias em desenvolvimento com elevado grau de fluxos comerciais e financeiros com o exterior, como é o caso brasileiro (com especificidades às quais já vamos) é que, dada a elevada disparidade (em economês se diz "dispersão") entre os rendimentos do trabalho e a desigualdade de renda, os impactos da impulsão do crédito e de elevações do salário mínimo sobre a inflação são arrefecidos pelo ajuste no grau de estoques e na capacidade ociosa das empresas, havendo pouca, ou nula pressão "pela demanda" sobre os preços.

Como demonstra fartamente o histórico da inflação no Brasil, suas razões são hoje, como antes, vindas da oferta, portanto, da oscilação cambial e dos preços internacionais, para além de descontinuidades cíclicas dos bens agrícolas. Decorre disso o fato de nenhum choque de juros tentado no Brasil ter alcançado o sucesso pretendido em relação à inflação, o que fizeram foi tombar a atividade econômica e gerar desemprego.

Roberto Campos Netto e os sábios do COPOM (Comitê de Política Monetária) diante da recente elevação dos preços, maneja a taxa de juros como quem opera um botão de elevador. Se a inflação sinaliza subida, os banqueiros dão o aviso para o ascensorista: "subam a taxa de juros" e, subserviente, a autoridade monetária obedece, pedindo "licença pela demora". Assim foi feito: entre dezembro de 2020 e maio de 2022, a SELIC escalou de 2% para 12,75% ao ano. E a inflação? Segue embalada pelos tambores da oferta, não saindo de ritmo com os tumultos do BC.

Na contramão do controle da inflação, a estabilidade monetária é, com perdão do trocadilho, o inverso do avesso: significa a solidez da moeda no cumprimento de sua dupla função social, como bem-público ofertado pelo Estado e "criado" pelo sistema bancário, e objeto de desejo privado.

Tal situação verifica-se quando a moeda é preferível a qualquer outro bem, sejam ativos financeiros, imóveis caros, carros de luxo, obras de arte, ou um contrato que garanta propriedade sobre grandes empresas, quantidades de algodão, ou palitos de fósforo. Em suma, a moeda é a referência de si mesma, não necessitando da sanção dos preços para ter valor, mas da confiança de que as relações de crédito entre as pessoas denominadas na moeda preservem seu valor ao longo do tempo.

O controle da inflação atua tão somente como contracheque das expectativas das pessoas sobre o valor da moeda. A inflação pode subir, descer, rodar em círculos, ou em parábolas, nada substituirá a moeda. Somente em casos de hiperinflação, mas nestes, inverte-se causa e efeito, pois é porque a moeda perde sua função social que a hiperinflação se instaura e não ao contrário.

7 Rentismo e a retranca da indexação na economia brasileira

Por que as taxas de juros são historicamente altas no Brasil? Antecipando a contenda à qual entrarei apenas pelo fato da explicação auxiliar a argumentação subsequente: as taxas de juros são determinadas pelo jogo de forças político entre Estado e mercado financeiro, em primeira instância, e em última instância (e por última quero dizer residual) pelas condições de liquidez do sistema bancário.

O jogo de forças entre Estado e Mercado impõe-se pela natureza da relação entre o endividamento público e a riqueza privado, pois o primeiro financia a segunda, e ainda atua em sua salvaguarda. As condições de liquidez do sistema bancário, altamente instáveis, são em geral resolvidas por ele mesmo ao atuar na marcação à mercado da taxa de desconto do crédito de um banco para outro com a ressalva de que "se der bode", o Estado entrará injetando dinheiro.

A ideia de que as taxas de juros reais permaneceram altas no Brasil desde o Plano Real até a falência do tripé macroeconômico como condição para o controle da inflação é uma meia verdade, o que implica, obviamente, numa meia mentira.

O que fizeram as taxas de juros elevadas foi operar a contenção da demanda em um cenário de virtuoso crescimento dos rendimentos do trabalho, puxados pela valorização do salário-mínimo. Contudo, esse teatro das ilusões macroeconômicos só serviu para assegurar a valorização cambial excessiva e quando se tornou inviável, os banqueiros exigiram a subida da taxa de juros, como quem sabendo da vantagem do empate, pede ao companheiro que segure a bola ao invés de contra-atacar a crise que abateu a economia brasileira em 2014.

A inflação foi controlada pelo Plano Real e nisto foi vitorioso, descontando os altos custos de desmantelar a competitividade internacional da indústria brasileira. No entanto, a estabilidade da moeda e de suas funções é questionada por uma condição estrutural que faz do Banco Central um cliente do mercado financeiro: a indexação monetária.

O termo "indexação monetária" que já ganhou as mais variadas (e espalhafatosas) interpretações na literatura, simboliza uma situação tão corriqueira que se faz presente nos hábitos do mais humilde locador de imóvel ao mais pomposo gestor de fundo de investimento. Na prática, representa a fixação em contratos de algum indexador (referência) que permita reajustar o valor do contrato seguindo a variação do indexador. Por exemplo, um imóvel locado por mais de um ano cujo reajuste do aluguel é realizado segundo IGP-M, ou títulos da dívida pública que pagam uma taxa de juros acrescida às variações da inflação, ou da taxa de câmbio.

A realização desse tipo de prática comercial-financeira dentre os diversos estratos sociais e níveis de exposição financeira é tão corriqueira e antiga no Brasil que é praticamente inviável mensurar a proporção entre contratos indexados e nominais (sem indexação). Somente a dívida pública brasileira está ancorada em algum tipo de indexador em 65% de seus contratos, metade deles indexados às variações da taxa de juros corrente (*"taxa-over"*).

Disto, podemos inferir uma observação inquietante: se a dívida pública é o ativo mais seguro e líquido depois da moeda, por que mais da metade da dívida brasileira é indexada? Além disso, se o mais seguro é indexado, deduz-se que a prática se estenda para a maioria dos contratos comerciais e financeiros com prazos dos mais variados.

Vamos lá: por que a indexação persiste em nossa economia? Mera convenção social, ou resistência política do setor rentista da sociedade?

8 O poder político dos bancos e o desenvolvimento econômico: os dilemas da indexação

A indexação defende os valores nominais da riqueza financeira do perigoso e ofensivo ataque das oscilações dos juros, do câmbio e da inflação. Defendidos contra as oscilações dessas e outras variáveis correlatas, os gênios das finanças se veem livres para elevar seu grau de endividamento e suas posições de especulação, e, desse modo, lançar um rápido contra-ataque contra a política monetária do Banco Central.

Visto que as remunerações da riqueza financeira estão protegidas das oscilações, a autoridade monetária atua referendando o circuito entre especulação-indexação financeira ao absorver os custos do descasamento de prazos entre as dívidas e as aquisições especulativas dos agentes financeiros. Assim o faz ao operar a administração da liquidez bancária.[3]

Aí expressa-se o poder político do sistema financeiro cuja determinação não é do "econômico para o político", mas de um para o outro, simultaneamente, em um entrelace quase tão afinado quanto as tabelinhas de Bebeto e Romário.

A atuação política do Sistema Financeiro na determinação da taxa de juros acaba por inverter a lógica da estabilidade monetária, entregando-a aos desejos da indexação: o que ancora a solidez das funções da moeda, principalmente, a função fundamental como reserva de valor, no Brasil do Real é justamente a prática da indexação, virando do "avesso" a lógica da ancoragem nominal dos preços, realizada pela preferência das pessoas pelo dinheiro.

Para esclarecer o palavrório, a moeda absorve em sua dupla função social, como bem-público e desejo privado, os valores

---

[3] BELLUZZO, Luiz Gonzaga; DE ALMEIDA, Júlio Gomes. *Depois da queda*: a economia brasileira da crise da dívida aos impasses do real. Rio de Janeiro: Civilização Brasileira, 2002.

de troca das demais mercadorias e ativos reais, ou financeiros, tornando-se, então, a forma geral da riqueza. Ao emprestar seu caráter único e intransferível de "reserva de valor" à indexação generalizada, a moeda não ganha instabilidade, nem deixa de ser preferível em relação aos outros ativos, mas sua estabilidade fica dependente da indexação, travando duas condições fundamentais para o desenvolvimento econômico do país: a estabilidade externa e as condições de investimento:[4]

a) externamente, o país fica refém do acúmulo de reservas em dólares, ameaçadas pelas oscilantes tendências de fluxos de capitais especulativos;

b) o investimento que gera empregos é travado pelo elevado patamar das taxas de juros reais (quando descontados os efeitos da inflação) que, por seu turno, é ancorado no circuito especulação-indexação.

Ademais, a indexação impede que as taxas de juros cobradas sobre cartões de crédito, crédito imobiliário, entre outras formas, sejam reduzidas a um patamar condizente com os rendimentos da classe trabalhadora, legando aos bancos um duplo benefício: segurança pela indexação e remunerações (*spreads*) muito acima dos níveis internacionais, engordando seus patrimônios à custa da população.

Nasce deste quadro, o poder político dos bancos ao colarem a estabilidade da moeda às suas condições de acumulação de capital, fazendo da política monetária um jogo de cartas marcadas no qual a plutocracia barra o desenvolvimento econômico e social.

---

[4] BELLUZZO, Luiz Gonzaga; DE ALMEIDA, Júlio Gomes. *Depois da queda*: a economia brasileira da crise da dívida aos impasses do real. Rio de Janeiro: Civilização Brasileira, 2002.

Notas finais – o banco chamado Brasil

A dependência do desenvolvimento econômico e social ao poder dos bancos é a regra que se reforça cada vez mais, pois o "real" que preenche o bolso dos brasileiros é sustentado pela ilusão política do voto popular que elege Presidente, senador, deputado etc., mas nem de longe participa do jogo político da moeda. Resultado: a história monetária brasileira pode ser contada como se o Brasil fosse um grande banco do mundo, demarcado territorialmente, onde todos se encontram para "ganhar uma graninha" com a indexação financeira e o fluxo de caixa "livre de riscos" do orçamento social, assaltado sem aviso, sempre que as contas públicas ameaçam fechar no vermelho.

"Foram quantos Chopps, garçom, meu nobre?" – Como economista, já estou de porre!

Referências bibliográficas

AGONIZA, mas não morre. Intérprete: Nelson Sargento. Compositor: Nelson Sargento. *In*: Nelson Sargento. *Sonho de um sambista*. São Paulo: Estúdio Eldorado, 1979.

BELLUZZO, Luiz Gonzaga; DE ALMEIDA, Júlio Gomes. *Depois da queda*: a economia brasileira da crise da dívida aos impasses do real. Rio de Janeiro: Civilização Brasileira, 2002.

BELLUZZO, Luiz Gonzaga. *Manda quem pode, obedece quem tem prejuízo*. São Paulo: Contracorrente, 2017.

CAPÍTULO XXVI

AS CONSEQUÊNCIAS ECONÔMICAS DA GUERRA

LUIZ GONZAGA BELLUZZO

Entre as sanções anunciadas no dia 26 de fevereiro para isolar a Rússia do sistema financeiro internacional, concentraram as atenções a remoção de bancos russos selecionados do SWIFT e as medidas restritivas para impedir o BC russo de usar suas reservas internacionais.

Não é a primeira vez que o SWIFT é utilizado como instrumento de poder geopolítico. Em 2006, o sistema foi alvo de divergências envolvendo EUA e União Europeia, após a descoberta do chamado "acordo SWIFT". Por meio de um software, os EUA acessam a base de dados (informações confidenciais) sobre transferências bancárias, sem o conhecimento de bancos e seus clientes, em um esforço secreto do *"Terrorist Finance Tracking Program"*, criado pela política de "Guerra ao Terror" da administração Bush.

Ainda em 2006, o governo belga (o SWIFT é sediado em Bruxelas) declarou que o acordo violava as leis do país e da UE. Em 11 de fevereiro de 2010, o "acordo SWIFT" foi rejeitado pelo

Parlamento Europeu, com a perda de seus efeitos jurídicos na Europa para preservar os direitos dos cidadãos europeus.

Em 2014, após o governo dos EUA ameaçar desconectar a Rússia do sistema SWIFT como sanção a anexação da Crimeia, o BC russo se engaja no desenvolvimento de um sistema alternativo, o SPFS (System for Transfer of Financial Messages). Antes do início do conflito com a Ucrânia, a autoridade monetária russa buscava integrar a rede SPFS com o Sistema de Pagamentos Interbancários Transfronteiriços (CBIBPS), com sede na China, e mantinha negociações para expansão com Turquia, Irã e países da União Econômica da Eurásia (EAEU), que inclui Armênia, Bielorrússia, Cazaquistão, Quirguistão. Segundo o site Rússia Briefing, no final de 2020, 23 bancos estrangeiros estavam conectados ao SPFS, incluindo instituições da Alemanha e Suíça.

A baixa conectividade internacional e, até agora, o "baixo incentivo" de Pequim aos bancos chineses para aderirem ao sistema russo, deixam sua viabilidade pendente de questões sobre a rapidez com que a Rússia é capaz de integrar o SPFS a outros sistemas, e se os Estados Unidos e a União Europeia vão impor sanções aos países que se conectarem.

A iniciativa russa para reduzir a influência norte-americana em sua economia é registrada nos movimentos de desdolarização e aproximação da China. O comércio bilateral entre Rússia e China se afasta ainda mais do uso do dólar em 2018, após o início da guerra comercial entre EUA e China, com a imposição de pesadas tarifas sobre produtos chineses.

Desde 2014, o comércio entre as economias russa e chinesa expandiu mais de 50% e a China se tornou o maior destino das exportações da Rússia. A Rússia é uma importante fonte de petróleo, gás, carvão e commodities agrícolas para a China, e a China vende produtos mecânicos, máquinas e equipamentos de transporte, telefones celulares, carros e produtos de consumo para a Rússia.

CAPÍTULO XXVI – AS CONSEQUÊNCIAS ECONÔMICAS DA GUERRA

Em 2013, 80% das exportações totais russas foram denominadas em dólares americanos. Em 2020 essa participação caiu para pouco mais da metade. Enquanto apenas 23% das exportações russas para a China foram liquidadas em dólar em 2020, 60% das exportações chinesas para a Rússia ainda eram denominadas em dólar. A redução do uso do dólar no comércio entre os dois países se deu com aumento da participação do euro, moeda hoje dominante no comércio bilateral entre Rússia e China. A coordenação do Ocidente na aplicação das sanções, com adesão da União Europeia, comprometeu a esperada proteção à economia russa pela desdolarização.

Dados do BC Russo de 30 de junho de 2021 informavam que suas reservas internacionais eram compostas 32% em euros, 16% em dólares americanos (caindo de 46,3% em 2017), cerca de 7% em libras esterlinas, 13% em renminbi chinês (em 2017 era de 0,1%), 22% em ouro e o restante mantido em outras moedas.[1] Segundo o jornal *Financial Times*, cerca de US$ 300 bilhões dos US$ 630 bilhões de reservas internacionais mantidas pela Rússia foram bloqueadas pelas sanções.[2] Já a União Europeia declarou que as sanções bloqueiam mais da metade das reservas do Banco Central da Rússia.

Jim O'Neill, que ocupa desde 2001 o cargo de chefe de pesquisa em economia global do Goldman Sachs, afirmou que

> o efeito imediato das sanções à Rússia foi destacar a continuidade do domínio dos EUA. Mas também pode forçar muitas economias emergentes a reconsiderar a abordagem de

---

[1] COTTERIL, Joseph; JONES, Claire. "Russia's FX reserves slip from its grasp". *Financial Times*, fev. 2022.
[2] MANDENG, Ousmène. "The $300bn question facing central banks". *Financial Times*, mar. 2022.

livro texto na construção de reservas em moeda estrangeira para se protegerem contra crises econômicas.[3]

Falando no *podcast Odd Lots*, da Bloomberg, o chefe global de estratégia de taxas de juros de curto prazo do *Credit Suisse* observou que as guerras tendem a transformar as conjunturas para as moedas globais, e a perda da Rússia do acesso às suas reservas em moeda estrangeira enviou uma mensagem a todos os países:

> Eles não podem contar com esses estoques de dinheiro como seus, em caso de tensão. Pode fazer cada vez menos sentido para os gestores de reservas globais reter dólares por segurança, já que eles podem ser retirados quando são mais necessários.[4]

Em dezembro de 2021, a participação do renminbi chinês nos pagamentos internacionais era de apenas 2,7%, (muito) atrás do dólar americano com 40,5%, euro com 36,7% e libra esterlina com 5,89%. A participação do rublo russo foi de 0,21%.

Os impactos econômicos de longo prazo dos eventos históricos que se desenrolam ainda serão conhecidos. Só o tempo revelará suas consequências.

Keynes publicou as *Consequências Econômicas da Paz* em 1919, alertando que as reparações de guerra visando esmagar a vida econômica da Alemanha, derrotada na Primeira Guerra, não proporcionariam o sistema econômico equitativo necessário à prosperidade da Europa.[5] Vinte anos separam o texto do início

---

[3] O'NEIL, Jim. "Will sanctioning Russia upend the monetary system?". *Project Sindicate*, mar. 2020.
[4] POZSAR, Zoltan; MEHRLING, Perry. "The historic crisis of financial market plumbing", *Bloomberg*, mar. 2022.
[5] KEYNES, John Maynard. *Collected writings*: the economic consequences of the peace. vol. 2. Cambridge: Cambridge University Press, 1982.

da II GM na Europa. Em 1925, Keynes escreve as "Consequências Econômicas do Sr. Churchill", onde adverte sobre os riscos para Inglaterra de retornar ao padrão ouro, com restrições de liquidez, perda de renda e competitividade da economia inglesa. Vinte anos depois são ratificados os acordos de Bretton Woods, com o fim da hegemonia inglesa.[6] "Há décadas em que nada acontece e há semanas em que décadas acontecem".[7]

Referências bibliográficas

COTTERIL, Joseph; JONES, Claire. "Russia's FX reserves slip from its grasp". *Financial Times*, fev. 2022.

KEYNES, John Maynard. *Collected writings*: the economic consequences of the peace. vol. 2. Cambridge: Cambridge University Press, 1982.

_____. The "Economic consequences of mister churchill". *In*: *Collected writings*: essays in persuasion. vol. 9. Cambridge: Cambridge University Press, 1982.

MANDENG, Ousmène. "The $300bn question facing central banks". *Financial Times*, mar. 2022.

O'NEIL, Jim. "Will sanctioning Russia upend the monetary system?". *Project Sindicate*, mar. 2020.

POZSAR, Zoltan; MEHRLING, Perry. "The historic crisis of financial market plumbing", *Bloomberg*, mar. 2022.

---

[6] KEYNES, John Maynard. The "Economic consequences of mister churchill". *In*: *Collected writings*: essays in persuasion. vol 9. Cambridge: Cambridge University Press, 1982.

[7] Teria dito Lênin, no exílio, antes da Revolução Russa de 1917.

CAPÍTULO XXVII
ALÉM DE RÚSSIA *VERSUS* EUA

LUIZ GONZAGA BELLUZZO

Terça-feira, 15 de fevereiro de 2022, as manchetes informam um arrefecimento nas tensões entre os Estados Unidos e a Rússia. Os americanos ameaçam a turma do Putin com sanções duras, caso os exercícios das forças russas na fronteira se transformem em uma invasão da Ucrânia.

Para fugir à imediatidade jornalística, a crise russo-americana reclama uma incursão nos subterrâneos onde se movem os conflitos geopolíticos e geoeconômicos do capitalismo global. É demasiada ousadia, sobretudo para um economista, enveredar por esses caminhos, mas não custa arriscar.

A década de 1970 foi o momento da aproximação China-EUA, promovida por Nixon e Kissinger. A inclusão da China no âmbito dos interesses americanos seria o ponto de partida para a ampliação das fronteiras do capitalismo, movimento que iria culminar no colapso da União Soviética e no fortalecimento do poder americano.

Na aurora dos anos 90, o colapso da União Soviética incutiu no pensamento dominante a convicção de que, com o fim do mundo bipolar, o espaço político e econômico tornou-se mais homogêneo, menos conflitivo, havendo concordância a respeito das tendências evolutivas da economia e das sociedades.

Os catecismos da moda rezavam a tese do *Fim da História*. Em seu núcleo duro, essas visões afirmavam que as questões essenciais relativas às formas de convivência e ao regime de produção à escala mundial estavam resolvidas. A democracia liberal e a economia de mercado seriam as derradeiras conquistas da humanidade. Sendo assim, não haveria mais razão, dizem, para se colocarem em discussão questões anacrônicas e muito menos para se duvidar do caráter harmônico, cooperativo e pacífico da nova ordem mundial.

O desaparecimento do socialismo e o fim da Guerra Fria criaram as condições para uma reafirmação do poder econômico, político e militar dos Estados Unidos. Esse fenômeno era apresentado como sendo o resultado natural e benéfico de uma convergência ideológica, política e econômica, na direção da democracia e da economia de mercado.

No desenvolvimento dos encontros e desencontros diplomáticos impulsionados pela tensão Estados Unidos vs. Rússia, poucos analistas, além do ex-chanceler Celso Amorim, mencionaram o Joint Statement promulgado na abertura dos Jogos Olímpicos de Inverno com as assinaturas de Putin e Xi Jinping.[1]

Em uma clara rejeição da hegemonia do Ocidente liderada pelos EUA nas relações internacionais, a declaração Putin-Xi Jinping afirma que um conjunto minoritário de forças continua teimosamente a promover o unilateralismo, a adotar a política de poder e a interferir nos assuntos internos de outros países.

---

[1] PRESIDENT OF RUSSIA. "Joint statement of the Russian federation and the people's republic of china on the international relations entering a new era and the global sustainable development". *Kremlin*. fev. 2022.

O comunicado salienta que tais atos não serão aceitos pela comunidade internacional.

Não seria impróprio afirmar que o poder americano se debilitou no exercício de suas forças. Mais uma vez, no movimento de suas estruturas, o capitalismo iludiu as conjecturas e os projetos dos homens. O exercício do poder americano desencadeou transformações financeiras, tecnológicas, e geopolíticas que culminaram no enfraquecimento de sua hegemonia.

A partir dos anos 1980, a liberalização das contas de capital, a desregulamentação financeira e comercial, revigorou a vocação universalista das empresas americanas, europeias e japonesas. No afã competitivo de reduzir os custos salariais e escapar do dólar valorizado, a produção manufatureira americana abandonou seu território para buscar as regiões em que prevaleciam baixos salários, câmbio desvalorizado e perspectivas de crescimento acelerado.

Isso promoveu a "arbitragem" com os custos salariais à escala mundial, estimulou a flexibilização das relações de trabalho nos países desenvolvidos e subordinou a renda das famílias ao aumento das horas trabalhadas. O desemprego aberto e disfarçado, a precarização e a concentração de renda cresceram no mundo abastado.

No outro lado do mesmo processo, as lideranças chinesas valeram-se da "abertura" da economia ao investimento estrangeiro ávido em aproveitar a oferta abundante de mão de obra. Apostaram na combinação favorável entre câmbio real competitivo, juros baixos para estimular estratégias nacionais de investimento em infraestrutura, absorção de tecnologia com excepcionais ganhos de escala e de escopo, adensamento das cadeias industriais e crescimento das exportações.

As manchetes proclamam o paradoxo contemporâneo: há riscos de guerra comercial entre o protecionismo dos Estados Unidos e a China do livre-comércio. Às ameaças americanas de protecionismo, os chineses responderam com a defesa do multilateralismo do livre-comércio. Os *yankees* gritam: há anos eles, os chineses, roubam os nossos empregos!

Referências bibliográficas

PRESIDENT OF RUSSIA. "Joint statement of the Russian federation and the people's republic of China on the international relations entering a new era and the global sustainable development". *Kremlin*, fev. 2022.

CAPÍTULO XXVIII
O DÓLAR E O AMERICANISMO DOS AMERICANOS

LUIZ GONZAGA BELLUZZO

Abrimos a coluna com as palavras da Secretária do Tesouro dos Estados Unidos, Janet Yellen, pronunciadas no dia 14 de abril em evento do American Council:

> Nós, os países sancionadores, estamos dizendo à Rússia que, tendo exibido as regras, normas e valores que sustentam a economia internacional, não estenderemos mais a você o privilégio de negociar ou investir conosco.
>
> Ao nos unirmos, demonstramos que essas sanções não são motivadas pelos objetivos da política externa de nenhum país. Em vez disso, estamos agindo em apoio aos nossos princípios — nossa oposição à agressão, à violência generalizada contra os civis e em alinhamento com nosso compromisso

com uma ordem global baseada em regras que protege a paz e a prosperidade.[1]

Na sequência, Yellen vai no gogó:

> Não podemos permitir que os países usem sua posição de mercado em matérias-primas, tecnologias ou produtos importantes para ter o poder de perturbar nossa economia ou exercer uma alavancagem geopolítica indesejada.[2]

Yellen desenvolve uma parábola geopolítica prenhe do americanismo globalista e imperial, sestro cognitivo que acompanha invariavelmente o cosmopolitismo dos servidores de Tio Sam. Janet Yellen se indispõe contra o poder de mercado dos produtores de "matérias-primas e outros produtos importantes", mas escondeu o poder do dólar, força maior do poderio americanista. Também ocultou as intervenções democráticas perpetradas pelo americanismo desde a Guerra da Coreia em 1950 até o Iraque em 2003. Tampouco se lembrou dos golpes militares na América Latina guiados por princípios "morais e democráticos".

Imediatamente lembrei-me da crítica desferida por um economista brasileiro ao artigo escrito por Fernando Haddad e Gabriel Galípolo. Os autores trataram de apresentar sugestões a respeito da formação de um espaço monetário regional – o SUR – nos pagos da Sul América. O iluminado anti-iluminista dos trópicos apontou o antiamericanismo como inspiração fundamental da proposta de Haddad-Galípolo. Explico: iluminado anti-iluminista caracteriza

---

[1] ATLANTIC COUNCIL. "Transcript: US treasury secretary janet yellen on the next steps for Russia sanctions and 'friend-shoring' supply chains". *Atlantic Council*, abr. 2022.
[2] ATLANTIC COUNCIL. "Transcript: US treasury secretary janet yellen on the next steps for Russia sanctions and 'friend-shoring' supply chains". *Atlantic Council*, abr. 2022.

CAPÍTULO XXVIII – O DÓLAR E O AMERICANISMO DOS AMERICANOS

o pensamento binário de muitos que ignoram as contribuições dos filósofos do Esclarecimento.

Vou citar Peter Gay: "Voltaire escreveu em uma correspondência privada que sabia odiar porque sabia amar".[3] O antiamericanismo é o "outro" do americanismo. Saber odiar é saber amar.

A parábola americanista de Yellen estimulou também minhas inquietações. Elas se agitaram para instigar fabulações a respeito das relações entre o poder do dólar, o movimento de capitais e instabilidades nas economias ditas emergentes.

Nos tempos da finança global livre, leve e solta, a receita aviada nos laboratórios da sabedoria global passou a recomendar a abertura financeira para gregos e troianos. Os que advogaram tal providência partiam de um pressuposto duvidoso: na assembleia das moedas nacionais todos os gatos são pardos.

A ideia não leva em conta as "imperfeições" que perturbam o mundo real:

1) o sistema monetário global é constituído por uma hierarquia de moedas, umas mais "líquidas" do que as outras;

2) em todos os sistemas monetários conhecidos, inclusive no padrão-ouro, a moeda que denomina e líquida, contratos e transações internacionais é a moeda do país hegemônico;

3) A ideia keynesiana de uma moeda verdadeiramente internacional foi derrotada em Bretton Woods.

Para simular as relações entre a volatilidade das moedas não-conversíveis e os movimentos de capitais, imaginei uma família, cujo pai é frequentador de cassinos clandestinos e alcoólatra. Todos os dias, os dois vícios encaminhavam esse cidadão para

---

[3] GAY, Peter. *The enlightenment*: an interpretation – the rise of modern paganism. Nova York: Norton&Company, 1966.

a jogatina. No permanente jogo de perde-ganha, as finanças da família ficaram em frangalhos. Durante o jantar, o bebum acusa o filho de desperdiçar dinheiro com a compra de roupa e livros para ir à escola.

Não preciso explicar ao leitor de *Carta Capital* que o pai faz o papel dos mercados financeiros internacionais, instáveis e voláteis e o filho desempenha o papel dos países emergentes, sempre acusados de gastadores e de fiscalmente irresponsáveis.

Nas economias de moeda sem reputação e "ilíquidas", abertura financeira tende a produzir ciclos de euforia e depressão. Valorizações indesejadas na moeda nacional são seguidas de desvalorizações abruptas e crises nos mercados financeiros domésticos.

Nos momentos de contração da liquidez internacional, ainda que a adoção de um regime de taxa de câmbio flutuante seja capaz de absorver, em parte, os choques, as autoridades do país de "moeda fraca" – com "ponto de compra" imprevisível – serão obrigadas a usar as reservas ou subir as taxas de juros para impedir uma derrocada do câmbio. Se as reservas são escassas, o preço a pagar é o ajustamento recessivo.

Referências bibliográficas

ATLANTIC COUNCIL. "Transcript: US treasury secretary Janet Yellen on the next steps for Russia sanctions and 'friend-shoring' supply chains". *Atlantic Council*, abr. 2022.

GAY, Peter. *The enlightenment*: an interpretation – the rise of modern paganism. Nova York: Norton&Company, 1966.

CAPÍTULO XXIX
A MOEDA SUL-AMERICANA E A LUTA PELA SOBERANIA

NATHAN CAIXETA

Dedico esse texto à discussão da proposta levantada por Fernando Haddad e Gabriel Galípolo em artigo da Folha de São Paulo.[1]

Ao observar o debate inflamado que a proposta de Haddad e Galípolo levantou, notei existirem duas categorias de reflexão: àquelas que deveriam ser impressas em papel marrom, como a de Alexandre Schwartsman no InfoMoney[2] e a de José Casado na *Veja*;[3] e àquelas que se propunham à crítica rigorosa e propositiva

---

[1] HADDAD, Fernando. "Criação de moeda sul-americana pode acelerar integração regional". *Folha de São Paulo*, abr. 2022.
[2] SCHWARTSMAN, Alexandre. "Moeda única: doença do antiamericanismo juvenil". *Portal InfoMoney*, abr. 2022.
[3] CASADO, José. "Lula resgata a ideia da independência do dólar". *Veja*, maio. 2022.

como a de Ricardo Carneiro, acompanhado de Rafael Bianchini na *Carta Capital*.[4]

Arriscarei considerações aos pontos centrais da proposta e suas implicações, deixando os aspectos técnicos para a posteridade. Para tanto, proponho acompanhar a discussão em quatro atos, esperando levar a imaginação do leitor ao confortável ambiente de um teatro.

O primeiro ato será dedicado a discutir a questão da soberania monetária que salta às vistas na contribuição de Haddad e Galípolo. O segundo irá ao encontro dos críticos do "papel marrom". A terceira parte acolherá, em sentido complementar, os comentários de Carneiro e Bianchini. O quarto ato será inspirado por Keynes e sua International Clearing Union. Vamos lá.

1º Ato: a união monetária como uma questão de soberania

O objetivo da criação de uma moeda sul-americana, colocam Haddad e Galípolo, é: "acelerar o processo de integração regional, constituindo um poderoso instrumento de coordenação política e econômica para os povos sul-americanos".[5]

O termo "aceleração" supõem um esforço, ou emergência de chegada a um objetivo: a integração regional que requer, segundo os ilustrados teóricos do tema, uma série de condições, das quais a união monetária seria o último passo a ser alcançado, caso os anteriores tenham se efetivado.

São eles: a integração comercial (via acordos de livre-comércio multilaterais, a exemplo do Mercosul) acompanhada de

---

[4] CARNEIO, Ricardo; BIANCHINI, Rafael. "Questões sobre uma moeda digital sul-americana: o SUR". *Carta Capital*, abr. 2022.

[5] HADDAD, Fernando. "Criação de moeda sul-americana pode acelerar integração regional". *Folha de São Paulo*, abr. 2022.

plena mobilidade da mão de obra entre países, a integração produtivo-tecnológica (a exemplo do investimento cruzado realizado no leste asiático), a integração financeira (sistema de pagamento entre países do bloco) e, finalmente, a união monetária (a exemplo da Zona do Euro, criada em 1999).

Acelerar a integração, partindo da união monetária, significaria pular etapas que só existem no plano teórico. Ainda assim, conforme admitem os autores, a tarefa é complicada. De fato. Não por pular as etapas esculpidas pelos apóstolos do livre-câmbio, mas pelos limites políticos que tangenciam as questões da soberania e da hegemonia político-militar, tecnológica e monetária.

Como ensinou João Manuel Cardoso de Mello, a hegemonia nos espaços da política e da economia global é demarcada pela detenção: das armas, das tecnologias e da moeda do mundo.[6] O posto hegemônico, entronado pelos EUA desde o pós-Segunda Guerra, exige ter e exibir o poder sobre os demais países.

Nas terras onde o destino manifesto foi promovido como o sonho da democracia para o mundo, não faltaram demonstrações de força.

No plano político-militar, as intervenções violentas e ilegítimas nos processos políticos de diversos países pelos EUA, trataram de repartir o mundo entre os defensores da liberdade (sobretudo para os mercados) e seus inimigos que ousaram adotar formas de organização social que diferissem do *"american way"*.

No plano tecnológico-industrial, o *hegemon* exportou seu padrão de desenvolvimento para o mundo até que o domínio da finança sobre a produção, repartisse o mundo entre produtores e

---

[6] CARDOSO DE MELLO, João Manoel. *A contra-revolução liberal-conservadora e a tradição crítica latino-americana*: um prólogo em homenagem a celso furtado. *Economia e Sociedade*, vol. 6, nº 2, dez. 1997.

detentores da tecnologia. A "ralé" periférica produz, a matriz da grande-empresa inova e faz dinheiro nos mercados financeiros.

Entretanto, como relembram Haddad e Galípolo, é no plano monetário que as garras da hegemonia norte-americana arranham a superfície do mundo. Em defesa do dólar, os EUA lançaram mais de uma vez a Economia Mundial à bancarrota. "Defender o dólar" passou a ser sinônimo de defesa à ordem capitalista global. Essa mesma ordem que produz desigualdades sociais e regionais de cara limpa, entendidas como efeitos colaterais do progresso.

A questão da soberania nacional e regional dos países periféricos, por exemplo, foi tratada como um jogo de "siga o mestre" na abertura para a globalização comercial e financeira. Na América Latina, não abrimos, escancararmos. Em contrapartida, na Ásia, em especial, na China, a abertura para a globalização veio com uma tela de proteção contra as selvagerias do livre-cambismo de bens e capitais.

A proposta afiançada pela dupla Haddad-Galípolo supõe passos em direção à soberania em um momento de questionamento da hegemonia norte-americana. As sanções contra a Rússia provaram ser mais penosas do que se imaginava diante da confrontação do pilar monetário do país hegemônico contra a soberania militar russa. Antes, ainda, a perda de competitividade da indústria americana que se arrasta há décadas é acompanhada pela competição tecnológica e comercial com a China, o gigante que a globalização "*by american*" ajudou a criar.[7]

Os pesadelos de Biden recebem a visita daqueles que noticiam o ganho de proeminência do Yuan nas transações financeiras globais, caminho pelo qual se aventou a criação de um sistema

---

7   BELLUZZO, Luiz Gonzaga. "Globalização desigual e combinada". *Revista Brasileira De Economia Social E Do Trabalho*, nº 1, 2019.

paralelo de pagamentos em alternativa às sanções de acesso ao SWIFT impostas à Rússia.

Uma proposta de aceleração da integração regional não se trata de uma oposição ao dólar, mas de um posicionamento em bloco face às novas configurações geopolíticas e econômicas. Integrar é fortalecer a soberania dos países periféricos. Fortalecer, por seu turno, representa desenhar a própria rota de desenvolvimento ao invés de comprar o sonho dos mais poderosos.

Na trilha sem percurso pronto da integração regional, a união monetária representa graus de autonomia em relação aos distúrbios endogenamente gerados pelas assimetrias monetárias entre os países com moeda conversível e os países incapazes de negociar os termos de comércio e de financiamento "fora de casa".

As condições para o sucesso da moeda sul-americana (SUR) são, sobretudo, políticas. Para aqueles que acreditam no livre curso de capitais, como se poder e dinheiro fossem corpos habitantes de dimensões distintas, não custa lembrar a frase do mestre Belluzzo: "moedas não são bananas".[8] A moeda, no plano mundial, é uma condição de poder e de soberania, estabelecida por uma convenção social que impõe a força do poderoso sobre o subalterno.

Acelerar a integração regional pela moeda é, em algum grau, lutar pela soberania contra aqueles que habitam na cúspide do sistema, os detentores do dinheiro que, desde a crise da dívida nos anos 1980, fazem dos trópicos o destino de verão para o "dinheiro que caça rendimentos".

---

[8] BELLUZZO, Luiz Gonzaga; CARNEIRO, Ricardo. "O mito da conversibilidade". *Revista de Economia Política*, vol. 24, n° 2, abr./jun. 2004.

2° Ato: o papel marrom

As críticas de Alexandre Schwartsman e José Casado, se impressas em um jornal, exigiriam a polidez de um pugilista que ao encontrar o adversário tombado no ringue se nega ao último *punch*. Calçarei as luvas, rogando por paciência.

Schwartsman atribui a ideia da SUR de Galípolo e Haddad a um "americanismo juvenil", praticado por quem ignora os textos sagrados de Robert Mundell[9] e Milton Friedman,[10] além das complicações encontradas pela Zona do Euro durante a crise europeia em 2011-2012.

Começando por Mundell, demonstrar a inviabilidade de uma integração monetária que desrespeite a plena mobilidade de trabalho e capital, flexibilidade de preços e salários, compensações entre países deficitários e superavitários; e ciclos semelhantes nos ritmos de expansão e contração da atividade econômica, é o mesmo que demonstrar a identidade de Euler pela pura beleza, atribuindo dinâmica ao impávido.

A otimização eficiente de Mundell para o comércio intrabloco monetário considera todos os fatores econômicos relevantes para uma economia composta por quitandas. Dentre os comerciantes, tudo é transacionável. A plena utilização dos fatores de produção é garantida. Pena que nessa união monetária "perfeita", esqueceram de inventar o dinheiro!

Na entrevista citada pelo economista adorador do dinheiro-banana, Milton Friedman afunda mais ainda o barco salva-vidas de Schwartsman. Seguindo Mundell, o chicagoboy, dispara: "[no caso do mercado monetário comum], o mais provável é haver

---

[9] MUNDELL, Robert. "A theory of optimum currency areas. american economic review". JSTOR, nov. 1961.
[10] FRIEDMAN, Milton. "Collected works of Milton Friedman project records". Entrevistador: Radio Australia. *Hoover Institutiton*, jul. 1998

choques assimétricos (de preços e salários) cuja único mecanismo de ajuste seja fiscal, ou o desemprego".[11] Ou seja, se a realidade não se dobrar a teoria, fogo na aldeia!

Ao atribuir os desencantos adolescentes à proposta da SUR, o economista retoma a crise da Zona do Euro em 2011-2012 como contraprova de que mesmo uma integração lenta, gradual e segura pode falhar, que dirá os atropelos causados por uma aceleração via união monetária.

Abro aspas, faltando-me caracteres marrons para fazer jus as palavras citadas:

> Em suma, mesmo depois de cinco décadas de acordos, reformas, crises cambiais, crises políticas etc., o euro, como construção institucional, se mostrou despreparado para lidar com eventos de 2011-2012. Como resultado, sua adoção precipitada por pouco não reverteu décadas de penosa construção institucional. Apesar disso, os autores acreditam que podemos literalmente botar o carro na frente dos bois e partir para integração monetária sem ter cuidado de nenhum dos passos anteriores.[12]

Para o ex-diretor do BC, a Europa fez pouco e fez mal em matéria de integração, penando na crise e jogando o entulho dos desequilíbrios financeiros sobre a Grécia. A título de lembrança, o BCE deixou a Grécia quebrar, antes de amealhar anteparos na operação da Troika. Mais ainda, foi a ausência de um fundo de estabilização financeiro que acentuou os desequilíbrios que deflagraram a crise da dívida dos periféricos europeus. Caso os austeros do BCE tivessem comprado os títulos soberanos dos países em

---

[11] FRIEDMAN, Milton. "Collected works of Milton Friedman project records". Entrevistador: Radio Australia. *Hoover Institutiton*, jul. 1998.

[12] SCHWARTSMAN, Alexandre. "Moeda única: doença do antiamericanismo juvenil". *Portal InfoMoney*, abr. 2022.

dificuldade, o risco crescente de default persistiria? Pergunte para os operadores das rodadas de *Quantitative Easing*!

Trazendo Casado para a conversa, o antiamericanismo que tanto ele, quanto Schwartsman acusam, evoca o mesmo sentimento de um navegador que ao chegar ao bojador se assusta e volta entornando a nau: a proposta da SUR tal como formulada por Haddad e Galípolo não atira contra o americanismo, mas contra os desequilíbrios causados pela dita-cuja chamada hegemonia monetária. Propor alternativas a um sistema monetário internacional assimétrico é avistar que, além do bojador, existe a primazia da soberania monetária para o desenvolvimento econômico e social.

Se para os escritores do papel marrom, o dólar é a banana mais madura do cacho, o americanismo é a bananeira (um poder natural sobre os rumos do capitalismo ocidental). Cortar a banana madura, apodrece sua árvore e daí por diante as criaturas monstruosas que estão além do bojador os engole.

3º Ato: os comentários de Carneiro-Bianchini

Na Carta, Ricardo Carneiro e Bianchini se propõe a analisar três questões essenciais sobre a proposta da SUR:

> quais os problemas operacionais de uma moeda digital como o SUR, tal qual proposta no artigo? O SUR pode de fato ser um instrumento de aceleração da integração numa região de baixa integração comercial, produtiva e financeira? Não haveria instrumentos mais eficazes – comércio em moeda local, acordos de crédito recíproco – ou no caso do financiamento, menos demandantes de reservas como por exemplo, bancos regionais ou fundos soberanos?[13]

---

[13] CARNEIO, Ricardo; BIANCHINI, Rafael. "Questões sobre uma moeda digital sul-americana: o SUR". *Carta Capital*, abr. 2022.

A dupla de economistas concebe uma análise crítica e detalhada da qual apropriarei em parte. Investigando a SUR a partir das funções clássicas da moeda como unidade de conta, meio de pagamento e reserva de valor. Carneiro-Bianchini começam pela hipótese da SUR como uma espécie de *clearing*, uma moeda de pagamento entre os Bancos Centrais que comporiam a união monetária:

> Com esta configuração, o SUR deveria funcionar como moeda de *clearing* ou meio de pagamento entre os bancos centrais da região, realizando as compensações que antes eram feitas pelo dólar, ou seja, na prática o SUR seria um substituto do dólar. Esta substituição seria vantajosa apenas se o BCSUR tivesse capacidade de ampliação de emissões fiduciárias para além do seu capital inicial, ou seja, dependeria da sua incerta alavancagem.[14]

Na proposta de Galípolo e Haddad, o capital inicial do Banco Central sul-americano, que conecta as instituições centrais nacionais, seria composto por aportes pelos países membros proporcionais a sua participação no comércio regional. A capitalização suplementar se daria pela cessão de divisas cambiais conversíveis, ou imposto na exportação para fora do bloco.[15] A substituição do dólar como meio de pagamento inter-regional depende certamente da capacidade de alavancagem do BCSUR. No entanto, como admitem Carneiro e Bianchi, o financiamento multilateral via o Banco de Desenvolvimento Latino-Americano (CAF) e o Banco de Compensações Internacional (BIS) poderiam amenizar distúrbios no sistema de pagamento. Lanço a bola para a inclusão do Banco dos BRICS para a formação de um sistema de financiamento

---

[14] CARNEIO, Ricardo; BIANCHINI, Rafael. "Questões sobre uma moeda digital sul-americana: o SUR". *Carta Capital*, abr. 2022.

[15] HADDAD, Fernando. "Criação de moeda sul-americana pode acelerar integração regional". *Folha de São Paulo*, abr. 2022.

multilateral, tendo em vista a forte relação comercial do Brasil, em maior grau, com os demais países-membros.

Acrescento que: com acúmulo de recursos vindos de impostos sobre exportação, e sobre a entrada e saída de capitais especulativos "de fora do bloco", o "inominável" controle de capitais, evitar-se-iam oscilações tanto entre a SUR e as moedas nacionais, quanto entre a SUR e as demais moedas conversíveis. (questões levantadas na proposta de Haddad-Galípolo).

Quanto a capacidade de emissão fiduciária da SUR, prossegue a dupla de comentadores:

> A partir das funções clássicas da moeda e suas interações contraditórias pode-se afirmar que faltaria ao SUR uma dimensão mais desenvolvida de reserva de valor. Para que tal acontecesse a integração regional deveria estar mais avançada, ou seja, tanto o comércio em SURs quanto a denominação das relações de débito e crédito deveriam estar mais disseminadas e aprofundadas de modo a que houvesse um incentivo a carregar SURs nos portfólios privados.[16]

O trecho acima esclarece a dificuldade de conexão entre as funções de meio de pagamento e reserva de valor, visto que o estímulo à demanda por moeda necessitaria de um potencial emissor capaz de "forçar" o curso da SUR na denominação de contratos comerciais e financeiros intrabloco, afastando o risco de dolarização das economias.

Ademais, sobre a possibilidade de a SUR assumir a função de moeda de conta, admitem os debatedores do Observatório de Economia Contemporânea:

---

[16] CARNEIO, Ricardo; BIANCHINI, Rafael. "Questões sobre uma moeda digital sul-americana: o SUR". *Carta Capital*, abr. 2022.

Aqui cabe destacar o fato de que as taxas de câmbio flutuantes das moedas domésticas com o SUR não eliminam das relações financeiras o *currency mismatch*. Ou seja, tomar empréstimos em SURs implica risco cambial, o que constitui uma importante desvantagem ante o sistema financeiro denominado exclusivamente em moeda doméstica. Ademais, se de fato o SUR for adotado parcialmente em certos países, convivendo com a moeda doméstica, muito provavelmente se ampliará a volatilidade típica dos sistemas bi-monetários.[17]

Essas evidências invocam o risco de desequilíbrios cambiais na ausência de uma moeda conversível intermediária, capaz de cessar as disparidades entre a demanda pela moeda regional e a demanda por moeda local. Isso nos traz de volta ao risco da dolarização das moedas locais. Uma alternativa seria a limitação do uso da SUR pelos Bancos Centrais Nacionais, o que atrasaria a estratégia de integração a despeito de maior segurança contra as oscilações vindas de dentro e de fora do bloco. Outra saída seria a atuação dos BC's nacionais em conjunto com o BC sul-americano "limpando" o excesso de demanda por moeda local através da concessão de títulos compromissados em SUR's aos BC's nacionais (?).

Embora seja prenhe a capacidade inicial do Banco Central sul-americano de operar como emprestador em última instância, seu mecanismo de compensação entre países superavitários e deficitários reduz o risco de desequilíbrios financeiros, componente faltante na crise do Euro. Entretanto, para que a viabilidade da SUR seja robusta, a capacidade de atuar na "antevisão" de crises de financiamento é essencial, necessitando que para além do mecanismo de compensação, exista coerência entre os regimes fiscais dos países integrantes do bloco. Ao invés de regras "teto" para o gasto e o endividamento, a criação de "corredores" de financiamento

---

[17] CARNEIO, Ricardo; BIANCHINI, Rafael. "Questões sobre uma moeda digital sul-americana: o SUR". *Carta Capital*, abr. 2022.

para compra de títulos soberanos com graus crescentes de risco deve ser acompanhada de regras multilaterais de regulação dos sistemas financeiros: um *"glass-steagal act"* nos trópicos, para ser mais exato.

A discordância que trago aos comentários de Ricardo Carneiro e Rafael Bianchini reside na avaliação sobre a prematuridade da união monetária como aceleradora da integração regional, visto que alegam:

> O SUR, pelo desenho proposto, tenderia a ser um simulacro do dólar e, portanto, agregaria pouco aos limites impostos pela atual arquitetura monetária e financeira internacional e dominância do dólar à operação das moedas periféricas.[18]

Fato que as modificações na "arquitetura monetária e financeira internacional" são de caráter incerto e o dólar continuará, até onde temos conhecimento, imperando como reserva de valor *par excellence* do mundo capitalista. Contudo, a emergência da soberania monetária como aporte para o desenvolvimento econômico e social dos países sul-americanos exige coragem política para encarar o desafio.

4º Ato: Keynes e a Internacional Clearing Union, mais vivos do que nunca

O "Plano Keynes" como ficaram conhecidos os esforços do mestre por uma União Monetária Internacional, começo muito antes de seus embates com os norte-americanos nas conferências de Bretton Woods.[19]

---

[18] CARNEIO, Ricardo; BIANCHINI, Rafael. "Questões sobre uma moeda digital sul-americana: o SUR". *Carta Capital*, abr. 2022.

[19] FERRARI FILHO, Fernando. "A moeda internacional na economia de Keynes". *In*: LIMA, Gilberto Tadeu; SICSÚ, João; DE PAULA, Luiz Fernando.

Keynes visou a criação de um Clearing Union, um Banco Central dos Bancos Centrais que emitisse uma moeda que funcionasse como meio de pagamento entre as instituições monetárias nacionais, visando prover:

> um método para regular a oferta de moeda e de crédito internacionais para manter, tanto quanto possível, a estabilidade dos preços internos; e regular a oferta de divisas internacionais para evitar oscilações temporárias, sejam elas causadas por sazonalidades, sejam decorrentes de outras influências quaisquer que não estejam relacionadas às instabilidades entre níveis de preços internos e externos.[20]

A proposta da *Clearing Union* antes de ancorar-se nas funções clássicas da moeda, atira contra as instabilidades geradas pelas assimetrias entre as moedas nacionais. No trecho citado, Keynes estava apontando para a inconveniência que, as oscilações na oferta de moeda (e de crédito) e os desequilíbrios cambiais entre as moedas nacionais, geravam a partir da posição hegemônica de um país-emissor.

As questões apontadas por Keynes nos escritos prévios a Bretton Woods e mais ainda em seus embates com os norte-americanos durante a conferência de redesenharia o sistema monetário internacional ao redor do dólar, nunca estiveram reclusas às penúrias da relíquia bárbara, o ouro. Ao contrário, Keynes estava tratando dos perigos da hegemonia monetária, quer inglesa durante o padrão ouro-libra, quer dos EUA, que se anunciavam no pós-Guerra, como os usurpadores do poder legado pela "moeda global".

Macroeconomia moderna: Keynes e a economia contemporânea. Rio de Janeiro: Campus, 1999.
20 KEYNES, John Maynard. "Proposals for na International Clearing Union". In: _____. *Activities 1940-1944, collected writings*. vol. 15. Cambridge: Cambridge University Press, 1982.

Em Bretton Woods, o autor dos *"Proposals for an International Clearing Union"*,[21] reunia a experiência da tragédia do retorno à paridade libra-ouro do pré-primeira guerra, evento que praticamente fechou a porta do caixão da hegemonia monetária inglesa. Nos embates entre o Plano Keynes e a comitiva norte-americana capitaneada do H. Dexter White, o capitão inglês não agiu em defesa da libra contra o dólar (como talvez os escritores do papel marrom o tivessem acusado), mas em fazer de uma ordem monetária internacional que orbitasse:

> (...) uma instituição central (a Clearing Union), de natureza técnica e apolítica, para ajudar a respaldar outras instituições internacionais (como bancos de desenvolvimento multilaterais) que estejam articulados com o planejamento e a regulação da atividade econômica mundial.[22]

A *Clearing Union*, segundo Keynes, deveria: "...assegurar a expansão e contração da liquidez internacional compatíveis com as tendências inflacionárias e deflacionárias da demanda efetiva global".[23]

A garantia de estabilidade para a "demanda efetiva global" representa a soberania para o desenvolvimento econômico das nações, ao possibilitar autonomia na definição de suas políticas econômicas. Essa autonomia revela-se essencial no alcance do pleno emprego e na defesa contra as pressões inflacionárias.

---

[21] KEYNES, John Maynard. "Proposals for na international clearing union". *In*: _____. *Activities 1940-1944, collected writings*. vol. 15. Cambridge: Cambridge University Press, 1982.

[22] KEYNES, John Maynard. "Proposals for na international clearing union". *In*: _____. *Activities 1940-1944, collected writings*. vol. 15. Cambridge: Cambridge University Press, 1982.

[23] KEYNES, John Maynard. "Proposals for na International clearing union". *In*: _____. *Activities 1940-1944, collected writings*. vol. 15. Cambridge: Cambridge University Press, 1982.

Sem que as nucas dos *policy makers* sejam assombradas pelo fantasma dos desequilíbrios globais causados pela supremacia monetária de um único país, o pleno emprego com estabilidade de preços é um sonho possível a ser compartilhado pelas nações.

Na contramão da cooperação global, mediante seus desmandos sobre a oferta de crédito e a taxa de juros global, a hegemonia do país emissor da moeda-chave fomenta expansões assimétricas da atividade econômica global e, por outro lado, impõem crises econômicas e financeiras que se alastram rapidamente no capitalismo globalizado.

Para manter sua supremacia emissora, isto é, a qualidade de sua moeda como reserva de valor, provedora de liquidez em escala global, o país hegemônico necessariamente absorve a capacidade de reserva de valor das demais moedas nacionais, especialmente, no caso das moedas não-conversíveis.

Para garantir a liquidez do sistema monetário internacional nucleado pela emissão da moeda hegemônica, o país emissor abusa do "privilégio exorbitante", como consagrou Barry Einchengreen,[24] para financiar a acumulação privada da riqueza, aportando recursos aos sistemas financeiros e empresas a partir da expansão autônoma de sua dívida pública. Quando o risco das operações comerciais e produtivas, precificadas pelos mercados financeiros, dispara em fuga para a qualidade oferecida pela moeda-chave do país hegemônico, desvalorizando as moedas nacionais e, em último caso, causando inflação e desemprego. O país hegemônico joga o risco para os vizinhos, enquanto se prepara para novas rodadas de expansão da dívida pública "livre de risco".

Quando o risco-sistêmico embutido nas operações financeiras globais, dispara, vindos da própria "estabilidade instabilizadora",

---

[24] EINCHENGREEN, Barry. *Privilégio exorbitante*: a ascensão e a queda do dólar e o futuro do sistema monetário internacional. Rio de Janeiro: Elsevier, 2010.

como batizou Minsky,[25] o hegemon levanta as orelhas para os excessos no sistema de crédito, em geral, elevando as taxas de juros, o que estoura, invariavelmente, a bolha de ativos patrocinada pelo próprio caráter expansivo da dívida pública do país emissor da moeda-chave. Em seguida, se utilizando de seu endividamento ilimitado, o dono da moeda global entra no jogo para salvar as instituições financeiras, e o faz, quase sempre, tardiamente.

A inviabilidade de um sistema monetário internacional comandado unilateralmente não se encontra ao vasculhar os arranjos financeiros, regulatórios ou cambiais que, de tempos em tempos, funcionam como remendos patrocinados pelo poder político do leviatã-monetário.

Ao contrário, é a unilateralidade da emissão de uma dívida pública sancionadora da expansão da moeda-reserva que denuncia essa inviabilidade. Explico me valendo do "ancestral alemão" de Keynes: "O crédito público é a religião do capital (...). A dívida pública dota o dinheiro de capacidade criadora, transformando-o, assim, em capital".[26] Ao dotar o dinheiro-mundial de capacidade criadora, a dívida pública do *hegemon* financia o sistema de crédito global, responsável por determinar os rumos da liquidez. A liquidez internacional, gerenciada entre a fome dos mercados financeiros e o *buffet* central do mundo, acaba empatando o jogo das nações, ao possibilitar aos agentes financeiros arbitrar sobre as taxas de câmbio e preços futuros dos ativos cuja marcação à mercado se dá em termos da moeda hegemônica.

Sob estas condições, as nações subalternas ao poderoso detentor do "*fiat money*" não tem opção, senão entre seguir o baile

---

[25] MINSKY, Hyman. *Stabilizing an unstable economy*. Nova York: McGraw-Hill, 1986.
[26] MARX, Karl. *O Capital*: crítica da economia política. vol. 1. São Paulo: Boitempo, 2011.

das condições de oferta de crédito global, ou carregar os custos de uma política econômica autônoma.

Notem que até aqui estou falando do conceito de hegemonia monetária, tomando cuidado para separar o "movimento" das formas categoriais universais de sua realização histórica particular.

Avaliar a atuação dos EUA como detentor da hegemonia monetária não é tarefa para um texto curto. Basta lembrar de Maquiavel: a primeira tarefa de quem detém o poder, é preservá-lo.

Até onde conseguiu, para desespero de Maynard, a Inglaterra amarrou com arrames a supremacia do padrão-ouro. Como lembram Galípolo e Haddad, o Federal Reserve norte-americano reafirmou a supremacia do dólar que vinha descascando ao longo dos anos 1970, ao elevar as taxas de juros em 1979, após se desvencilhar da relíquia bárbara em 1973. Novamente em 2006-2007, quando a crise estava em ponto de explosão a partir da inflação de ativos patrocinada pelo FED e pelas vistas grossas em relação ao risco-sistêmico do sistema de crédito, os sábios do *Board* do Federal Reserve resolveram "frear" o excesso de crédito, elevando as taxas de juros. Resultado: a maior crise financeira desde 1929, obrigando o FED a engordar seu balanço comprando os títulos de crédito sem valor.

No atual momento de questionamento da hegemonia norte-americana, a defesa do dólar coloca o FED na corda bamba. Isso ficou evidente no discurso do Fomc ao elevar em 0,5% a básica taxa de juros em 4 de maio, anunciando intenções de reduzir seu balanço, isto é, comprimir unilateralmente a oferta de crédito e jogar o risco-sistêmico para o pessoal.[27]

Os avisos de Cláudio Borio, do BIS, e do ex-Presidente do FED Alan Greenspan, são claros: a inflação de ativos durante a

---

[27] SCHNEIDER, Howard; SAPHIR, Ann. "Fed lifts rates by half point, starts balance sheet reduction june 1". *Reuters*, maio. 2020.

última década (aditivada durante a pandemia) tem raízes no mercado especial de títulos entre os bancos e o FED.[28] Ao triplicar seu balanço desde 2008, o FED tornou o sistema de crédito dependente de novas expansões de liquidez, os *Quantitative Easings* da vida. A reafirmação da hegemonia monetária, sob pretexto de controlar a inflação, pode novamente ter como resultado uma crise financeira global patrocinada pela unilateralidade do controle sobre a oferta de liquidez global.

A proposta da *Clearing Union* de Keynes e suas razões estão mais vivas e emergenciais do que nunca e a soberania desenhada por Haddad-Galípolo é filha dessa emergência. Não podemos deixar que o jogo dependa do dono da bola.

Considerações finais

Nas escoras da hegemonia monetária, de qualquer origem, as assimetrias reinarão, travando a soberania das sociedades sobre seu próprio destino, sobre políticas que levem ao pleno emprego; e, ainda, continuarão a embalar crises ao sabor dos que usufruem dessas assimetrias para concentrar riqueza. As lutas pela soberania concorrem para o fim das hegemonias e a partilha, em paz, do progresso técnico e dos meios de subsistência. Nas palavras do mestre Keynes: "as dificuldades estão não na aceitação de novas ideias, mas sim, em escapar das antigas ideias que se encontram ramificadas em cada canto dos nossos pensamentos".[29]

---

[28] BORIO, Claudio. "When the unconventional becomes conventional". *BIS Quartely Review*, set. 2020; RENICK, Oliver; MCCORMICK, Liz. "Greenspan Sees no stock excess, warns of bond market bubble". *Bloomberg*, ago. 1961.

[29] KEYNES, Jhon Maynard. *A teoria geral do emprego, do juro e da moeda (Coleção Os economistas)*. São Paulo: Nova Cultural, 1996.

Referências bibliográficas

BELLUZZO, Luiz Gonzaga; "Globalização desigual e combinada". *Revista Brasileira De Economia Social E Do Trabalho*, n° 1, 2019.

BELLUZZO, Luiz Gonzaga; CARNEIRO, Ricardo. "O mito da conversibilidade". *Revista de Economia Política*, vol. 24, n° 2, abr./jun. 2004.

BORIO, Claudio. "When the unconventional becomes conventional". *BIS Quartely Review*, set. 2020.

CARDOSO DE MELLO, João Manoel. *A contra-revolução liberal-conservadora e a tradição crítica latino-americana*: um prólogo em homenagem a Celso Furtado. *Economia e Sociedade*, vol. 6, n° 2, dez. 1997.

CARNEIO, Ricardo; BIANCHINI, Rafael. "Questões sobre uma moeda digital sul-americana: o SUR". *Carta Capital*, abr. 2022.

CASADO, José. "Lula Resgata a ideia da independência do dólar". *Veja*, maio. 2022.

EINCHENGREEN, Barry. *Privilégio exorbitante*: a ascensão e a queda do dólar e o futuro do sistema monetário internacional. Rio de Janeiro: Elsevier, 2010.

FRIEDMAN, Milton. "Collected works of Milton Friedman project records". Entrevistador: Radio Australia. *Hoover Institutiton*, jul. 1998.

FERRARI FILHO, Fernando. "A moeda internacional na economia de Keynes". *In*: LIMA, Gilberto Tadeu; SICSÚ, João; DE PAULA, Luiz Fernando. *Macroeconomia moderna*: Keynes e a economia contemporânea. Rio de Janeiro: Campus, 1999.

HADDAD, Fernando; GALÍPOLO, Gabriel. "Criação de moeda sul-americana pode acelerar integração regional". *Folha de São Paulo*, abr. 2022.

KEYNES, John Maynard. "Proposals for na International Clearing Union". *In*: _____. *Activities 1940-1944, collected writings*. vol. 15. Cambridge: Cambridge University Press, 1982.

_____. *A teoria geral do emprego, do juro e da moeda (Coleção Os economistas)*. São Paulo: Nova Cultural, 1996.

MARX, Karl. *O Capital*: crítica da economia política. vol. 1. São Paulo: Boitempo, 2011.

MINSKY, Hyman. *Stabilizing an unstable economy*. Nova York: McGraw-Hill, 1986.

MUNDELL, Robert. "A theory of optimum currency areas. American economic review". *JSTOR*, nov. 1961.

RENICK, Oliver; MCCORMICK, Liz. "Greenspan sees no stock excess, warns of bond market bubble". *Bloomberg*, ago. 1961.

SCHNEIDER, Howard; SAPHIR, Ann. "Fed lifts rates by half point, starts balance sheet reduction June 1". *Reuters*, maio. 2020.

SCHWARTSMAN, Alexandre. "Moeda única: doença do antiamericanismo juvenil". *Portal InfoMoney*, abr. 2022.

SICSÚ, João; DE PAULA, Luiz Fernando. *Macroeconomia moderna*: Keynes e a economia contemporânea. Rio de Janeiro: Campus, 1999.

CAPÍTULO XXX
IMPLOSÃO DE IGNORÂNCIAS

LUIZ GONZAGA BELLUZZO

Os confortos da confiança excitaram o apetite ao risco e a racionalidade do mercado converteu-se em tropel enfurecido em 2008

Desde a crise financeira de 2008, os economistas se engalfinharam em debates sobre a pertinência dos mandamentos econômicos inscritos nos cânones da ortodoxia. Nos países desenvolvidos, os bancos centrais intervieram desavergonhadamente para salvar mercados em pânico, comprando títulos públicos e privados, injetando liquidez no mercado (*quantitative easing*) e inflando a demanda por esses papéis. Com essas ações pouco convencionais, os gestores da moeda e do crédito sustaram uma desastrosa desvalorização da riqueza, uma violenta deflação do estoque de ativos.

Nos últimos 40 anos, os bancos centrais, sob os auspícios dos modelos dinâmicos estocásticos de equilíbrio geral e do regime de metas de inflação – a celebrada regra de Taylor –, comemoravam o bom comportamento do nível geral de preços e celebravam as taxas de juro moderadas. Imperceptível para os radares desajustados dos cientistas da sociedade, a "exuberância irracional" esgueirou-se nas plácidas certezas dos modelos bem-comportados para implodir suas ignorâncias em 2008. Desinformados das lições da história, os "cientistas" ignoraram os paradoxos da ação humana: os confortos da confiança excitam o apetite ao risco e a racionalidade dos agentes do mercado transmuta-se no tropel de búfalos enfurecidos em busca da riqueza líquida.

Infelizmente para os modelos dos cientistas, sem crédito e dívidas, as transações cruciais no capitalismo – a economia monetária da produção – não são realizadas pela troca de recursos reais, mas por direitos financeiros sobre esses recursos. Um título confere ao seu comprador (credor) o direito a um fluxo esperado de recebíveis, decorrente das receitas estimadas pelo projeto ou empresa. O valor desses títulos está diretamente relacionado à segurança sobre esse fluxo de recebíveis.

Na marcação do mercado, a confiança quanto à realização dessas receitas pode reverter-se rapidamente em um consenso de que os títulos não valem o que se esperava e que seus credores perderão aquilo que achavam ter ganho. Se tudo que é sólido se desmancha no ar, imagine o leitor quão arriscado é carregar em sua carteira de ativos o que pretende ser líquido. Transgredindo os catecismos da ortodoxia, a política de inundação de liquidez não trepidou em descarregar trilhões nos bancos, iniciando com 700 bilhões de dólares de recursos públicos para a compra de títulos podres privados na deflagração da crise. Hoje alcança mais de 15 trilhões em "ativos" no balanço dos bancos centrais dos Estados Unidos, Europa, Japão, Suíça e Inglaterra.

A ampliação da base monetária não gerou inflação nem engendrou expansão do crédito para a produção, muito pelo contrário. Um estudo do Board of Governors do Fed, publicado em novembro de 2015, ilumina esse ponto:

> ... em reação à turbulência financeira e ao rompimento do crédito associado à crise financeira global, corporações

CAPÍTULO XXX – IMPLOSÃO DE IGNORÂNCIAS

> procuraram ativamente aumentar recursos líquidos, a fim de acumular ativos financeiros e reforçar seus balanços. Se esse tipo de cautela das empresas tem sido relevante, isso pode ter conduzido a investimentos mais frágeis do que o normalmente esperado e ajuda a explicar a fraqueza da recuperação da economia global... descobrimos que a contraparte do declínio nos recursos voltados para investimentos são as elevações nos pagamentos para investidores sob a forma de dividendos e recompras das próprias ações... e, em menor extensão, a acumulação líquida elevada de ativos financeiros.[1]

Ainda hoje, nos tempos da recuperação raquítica, a expansão da liquidez financia a aquisição de ativos já existentes, como a recompra das próprias ações ou o aumento de recursos líquidos, a fim de acumular ativos financeiros e reforçar balanços, em vez de financiar a aquisição de bens e serviços. Novas bolhas de ativos. A riqueza agregada é o estoque de direitos de propriedade e títulos de dívida gerados ao logo de vários ciclos de criação de valor. A renda nacional é o fluxo de renda criado pelo investimento em nova capacidade produtiva e no consumo das famílias, o próprio valor em movimento. As injeções de liquidez concebidas para evitar a deflação do valor dos ativos já acumulados não estimularam a criação de valor em movimento, mas incitaram e excitaram a conservação e a valorização da riqueza na sua forma mais estéril, abstrata. Em contraposição à aquisição de máquinas e equipamentos, a valorização desses ativos não carrega qualquer expectativa de geração de novo valor, de emprego de trabalho vivo. O que era uma forma de evitar a destruição da riqueza velha provoca a esclerose do impulso à criação de riqueza nova.

Os bancos centrais rebaixam suas taxas de juro para o subzero, tentam mobilizar a liquidez empoçada para estimular o

---

[1] GRUBER, Joseph; KAMIN, Steve. "The corporate saving glut in the aftermath of the global financial crisis international finance". *Federal Reserve*, dez. 2015.

crédito destinado à demanda de ativos reais ao longo do tempo. A liquidez assegurada pelos bancos centrais permanece represada na posse dos controladores da riqueza velha. Os controladores da riqueza líquida rejeitam a possibilidade de vertê-la em criação de riqueza nova, com medo de erde-la nas armadilhas da capacidade sobrante e do desemprego disfarçado nos empregos precários com rendimentos cadentes.

As últimas reuniões dos Comitês de Política Monetária do Federal Reserve registram opiniões de alguns membros, ansiosos em emagrecer o avantajado balanço do banco. A Presidente Janet Yellen hesita. Hesita porque, provavelmente, teme as consequências de uma reversão do *quantitative easing* sobre os preços dos títulos públicos longos acumulados nos bancos e fundos. Em entrevista à *Bloomberg*, o ex-Presidente Alan Greenspan alertou para a bolha abrigada na valorização dos títulos do Tesouro.[2]

Mesmo administrados com vagar e cautela, os ajustamentos no valor dos estoques são muito mais rápidos e intensos. Podem ser catastróficos. Porco vira linguiça, mas linguiça não vira porco.

Referências bibliográficas

GRUBER, Joseph; KAMIN, Steve. "The corporate saving glut in the aftermath of the global financial crisis international finance". *Federal Reserve*, dez. 2015.

RENICK, Oliver; MCCORMICK, Liz. "Greenspan sees no stock excess, warns of bond market bubble". *Bloomberg*, ago. 1961.

---

[2] RENICK, Oliver; MCCORMICK, Liz. "Greenspan sees no stock excess, warns of bond market bubble". *Bloomberg*, ago. 1961.

CAPÍTULO XXXI
A MACROECONOMIA DOS FLUXOS E ESTOQUES

LUIZ GONZAGA BELLUZZO

Ao observar as relações que constituem "a economia como um todo", os economistas Wynne Godley e Marc Lavoie partem da matriz keynesiana para construir um modelo dinâmico no qual os "fluxos de gasto e renda" promovem mudanças na composição dos estoques de riqueza.[1]

Consideremos que em um determinado momento um conjunto de empresas já exerceu a demanda de financiamento e realiza gastos de investimento. Este conjunto de empresas está a realizar um "déficit" financiado pelos bancos. Ao mesmo tempo, um outro conjunto está colhendo os resultados de suas decisões anteriores de investimento, isto é, realizam um superávit, um *"surplus"*. É a obtenção deste superávit corrente que permite simultaneamente:

---

[1] GODLEY, Wynne; LAVOI, Marc. *Monetary economics*: an integrated approach to credit, money, income, production and wealth. Londres: Palgrave Macmillan, 2016.

a) servir às dívidas contraídas para o financiamento dos ativos formados no passado, e;

b) acumular fundos líquidos dos quais se nutre o sistema bancário enquanto gestor do estoque de riqueza financeira – dívidas e direitos de propriedade.

Desnecessário dizer que a acumulação de recursos líquidos favorece a situação patrimonial das empresas e as torna mais atraentes para a concessão de novos créditos, o que confere um caráter pró-cíclico ao endividamento. Em uma conjuntura favorável, o processo de aumento do investimento e do endividamento gera um fluxo de renda que permite servir à dívida passada.

Isto significa que a economia "em seu conjunto" deve gerar dívida no presente para que a dívida passada possa ser servida. O movimento vai da concessão de crédito novo destinado a financiar os gastos de investimento e de consumo para a geração da renda, com a consequente acumulação de ativos e passivos nos balanços dos agentes.

Godley e Lavoie, ao analisarem o fluxo de fundos e as mudanças na composição dos estoques entre o início e o término de cada período, introduzem o tempo histórico na dinâmica capitalista.[2]

Começamos cada período com uma configuração dos estoques que se altera por força dos novos fluxos gerados ao longo do período. O sistema não gera tendências ao equilíbrio, tampouco ao desequilíbrio, mas uma sequência de transformações nos balanços de bancos, empresas, governos, famílias e setor externo. Ativos de uns são passivos de outro, ou seja, dívidas de uns são direitos de outros. As ações preferenciais são direitos que conferem prioridade aos rendimentos da empresa e as ações ordinárias conferem direitos

---

[2] GODLEY, Wynne; LAVOI, Marc. *Monetary economics*: an integrated approach to credit, money, income, production and wealth. Londres: Palgrave Macmillan, 2016.

CAPÍTULO XXXI – A MACROECONOMIA DOS FLUXOS E ESTOQUES

a almejar o controle da propriedade. As famílias adquirem, ao longo do tempo, depósitos à vista, títulos do governo, ações e títulos de dívida emitidos pelos bancos ou diretamente nos mercados de capitais pelas empresas. São formas incontornáveis de acumular riqueza em uma economia monetária.

Os bancos comerciais e demais intermediários financeiros operam no espaço criado pela atuação garantidora dos Bancos Centrais e regulam a oferta de crédito para o setor empresarial não-financeiro, amparados na "criação" de passivos, depósitos à vista e, subsidiariamente, no endividamento junto ao público. As instituições financeiras não bancárias – digamos, os bancos-sombra – alavancam posições ativas da clientela amparadas nos passivos contraídos nos mercados monetários atacadistas.

A inter-relação entre os balanços – ativos e passivos – dos agentes relevantes, bancos, empresas, famílias, governo e setor externo, coloca as instituições financeiras na cúspide dos processos de decisão de gasto, formação da renda e gestão dos estoques de ativos gerados. Os bancos e demais instituições financeiras, ao conceder empréstimos, criam moeda e acomodam as reconfigurações nos direitos de propriedade e de apropriação (ações e títulos de dívida) que nascem e se transformam no processo de acumulação da riqueza.

Nas etapas de retração cíclica, diante da queda do faturamento, as empresas encolhem os gastos, demitem trabalhadores com o propósito de reduzir o seu próprio endividamento, mas para o conjunto da economia isto leva necessariamente ao aumento da dívida porque o encolhimento dos fluxos de renda dificulta servir à dívida passada. Para cada unidade "microeconômica" é racional diminuir o "déficit" corrente. No entanto, em uma conjuntura de desaceleração da economia, as decisões "racionais" de cada uma delas conformam efeitos negativos para o conjunto, o que vai agravar a situação patrimonial de todas, diante da rigidez dos custos financeiros da dívida contratada no passado.

As instituições que compõem o chamado mercado financeiro também são responsáveis pela avaliação e negociação diária em mercados especializados do estoque de direitos de propriedade e de títulos de dívida nascidos dos fluxos anteriores de financiamento ao gasto em novos ativos reprodutivos ou acumulados a partir dos créditos destinado à compra de ativos já existentes.

Os governos financiam os gastos emitindo títulos públicos, em estreita cooperação com os Bancos Centrais, que regulam as condições de liquidez do mercado monetário mediante a recompra diária dos papéis elegíveis, quer do governo, quer do setor privado.

O economista de Harvard, Emmanuel Fahri, empreendeu recentemente um estudo a respeito dos "ativos seguros". Entre o cardápio de ativos disponíveis, diz Fahri, alguns são percebidos como "mais seguros" do que outros.[3] No entanto, a segurança é um conceito fugidio, porque nada é absolutamente seguro. Os investidores sempre visualizarão a segurança de um ativo através do prisma de suas próprias percepções, necessidades e preocupações, em relação a outros ativos, e em relação às percepções de outros investidores. Fahri afirma que seu artigo adota uma definição pragmática e estreita: "um ativo seguro é um simples instrumento de dívida que deverá preservar seu valor durante eventos sistêmicos adversos".[4]

No episódio de 2008, assim como na pandemia, os Bancos Centrais e os Tesouros Nacionais cuidaram e cuidam de sustar a desvalorização dos ativos privados que frequentam os balanços de empresas, bancos e famílias. Os bancos privados e outros intermediários financeiros garantem a qualidade de suas carteiras e

---

[3] FARHI, Emmanuel; CABALLERO, Ricardo; GOURINCHAS, Pierre-Olivier. "The safe assets shortage conundrum". *Journal of Economic Perspectives*. vol. 31, nº 3, 2017.

[4] FARHI, Emmanuel; CABALLERO, Ricardo; GOURINCHAS, Pierre-Olivier. "the safe assets shortage conundrum". *Journal of Economic Perspectives*. vol. 31, nº 3, 2017, p. 29.

salvaguardam seus patrimônios carregando títulos públicos com rendimentos reduzidos, mas valor assegurado pelo poder do Estado como gestor da moeda, a ponte segura entre o passado apodrecido e o futuro incerto.

Referências bibliográficas

FARHI, Emmanuel; CABALLERO, Ricardo; GOURINCHAS, Pierre-Olivier. "The safe assets shortage conundrum". *Journal of Economic Perspectives*. vol. 31, n° 3, 2017.

GODLEY, Wynne; LAVOI, Marc. *Monetary economics*: an integrated approach to credit, money, income, production and wealth. Londres: Palgrave Macmillan, 2016.

CAPÍTULO XXXII
A CONTRADIÇÃO EM PROCESSO

LUIZ GONZAGA BELLUZZO

Homenagem ao amigo Fred Mazzuchelli

Em *Eros e Civilização*, Marcuse falou da mútua e estranha fecundação entre liberdade e dominação na sociedade contemporânea. Para ele, a produção e o consumo reproduzem e justificam a dominação.[1] Mas isso não altera o fato de que seus benefícios são reais: amplia as perspectivas da cultura material, facilita a obtenção das necessidades da vida, torna o conforto e o luxo mais baratos, atrai áreas cada vez mais vastas para a órbita da indústria. Mas, ao mesmo tempo, o indivíduo paga com o sacrifício de seu tempo, de sua consciência e de seus sonhos nunca realizados. A concorrência generalizada se impõe aos indivíduos como uma força externa, irresistível. Por isso é preciso intensificar o esforço no trabalho na busca do improvável equilíbrio entre a incessante multiplicação das necessidades e os meios necessários para satisfazê-las, buscar novas emoções, cultivar a angústia porque é impossível ganhar a paz.

---

[1] MARCUSE, Herbert. *Eros e civilização*. Rio de Janeiro: Zahar, 1972.

Passados os bons tempos das bolhas financeiras e de consumo, os saldos da globalização não são capazes de se conciliar com os enredos de que as transformações tecnológicas e suas consequências sociais, pela economia da inovação e da inteligência, permitiriam escolher à vontade entre o tempo livre e as fadigas do labor, longe dos constrangimentos da hierarquia da grande empresa, da economia da fábrica, dos ruídos atormentadores e dos gases tóxicos.

O avanço tecnológico e os ganhos de produtividade não impediram a intensificação do ritmo de trabalho. Nos Estados Unidos, por exemplo, a produtividade e as horas trabalhadas cresceram sem o proporcional acompanhamento da remuneração, como demonstra o sociólogo alemão Wolfgang Streeck, diretor do prestigiado Instituto Max Planck para o Estudo das Sociedades.[2]

Os efeitos do acirramento da concorrência entre empresas e trabalhadores no espaço global não só acelerou o processo de concentração da riqueza e da renda como submeteu os cidadãos às angústias da insegurança. Conforme apurou o *Credit Suisse* em 2015 a riqueza acumulada pelo 1% mais abastado da população mundial agora equivale, pela primeira vez, à riqueza dos 99% restantes.[3]

As estratégias de localização da corporação globalizada introduziram importantes mutações nos padrões organizacionais: constituição de empresas-rede, com centralização das funções de decisão e de inovação e terceirização das operações comerciais, industriais e de serviços em geral e, por fim, mas não menos importante, a automação que reduziu drasticamente a mão de obra empregada.

O desemprego global cresceu muito no mundo desenvolvido, ao mesmo tempo que o trabalho se intensificou nas regiões para onde se deslocou a produção manufatureira. No outro lado da

---

[2] STREECK, Wolfgang. *Tempo comprado*: a crise adiada do capitalismo democrático. São Paulo: Boitempo, 2013.
[3] OXFAM. "Uma economia para os 99%". *OXFAM*, jan. 2017.

cerca, estão os que se tornaram compulsoriamente independentes do trabalho, os desempregados.

O estudo "Crescente polarização da renda no Estados Unidos", publicado pelo FMI no dia 28 de junho, demonstra como os reflexos desses movimentos são sentidos de forma mais dramática na classe média.[4] As pessoas de renda média que representavam aproximadamente 58% da população dos EUA nos anos 1970, tiveram sua participação reduzida para 47% em 2014. A tendência de polarização é consistente para diferentes cortes de definição de renda média. A exclusão do 1% mais rico ou análises considerando idade, raça ou educação produzem o mesmo resultado.[5]

Os dados de participação dos diferentes níveis de renda na economia corroboram a polarização observada na população. A participação da renda média na economia era de 47% em 1970 e caiu para aproximadamente 35% em 2014. A contraparte desse decréscimo pode ser observada no aumento da participação da renda alta, dado que não há ganho para a baixa renda durante todo o período. O estudo conclui que esse movimento se explica pelo "baixo dinamismo do mercado de trabalho" norte-americano.[6]

Paradoxalmente, há quem proponha "dinamizar" os mercados de trabalho com o paroxismo do que os levou à morbidez, como a proposta de jornada de trabalho de 80 horas semanais feita pelo Presidente da CNI aqui no Brasil.[7] Vale lembrar que as reformas na legislação trabalhista da França, citada como exemplo, há

---

[4] ALICHI, Ali. "Rising income polarization in the United States". *IMFBlog*, jun. 2016.

[5] ALICHI, Ali. "Rising income polarization in the United States". *IMFBlog*, jun. 2016.

[6] ALICHI, Ali. "Rising income polarization in the United States". *IMFBlog*, jun. 2016.

[7] AGÊNCIA BRASIL. "Presidente da CNI defende mudanças previdenciárias e nas leis trabalhistas". *AgênciaBrasil*, jul. 2016.

meses têm levado centenas de milhares às ruas em protesto contra o governo de François Hollande.

Os fatos e a lógica são difíceis de compreender quando se revelam contraditórios, mas as contradições existem, nesse caso especialmente para o "industrial", e são mobilizadoras. O pensador que melhor compreendeu as contradições desse sistema forneceu luzes, há mais de 150 anos, ainda capazes de iluminar a "racionalidade" das propostas de reformas trabalhistas e a atual letargia das economias.

> Quando se trata de seu trabalhador, todo capitalista sabe que não se confronta com ele como produtor frente ao consumidor, e deseja limitar ao máximo seu consumo, isto é, sua capacidade de troca, seu salário. Naturalmente, ele deseja que os trabalhadores dos outros capitalistas sejam os maiores consumidores possíveis de sua mercadoria. Todavia, a relação de cada capitalista com os seus trabalhadores é de fato a relação de capital e trabalho, a relação essencial. No entanto, provém precisamente daí a ilusão – verdadeira para o capitalista individual, à diferença de todos os outros – de que, excetuando-se seus trabalhadores, todo o resto da classe trabalhadora se defronta com ele, não como trabalhadores, mas como consumidores e trocadores – gastadores de dinheiro.... Portanto, o próprio capital considera a demanda dos trabalhadores – isto é, o pagamento do salário, no qual se baseia essa demanda – não como ganho, mas como perda.... O capital diferencia-se da relação de dominação precisamente porque o trabalhador se defronta com ele como consumidor e ponente de valor de troca, na forma de possuidor de dinheiro, como simples centro de circulação – devém um dos seus infinitos centros, nos quais se extingue sua determinabilidade como trabalhador.... Portanto, de acordo com sua natureza, o capital põe um obstáculo para o trabalho e a criação de valor que está em contradição com sua tendência de expandi-los contínua e ilimitadamente. E uma vez que tanto põe um obstáculo que lhe é específico

quanto, por outro lado, avança para além de todo obstáculo, o capital é a contradição viva.[8]

Referências bibliográficas

AGÊNCIA BRASIL. "Presidente da CNI defende mudanças previdenciárias e nas leis trabalhistas". *Agência Brasil*, jul. 2016.

ALICHI, Ali. "Rising income polarization in the united states". *IMFBlog*, jun. 2016.

MARCUSE, Herbert. *Eros e civilização*. Rio de Janeiro: Zahar, 1972.

MARX, Karl. *Grundrisse*: manuscritos econômicos de 1857-1858 – esboços da crítica da economia política. São Paulo: Boitempo, 2011.

OXFAM. "Uma economia para os 99%". *OXFAM*, jan. 2017.

STREECK, Wolfgang. *Tempo comprado*: a crise adiada do capitalismo democrático. São Paulo: Boitempo, 2013.

---

[8] MARX, Karl. *Grundrisse*: manuscritos econômicos de 1857-1858 – esboços da crítica da economia política. São Paulo: Boitempo, 2011, pp. 556-558.

CAPÍTULO XXXIII

KEYNES, O RETORNO

LUIZ GONZAGA BELLUZZO

Dizem por aí que Keynes voltou à moda. Quando vejo e ouço alguns dos patrocinadores dessa ressurreição, sinto calafrios. Nos anos 50, a professora Joan Robinson profligou o keynesianismo "bastardo", responsável pela divulgação de um Keynes caricatural, ideólogo dos déficits orçamentários e das políticas monetárias permissivas. Esse "*straw man*" está a exibir sua figura grotesca nas páginas de alguns manuais de macroeconomia e/ou nas cabeças dos praticantes do *ecocomics*, o humorismo econômico de cheiro duvidoso.

Para compreender as recomendações de política macroeconômica – numa perspectiva keynesiana – é necessário examinar o processo de formação da renda, dos lucros, bem como a manutenção das condições de liquidez e de crédito. Consideremos a questão de forma simplificada: em momento de expectativas moderadamente otimistas e orçamento público equilibrado do ponto de vista intertemporal, um conjunto de empresas e de famílias, apoiado na expansão do crédito, realiza gastos de consumo e de investimento. Este conjunto de empresas e famílias está incorrendo em "déficit" financiado pelos bancos e por outros intermediários financeiros. O aumento do gasto promove o crescimento da renda da comunidade. Assim, um outro conjunto de empresas e famílias pode realizar um "superávit", expresso na acumulação de lucros, no aumento da poupança e, no caso de governos prudentes, no superávit fiscal.

O fluxo de lucros e a poupança, privada e pública, cuidam de garantir o serviço e estabilidade do valor das dívidas e dos custos financeiros. As poupanças decorrentes do novo fluxo de renda constituem o *funding* do sistema bancário e do mercado de capitais, que, em sua função de intermediários, promovem a validação do crédito e da liquidez (criação de moeda) "adiantados" originariamente para viabilizar os gastos de investimento e de consumo.

O aumento do investimento, do consumo e do endividamento enseja a hierarquização dos títulos de dívida e dos direitos de propriedade conforme os preços, à vista e futuros, estabelecidos diariamente nos mercados secundários. Isto significa que a economia deve gerar "déficit" e liquidez no presente para que as dívidas (novas e já existentes), assim como os direitos de propriedade, possam ser "precificados" conforme o estado de convenções prevalecente.

Os bons resultados do presente aplacam o medo do futuro. Embalados pelo otimismo quanto aos resultados dos novos empreendimentos, os espíritos animais atropelam qualquer consideração de prudência no afã de produzir nova riqueza e fontes de trabalho. O sucesso não acalma, senão excita o desejo, acelerando a febre de investimentos excessivos e mal dirigidos, bolhas especulativas nos mercados de ativos, tudo isso apoiado no endividamento imprudente e na inovação financeira. Os balanços se aproximam das posições "Ponzi" e a economia aderna para a "ruptura de expectativas". Nos mercados "securitizados" o sinal é dado pela contração da liquidez e, consequentemente, pela queda abrupta dos preços dos ativos.

Keynes escreveu a *Teoria Geral* para explicar um momento de "ruptura de expectativas" – a Grande Depressão – e não a

CAPÍTULO XXXIII – KEYNES, O RETORNO

ocorrência de simples flutuações cíclicas da economia capitalista.[1] Nas flutuações cíclicas, a contração do investimento e do consumo deprime a acumulação interna das empresas e a renda das famílias, suscitando problemas de endividamento e risco que podem ser resolvidos com mudanças suaves na política monetária e na velocidade e intensidade do gasto público.[2]

Nas crises, ocorre o colapso dos critérios de avaliação da riqueza que vinham prevalecendo. As expectativas de longo prazo capitulam diante da incerteza e não é mais possível precificar os ativos. Os métodos habituais que permitem avaliar a relação risco/rendimento dos ativos sucumbem diante do medo do futuro. A obscuridade total paralisa as decisões e nega os novos fluxos de gasto. Em tais circunstâncias, a tentativa de redução do endividamento e dos gastos de empresas e famílias em busca da liquidez e do reequilíbrio patrimonial é uma decisão "racional" do ponto de vista microeconômico, mas danosa para o conjunto da economia, pois leva necessariamente à ulterior deterioração dos balanços. É o paradoxo da "desalavancagem".

A riqueza concentra-se, agora, na posse do dinheiro em si (ou substitutos próximos, os títulos da dívida pública). Essa corrida privada para as formas imaginárias, mas socialmente necessárias, do valor e da riqueza vai afetar negativamente a valorização e a reprodução da verdadeira riqueza social, ou seja, a demanda de ativos reprodutivos e de trabalhadores. Diante da busca coletiva pela liquidez, os preços inflados dos direitos sobre a riqueza real – ações e dívidas privadas – despencam e, não raro, arrastam os preços de bens e serviços.[3]

---

[1] KEYNES, John Maynard. *A teoria geral do emprego, do juro e da moeda (Coleção Os economistas)*. São Paulo: Nova Cultural, 1996.
[2] KEYNES, John Maynard. *A teoria geral do emprego, do juro e da moeda (Coleção Os economistas)*. São Paulo: Nova Cultural, 1996.
[3] KEYNES, John Maynard. *A teoria geral do emprego, do juro e da moeda (Coleção Os economistas)*. São Paulo: Nova Cultural, 1996.

Para Keynes, a estabilização do investimento e a regulação da finança – com o propósito de impedir as flutuações agudas da renda e do emprego – deveriam estar inscritas de forma permanente nas políticas do Estado.[4] A propósito das políticas de pleno emprego, diz ele numa resposta a James Meade: "Você acentua demais a cura e muito pouco a prevenção. A flutuação de curto prazo no volume de gastos em obras públicas é uma forma grosseira de cura, provavelmente destinada ao insucesso".[5]

A geração de déficits monumentais e as políticas exasperadas de liquidez são "formas grosseiras" e danosas de sustentação do lucro macroeconômico e de proteção dos portfólios privados. A isso se resume o "keynesianismo" dos cobiçosos da finança e dos bonecos de ventríloquo do mercadismo. Empenhados, com suas arengas ineptas e interesseiras, em satanizar a intervenção preventiva do Estado, lançaram a economia global na voragem da desconfiança.

Diante da fuga desatinada para a liquidez e para a segurança, tornam-se inevitáveis o desequilíbrio fiscal, a ampliação do espectro de ativos privados a serem absorvidos pelo balanço do Banco Central e o crescimento do débito público na composição dos patrimônios privados. Resta torcer para que essas "formas grosseiras" impeçam o avanço do *credit crunch*, o aprofundamento da deflação de ativos e a queda da produção e do emprego.

---

[4] KEYNES, John Maynard. *A teoria geral do emprego, do juro e da moeda* (Coleção Os economistas). São Paulo: Nova Cultural, 1996.
[5] KEYNES, John Maynard. *Collected writings*: activities 1940-1946 shaping the post-war world, the clearing union. vol. 27, Cambridge: Cambridge University Press, 1982.

Referências bibliográficas

KEYNES, John Maynard. *A teoria geral do emprego, do juro e da moeda (Coleção Os economistas)*. São Paulo: Nova Cultural, 1996.

_____. *Collected writings*: activities 1940-1946 shaping the post-war world – the clearing union. vol. 27. Cambridge: Cambridge University Press, 1982.

CAPÍTULO XXXIV

O PARADOXO DA MOEDA, DO CRÉDITO E DA VALORIZAÇÃO DA RIQUEZA: AS DIMENSÕES POLÍTICAS E PSICOSSOCIAIS DOS FENÔMENOS CONTEMPORÂNEOS DO CAPITALISMO

NATHAN CAIXETA

Apresentação

O ensaio que aqui será apresentado deve-se à leitura prévia do livro *Dinheiro: O Poder da Abstração Real*,[1] escrito por Luiz Gonzaga Belluzzo e Gabriel Galípolo. Entretanto, o texto que apresento não será precisamente uma resenha do livro, mas uma tentativa de explorar alguns dos aspectos que me instigaram à reflexão sobre os temas tratados na obra de Belluzzo e Galípolo.

---

1 BELLUZZO, Luiz Gonzaga. *Dinheiro*: o poder da abstração real. São Paulo: Contracorrente, 2021.

Para tanto, presto homenagem ao carinho fraterno desses amigos e mestres que têm acolhido minhas curiosidades intelectuais com paciência e generosidade. Cabe ressaltar, também, que não se trata de extrapolar os recortes teóricos empreendidos no livro, mas, na medida do possível, apresentar uma visão alternativa e, espero eu, fortuitamente complementar.

Introdução

A teoria monetária está prestes a debutar 200 anos de existência. Permanece clara a divisão entre: os teóricos que acreditam na definição da moeda como reserva de valor, princípio que a permite atuar, também, como unidade de conta e meio de pagamento; e aqueles que acreditam na impavidez da circulação monetária, implicando na relação direta entre a quantidade de moeda e o nível de preços. Entre os dois tons, ainda existem teorias que se ficam "em cima do muro", como no caso da aclamada Moderna Teoria Monetária (MMT).

Não pretendo empreender aqui uma revisão histórica da teoria monetária, mas explorar uma interpretação sobre a moeda enquanto paradoxo entre o pressuposto da valorização da riqueza e salvaguarda das relações de crédito entre os agentes econômicos, em especial, entre o setor público e o setor privado. Contudo, em tom de advertência preventiva, admito estar convencido de que a teoria monetária se moveu de modo espiral, chafurdando em seus próprios postulados à cada nova rodada interpretativa, implicando na completa alienação dos *"policy makers"*, encarregados da administração da política monetária. Essa assombração alienante visita com cada vez mais violência as almas dos economistas e banqueiros centrais desde a última grande crise financeira em 2008.

Uma observação já oferece a prova dessa paralisia cognitiva dos debatedores e gestores públicos do dinheiro: toda crise capitalista é, sobretudo, uma crise de crédito, o que implica na dissolução dos preços dos ativos e, por esta via, impacta os níveis de investimento e de emprego das economias capitalistas.

Foi assim em 1907, em 1929, em 2008 e em todas as outras crises que acometeram (com menor ou maior grau de difusão internacional) a economia capitalista. No processo de recuperação da grande crise financeira de 2008 e na subsequente operação de "salvação" do Euro (2012–2013), as autoridades monetárias lançaram mão das políticas monetárias "não-convencionais", sem perceber que estas eram tão convencionais como todas as outras respostas anteriores às crises de crédito. O Estado entra na jogada para "limpar" a sujeira dos balanços bancários e impedir o prosseguimento do derretimento da riqueza financeira privada.[2]

O que foi explicitado de forma nítida pós-2008 não foi o grau de comprometimento do sistema financeiro internacional, pois este é estruturalmente cíclico e, inevitavelmente, submetido à incerteza radical, a depender da percepção de risco dos agentes financeiros em assumir posições (alocar a riqueza) ancoradas em operações de crédito. Igualmente, já estavam evidentes, desde antes da crise, as fragilidades regulatórias no interior dos sistemas financeiros.

Para a surpresa de muitos, o fenômeno estrutural denunciado por Marx, Schumpeter, Kalecki, Keynes e Minsky, demonstrou-se uma vez mais como substância da dinâmica de reprodução da riqueza financeira. Para sintetizar o argumento que aqui será desenvolvido: o Estado atua necessariamente como financiador, em primeira instância, da riqueza financeira, e emprestador, em última instância, quando o sistema financeiro prenuncia sinais de colapso.[3]

---

[2] BELLUZZO, Luiz Gonzaga. *Manda quem pode, obedece quem tem prejuízo*. São Paulo: Contracorrente, 2017.

[3] BELLUZZO, Luiz Gonzaga. *Dinheiro*: o poder da abstração real. São Paulo: Contracorrente, 2021.

1 Recolocando as evidências em ordem: a moeda e suas dimensões políticas, sociais e psicológicas

Marx, ao descortinar os feitiços que envolvem a forma-valor, toma por pressuposto a existência do dinheiro como referência geral de todas as formas de riqueza, colecionando o aparato que o permitiria explicar "dialeticamente" o movimento de autonegação do capital a partir de sua autorreferência, fundada, concreta e logicamente no sistema de crédito.[4] Para Marx, são as formas avançadas, isto é, onde o crédito referido ao dinheiro desempenha papel central, que explicam as formas mais básicas e abstratas do valor, representadas por todo universo de mercadorias, em especial, a mercadoria-trabalho, tendente à miserabilidade como fonte de valorização do capital.[5]

Longamente comentado nas obras de Marx, o interstício entre o endividamento público e a valorização privada da riqueza aparece ancorado na percepção de que a persistência do processo de acumulação de riqueza, a autonomização do capital e do progresso técnico supõe o apoio do sistema de crédito partilhado pelos agentes privados que permanecem, antes de tudo, ancorados no processo de endividamento público:

> O Crédito público torna-se a religião do capital (...). dívida pública dota o dinheiro de capacidade criadora, transformando-o, assim, em capital, sem ser necessário que seu dono se exponha aos riscos da produção. Os credores do Estado nada dão na realidade, pois a soma emprestada converte-se

---

[4] MARX, Karl. Grundrisse: manuscritos econômicos de 1857-1858 – esboços da crítica da economia política. Boitempo, 2011.
[5] BELLUZZO, Luiz Gonzaga. *O capital e suas metamorfoses*. São Paulo: Unesp, 2013.

em títulos de dívida pública facilmente transferíveis, que continuam a funcionar em suas mãos como se fossem dinheiro.[6]

Verifica-se, portanto, como sistemicamente necessário à ancoragem nominal do dinheiro, sua fundação na emissão de dívida pública, para ser preservada a capacidade de liquidação dos títulos de crédito privados na forma monetária, isto é, a compensação, em dinheiro, das transações financeiras.

É por a moeda ser sustentada pelos atributos monopólicos do Estado sobre as leis, a violência e seu autofinanciamento que ela adquire suas características fundamentais: a impossibilidade de ser produzida privadamente (taxa marginal de produção igual à zero) e a insubstituibilidade em relação a qualquer outro ativo (taxa marginal de substituição igual à zero).[7]

Schumpeter realiza movimento semelhante ao romper com o suposto de circularidade dos fluxos de renda, verificando um paradoxo no dinheiro "demoníaco", pois enquanto referência da riqueza, o caráter perturbador do dinheiro consegue alastrar sobre as relações de crédito, e assim, gera movimentos de expansões e contrações abruptas nas decisões sobre a alocação da riqueza, restringindo (ou expandindo) os gastos e freando (ou acelerando) os fluxos de renda.[8]

Kalecki iria além ao desmembrar o circuito de formação da renda total da sociedade, observando que "os capitalistas ganham

---

[6] MARX, Karl. *O Capital*: crítica da economia política. vol. 1, 2 e 3. São Paulo: Boitempo, 2011.

[7] KEYNES, John Maynard. *A teoria geral do emprego, do juro e da moeda (Coleção Os economistas)*. São Paulo: Nova Cultural, 1996; KEYNES, John Maynard. *The treatise on money*. Cambridge: Cambridge University Press, 2013.

[8] SCHUMPETER, Joseph. *Teoria da dinâmica do desenvolvimento econômico*. Rio de Janeiro: Abril, 1982; SCHUMPETER, Joseph. *Treatise on money*. Aalten: Wordbridge, 2014.

o que gastam", deste modo, invertendo a relação entre poupança e investimento, pois: o investimento da classe capitalista aportado pelo sistema de crédito cria a renda que será difundida pela sociedade, formando os lucros convertidos em poupança, longe de permanecer entesourada, mas destinada a cobrir os custos do crédito inicialmente adiantado pelos capitalistas.[9]

A interpretação de Keynes contempla múltiplas facetas do "feitiço monetário". Infelizmente, os intérpretes de Keynes, com raras e valiosas exceções, foram incapazes de replicar o talento iconoclasta do mestre e fixaram as ideias de Keynes em modelos que incorporam a moeda enquanto "forma" da riqueza, quando, na verdade, Keynes a concebia como "substância" da criação de riqueza numa economia monetária da produção. Enquanto forma, o paradoxo da moeda desaparece, tornando o dinheiro um ente equivalente a qualquer mercadoria, sobrando-lhe o privilégio da liquidação imediata.

Para Keynes, no entanto, a moeda é a substância que permite a reprodução da riqueza capitalista, pois:

1) o dinheiro é o pressuposto das operações de financiamento e investimento capitalistas, atos "ex-ante" na formação da renda agregada;[10]

2) o dinheiro é uma criatura do Estado, pois todas as operações comerciais e financeiras necessitam da ancoragem nominal dos preços, somente oferecida por uma referência de valor que sancione a transição entre as formas da riqueza, ato só realizado pela soberania estatal da emissão monetária,

---

[9] KALECKI, Michael. *Teoria da dinâmica capitalista*. São Paulo: Abril Cultural, 1978.

[10] KEYNES, John Maynard. "A teoria geral do emprego". In: SZMRECSÁNYI, Tamás. *John Maynard Keynes*: economia. São Paulo: Atica, 1984, pp. 167–179; KEYNES, John Maynard. *A teoria geral do emprego, do juro e da moeda (Coleção Os economistas)*. São Paulo: Nova Cultural, 1996.

processo que, por si, é causa e não efeito da preferência pela liquidez (pela moeda) por parte dos agentes econômicos;[11]

3) inspirado por Freud, Keynes assegura que o dinheiro guarda uma dimensão psicossocial na moldura da ética da concorrência capitalista, fomentando um amor profundo nas pessoas (*Love of Money*), sentimento capaz de ativar, duplamente, as pulsões de vida (na busca incessante pelo dinheiro) e de morte (na retenção desesperada da liquidez representada pela moeda).[12]

A conjunção dessas múltiplas dimensões permite explicitar o paradoxo da moeda: A moeda atua, ao mesmo tempo, como bem público, criado e afiançado pelo Estado, e como objeto de desejo das pessoas.[13] Somente a partir desta dupla dimensão que é possível o desenvolvimento do sistema de crédito, o avanço das forças produtivas e a acumulação de capital.

Enquanto objeto de desejo, o dinheiro realiza o magnetismo entre as formas do valor e da riqueza, encerrando por explicitar a observação de Minsky, segundo o qual o crescimento dos estoques de riqueza em suas variadas formas tem por pressuposto o crescimento do endividamento pelos atores detentores dos títulos de propriedade.[14] Contudo, tal relação só é possível devido à premissa da moeda como bem público, criatura do Estado.

---

[11] KEYNES, John Maynard. *Treatise on money*. Cambridge: Cambridge University Press, 2013.

[12] KEYNES, John Maynard, "Auri sacra fames". In: _____. *Collected writings*: essays in persuasion. vol 9. Cambridge: Cambridge University Press, 1982; ANTUNES, Davi Nardy. *Keynes e Freud*. Campinas: Facamp, [s.d.]. Não publicado.

[13] AGLIETTA, M.; ORLEÀN, A. *Macroeconomia financeira*. São Paulo: Loyola, 2004.

[14] MINSKY, Hyman. *John Maynard Keynes*. Campinas: Unicamp, 2011.

Para tanto, é recomendável uma atenção especial, inadvertidamente ignorada pelos animados propagadores da MMT. Ora, segundo Keynes, a moeda é criatura do Estado, detentor do poder de "escrever e reescrever" as regras de circulação e reprodução monetária.[15] No entanto, cabe ao Estado, sobretudo, o papel de "difundir o idioma da moeda" junto aos agentes privados, ou seja, operar na manutenção de sua soberania, longe de estar garantida a *"priori"*, mas alvo de cotidiana "negociação" via mecanismos de política econômica e diálogo com os atores sociais.[16] O esquecimento de que antes e acima da lógica formal, existem relações sociais guiadas pelo amor ao dinheiro é o que afasta qualquer das interpretações sejam neoclássicas, ou neokeynesianas, de encontrarem a face do demônio monetário, a qual preferem substituir pela figura do equilíbrio natural existente desde o éden, ou pelo menos desde que o Adão moderno aprendeu a operar uma calculadora.

2 O paradoxo da moeda

O paradoxo da moeda tem por expressão contraditória o dilema imposto pelas relações de crédito entre os agentes econômicos, sobretudo, entre os sistemas bancários, os mercados de capitais e de dívida pública. A moeda é uma relação de crédito fundada na bifurcação entre a criação endógena de moeda pelos sistemas financeiros e a chancela estatal desse processo através do gerenciamento da higidez (liquidez e solvência) das posições financeiras dos agentes privados. Conforme ensinou Minsky, as relações de crédito correspondem aos diferentes graus de risco associados ao universo de possibilidades alocativas. Quanto maiores as possibilidades de retorno e garantia de liquidação dos ativos adquiridos,

---

[15] KEYNES, John Maynard. *Treatise on money*. Cambridge: Cambridge University Press, 2013.
[16] BELLUZZO, Luiz Gonzaga; ABOUCHEDID, Saulo; RAIMUNDO, Licio. "Gestão da riqueza velha e criação de riqueza nova: a Modern Money Theory (MMT) é a solução?". *Economia e Sociedade*, 2020.

menor a percepção de risco dos agentes, logo, maiores os graus de alavancagem (endividamento) assumidos por eles.[17]

Segundo Minsky, os ciclos de crédito são inerentemente especulativos, de tal modo que as expansões e contrações do volume de crédito, impulsionadas pela elevação, ou redução das taxas de desconto exigidas pelos emprestadores para abdicar de suas posições de liquidez, produzem um irremediável efeito de instabilidade sistêmica abruptamente ativado por mudanças na percepção de risco dos agentes em relação às suas posições de endividamento. O dilema das relações de crédito, então, expressa-se em sua própria essencialidade para a acumulação de capital, ao condensar as múltiplas formas da riqueza referidas ao dinheiro e desta condensação emergirem as raízes da instabilidade financeira, fator de decadência dos níveis de investimento e de emprego.

Do céu ao inferno sobrevivem cotidianamente os balanços financeiros, contraindo operações de crédito altamente arriscadas no intento de "quebrar a banca" e amealhar, ao final das operações de compra/venda de ativos, mais dinheiro do que inicialmente havia sido adiantado. Nota-se, portanto, o caráter autorreferente e sistêmico do dinheiro consigo mesmo, no renitente processo de "gastar" para "ganhar" dinheiro, trocando promessas de dívida que assumem várias denominações, sob o mesmo "signo" – a "marca da besta" monetária.

O dilema do crédito implica no paradoxo da moeda e vice-versa, evocando o sentido, ou modo de ser concreto da moeda: a acumulação de riqueza, centrada na esfera fictícia ou financeira sob monopólio da classe capitalista. O movimento de acumulação de capital, implica na centralização e no monopólio da riqueza, inflamando os movimentos de valorização/desvalorização das relações

---

17 MINSKY, Hyman. *John Maynard Keynes*. Campinas: Unicamp, 2011; MINSKY, Hyman. *Stabilizing an Unstable Economy*. Nova York: McGraw-Hill, 1986.

de crédito, endogenamente conectados à acumulação, encerrando em instabilidades sistêmicas que perturba o desejo (mórbido) dos agentes privados pelo dinheiro, o que por seu turno, só encontra sustentação na capacidade de endividamento *ad aeternum* do Estado.

Não haveria comércio, produção, exploração do trabalho, progresso técnico e encurtamento do espaço pela aceleração do tempo, expressões da globalização, se no âmago das relações de propriedade não existissem primeiro as relações de dívida atreladas à dimensão imaginativa do dinheiro assegurado pelo Estado. Tal como, seria impossível qualquer formação societal minimamente avançada sem a existência do dinheiro e de seu poder magnético em unir valores de troca às formas da riqueza. Dito de outro modo (com a licença das anedotas históricas): europeu algum atravessaria os mares para avistar e "explorar" o novo-mundo sem a licença e os recursos do rei na era do mercantilismo, tal como, Henry Ford não produziria um parafuso sequer se não estivesse ancorado por um grande banco. Nem Steve Jobs, Bill Gates e Elon Musk iriam despejar na humanidade suas tecnologias sem a existência de mercado de capitais habituados a transformar o potencial tecnológico em riqueza financeira. Aliás, como bem notou Fernand Braudel, sem a presença monetário-produtiva do Estado como ente fundante da acumulação privada da riqueza, nem o capitalismo teria condições de se desenvolver solitariamente.[18]

A tríade moeda-crédito-riqueza fictícia são múltiplas dimensões de um mesmo movimento: a acumulação de capital. Ambas as dimensões são precípuas à acumulação, tal como expressões de sua dinâmica autorreferente e contraditória. O capital, em seu sentido mais original, esconde, pelo feitiço do dinheiro e da mercadoria, seu caráter social de exploração. Tal exploração não se limita ao aprisionamento do homem ao trabalho, sendo este a forma

---

[18] BRAUDEL, Fernand. *Civilização material, economia e capitalismo*. São Paulo: Martins Fontes, 1996.

aparente do fenômeno de exploração do capital. Ao contrário, a exploração real dá-se na submissão das pessoas ao dinheiro e à ética da concorrência capitalista, fenômenos capazes de romper com os signos da tradição, sublevar as estruturas de poder e diluir o caráter coletivo da sociedade ao átomo do ego, próprio do indivíduo moderno.[19]

A ilusão dos "filósofos da moeda" foi concebê-la meramente como substrato das relações econômicas. Atrevido, Marx preocupa-se em mostrar a moeda "como ela é": uma relação social que opera, em simultâneo, a hierarquização social entre os detentores da propriedade e os despossuídos, e a liquefação da consciência humana rompida pelo grito inconsciente do dinheiro, capaz de acalmar as angústias humanas, ou enervá-las ao extremo, transformando o homem em mercadoria de si.

A dimensão psicossocial é inseparável das relações monetário-financeiras e dela nasce a conexão contraditória entre o público e o privado, entre o coletivo e o individual, entre o interesse geral e particular. Por isso, proponho pensar a relação entre o endividamento público e a valorização privada da riqueza pelo "avesso", ou melhor, pelo "começo", do político-social ao econômico e do geral ao particular.

Por suposto, deve-se assumir duas complicações metodológicas ao defrontar dialeticamente os monumentos erigidos pelo senso-comum da teoria monetária:

1) em um aspecto mais geral, é devida a lembrança de Marx ao demonstrar a fina-flor de sua herança hegeliana: "a anatomia do homem é a chave da anatomia do macaco",[20] isto

---

[19] BELLUZZO, Luiz Gonzaga. *O capital e suas metamorfoses*. São Paulo: Unesp, 2013; BELLUZZO, Luiz Gonzaga. *Dinheiro*: o poder da abstração real. São Paulo: Contracorrente, 2021.

[20] MARX, Karl. Grundrisse: manuscritos econômicos de 1857-1858 – esboços da crítica da economia política. São Paulo: Boitempo, 2011, p. 58.

é, são as formas complexas que dão sentido à existência das formas elementares;

2) do ponto de vista propriamente dialético, pensar as dimensões do público/privado, coletivo/individual, geral/particular supõe afastar-se da aparente oposição binária e empreender a articulação das contradições que envolvem tais dimensões do universo social, portanto, significa a imersão no esforço de capturar o movimento real das estruturas na saturação das determinações que o próprio objeto apresenta ao sujeito. Para tanto, a causalidade econômica não suporta tal tarefa, pois aparece como rebarba mal costurada em meio ao complexo de fenômenos políticos e psicossociais.

3 O paradoxo da moeda enquanto dilema e sentido da reprodução do capital

Concretizadas essas considerações metodológicas, inseparáveis do conteúdo a ser explorado, vamos às contradições. Deixo, antes de tudo, o aviso de que nelas habitam resoluções inconclusivas, passando longe de uma proposta esquemática:

A tríade entre o paradoxo, o dilema e o sentido que laceia as dimensões da moeda, do crédito e da acumulação de riqueza, prescinde da interação entre o público e o privado, o coletivo e o individual, o geral e o particular, pois: reiteradamente, a moeda é uma relação de crédito entre agentes privados, envolvidos em relações particulares de "troca" de riscos individuais, ao mesmo tempo que é referência para a reprodução social da riqueza. A riqueza, por seu turno, é criada através da expansão da divisão social do trabalho e distribuída segundo à hierarquização imposta pelo sistema de propriedade privada e estatal. Portanto, a aparente individualidade da posse do dinheiro e da propriedade da riqueza, verifica-se intrinsecamente conectada de modo sistêmico entre os agentes capitalistas que buscam a liquidez oferecida pela moeda, gerindo-a com vistas à acumulação de riqueza.

A dimensão psicossocial das relações econômicas expressa as conexões entre o coletivo e o individual, soldando, num mesmo golpe, o geral ao particular. Não por acaso, George Simmel associaria as repercussões do dinheiro sobre a vida moderna ao desenvolvimento do "homem blasé" que destila em seu cotidiano à indiferença em relação ao outro, guiado pela aceleração da mercantilização da vida e das relações sociais, de tal modo, que a relação com os entes próximos passa pelo estranhamento do contato humano. Por outro lado, as relações mercantis marcadas pela presença hipnótica do dinheiro conferem intimidade aos indivíduos, pois envoltos pela finalidade meritória e narcisista representada pelo dinheiro.[21]

O surgimento da *"internet"* e das redes sociais intensificaram as odes do homem blasé em relação ao contato humano, dissipado pela virtualidade das relações "em rede" que conferem poder – de glorificar ou cancelar pessoas, opiniões etc. –, além de pertencimento, proporcionando a porção de interação social que oculta a contradição entre a operação do anonimato autorreferente, portanto, narcisista, e a impossibilidade da privacidade.

Esse conjunto de fenômenos contemporâneos torna o "indivíduo Z", aquele mergulhado (e/ou nascido) na era virtual, flecha e alvo do estranhamento social e individual, gerando ondas de ódio e ressentimento lançadas contra si pela individualização do mérito, e contra os outros, pela referência da felicidade aos padrões socialmente aceitos de comportamento, estética etc. O dinheiro cumpre a função de acelerar esse movimento de aprofundamento do comportamento blasé na era virtual, pois atua enquanto referência

---

21 SIMMEL, George. "A Metrópole e a Vida Mental". *In*: SIMMEL, Georg; PARK, Robert Ezra; WEBER, Max; WIRTH, Louis; DE LAUWE, Paul-Henry Chombart. *O fenômeno urbano*. Rio de Janeiro: Zahar, 1967; SIMMEL, George. *The philophy of money*. Londres: Routledge, 1990.

do tempo-livre capturado pelas empresas-digitais e transformado em riqueza abstrata nos mercados de riqueza.

São as conexões da dimensão psicossocial do dinheiro com o modo de transformação da sociabilidade capitalista que permitem engendrar as relações concretas entre o público e o privado. Os aspectos políticos que envolvem a reprodução do endividamento público como pressuposto de "primeira instância" da valorização dos estoques de riqueza somente podem ser compreendidos a partir do efeito psicossocial que o dinheiro exerce sobre os agentes capitalistas.

O dinheiro encarna no indivíduo moderno o mesmo princípio relacional do capital como relação social de autorreferência, tornando-o narcisista por observar no mérito da obtenção monetária o único meio de pertencimento social, por enxergar no trabalho o símbolo solitário da dignidade humana, por verificar na concorrência capitalista a ilusão da liberdade e da igualdade. O indivíduo se torna autorreferente, apaixonado pelo dinheiro, pelo poder de, no ato da concorrência, destacar-se pelo mérito, subindo ao pódio, esvaziado do espírito coletivo e inflado pelo ego, marcado pelo cifrão.

Reiterando, a soberania do Estado sobre a denominação da "moeda de conta" não é um dado inalterado, nem um feitiço do leviatã com os poderes de definir as taxas básicas de remuneração da riqueza global (conduzindo a taxa de juros corrente à meta estabelecida pelos bancos centrais). Ao contrário, o Estado atua em constante defesa de sua soberania monetária, tanto no plano interno, através do manejo das reservas bancárias, quanto no plano externo, administrando a posição relativa de sua moeda ante à moeda-chave do sistema internacional.[22]

---

[22] PRATES, Daniela Magalhães; DE CONTI, Bruno Martarello; PLIHON, Dominique. "A hierarquia de moedas e suas implicações para as taxas de câmbio e de juros e a política econômica dos países periféricos". *Economia e Sociedade*, vol. 23, ago. 2014.

A preferência pela liquidez defendida por Keynes não pode ser ignorada em suas dimensões psicológicas e políticas, considerando-a apenas um "vértice" do cálculo capitalista. Os agentes preferem a moeda não por sua "remuneração imaginativa", mas por sua qualidade única e intransferível de ceder ao seu detentor, duplamente, *status* social e mansidão quanto às oscilações das demais formas de riqueza. Tal qualidade não é aprioristicamente um fundamento do Estado, mas é conquistada na luta ferina pela manutenção da ancoragem nominal da riqueza realizada pelo interstício entre o endividamento público e as decisões sobre o destino do estoque de riqueza privada, processo em que o sistema bancário desempenha papel central.[23]

Portanto, o caráter político da moeda revela-se, sobretudo, como vértice central da luta entre a detenção e garantia dos direitos de propriedade sobre a riqueza e a determinação de suas condições de reprodução, a saber: a capacidade do Estado de financiar, garantir e proteger a acumulação privada da riqueza diante da ambivalência entre o papel social do Estado e o inexorável grau de desigualdade produzido pelo capitalismo. Esta é a Economia Política da moeda.

4 As transformações da dinâmica do endividamento público e valorização privada da riqueza

As metamorfoses da relação entre a dívida pública e os estoques de riqueza privados estão no cerne da configuração do mundo capitalista pós-2008. Como dito, a dívida pública funda logicamente os mecanismos de reprodução da riqueza privada ao financiar a rolagem dos títulos de propriedade, fixando-se na salvaguarda do valor desses títulos não apenas nos momentos de crise,

---

[23] BELLUZZO, Luiz Gonzaga; ABOUCHEDID, Saulo; RAIMUNDO, Licio. "Gestão da riqueza velha e criação de riqueza nova: a Modern Money Theory (MMT) é a solução?". *Economia e Sociedade*, 2020.

mas, por suposto, na garantia *ab initio* de que o Estado entrará para "limpar a área" sob qualquer ameaça de crise sistêmica. Essa garantia possibilita aos agentes financeiros assumirem posições de endividamento crescentes, confiando que o Estado os salvará no dia do juízo final, quando a riqueza valorizada é ficticiamente contrastada com a ilusão do *status* perene das expectativas de valorização e percepções de risco.

Essa lógica é membro estruturante do processo de acumulação de capital desde pelo menos o longo ciclo de acumulação primitiva descrito por Marx. Contudo, pós-crise de 2008, tal lógica sofreu uma importante transformação pelo estreitamento do circuito entre a elevação da dívida pública e os canais de provisão de crédito aos mercados financeiros para composição de suas posições de endividamento.[24] Duas máximas de conduta das políticas econômicas acompanharam o processo de recuperação da crise, agravadas pela tragédia do Euro entre 2011 e 2012:

> 1) rodadas de afrouxamento monetário (injeção de liquidez pelos Bancos Centrais diretamente no balanço das instituições financeiras) combinadas à manutenção de taxas de juros reais negativas;

> 2) a defesa da austeridade fiscal para refrear a elevação dos níveis de dívida/PIB. A mistura de remédios tão contraditórios não fez menos que "tombar" a taxa de crescimento das economias capitalistas e expandir sobremaneira o estoque de dívida pública, descontado pelos tesouros nacionais e abrigados nos balanços do sistema financeiro como "rede de proteção" para a elevação dos níveis de dívida privados e dos estoques de riqueza associados à especulação contra os Bancos Centrais, como quem testa os limites de expansão

---

[24] BELLUZZO, Luiz Gonzaga. *Dinheiro*: o poder da abstração real. São Paulo: Contracorrente, 2021; BELLUZZO, Luiz Gonzaga. *Manda quem pode, obedece quem tem prejuízo*. São Paulo: Contracorrente, 2017.

da liquidez enquanto parâmetro para novos ciclos de endividamento-valorização fictícia da riqueza.

As políticas de austeridade foram sendo gradativamente abandonadas, tal como, sua recomendação pelos organismos internacionais de conciliação monetário-financeira (FMI, Banco Mundial etc.) até que finalmente os doutores do saber econômico reprisaram o espírito de Santo Agostinho ao lançarem mão de suas confissões: de que a austeridade fiscal aprofundou e prolongou a crise ao invés de resolvê-la.

Desde então, os relatórios recentes, a exemplo do FMI, desses organismos internacionais recomendam a elevação do gasto público direcionado aos investimentos e gastos sociais, procurando incentivar o crescimento das economias e derrubar os níveis de desemprego.

O efeito dessa expansão do gasto sobre a dívida pública anuncia-se positivo ao unir-se às recomendações de reformas tributárias progressivas capazes de gerar receitas fiscais mais que suficientes para suprir os gastos adiantados pelo Estado.

Em suma, os economistas tradicionais têm percebido (com narizes torcidos), após dois séculos de verborragia, que: o Estado enquanto criador e gestor da moeda, e agente capaz de gastar autonomamente, atua como Estado-Capitalista, ou seja, alia seu monopólio da violência e da moeda ao processo de acumulação de capital para empreender o desenvolvimento da sociedade.

Enquanto isso, os apóstolos da austeridade aprisionam o Estado às regras de eficiência empresariais, e mais além, ao simplório esquema do orçamento familiar. O papel do Estado-Capitalista provou-se essencial em todos os períodos de crise, para além da Era de Ouro do capitalismo (1950–1980), ao empreender ostensivamente a realização do gasto público com finalidade social.

Devemos lembrar que o gasto público consegue autofinanciar-se através da tributação (quanto mais progressiva, melhor), e assim, garantir o crescimento da renda em todos os setores da sociedade, estimulando o pleno emprego e a melhoria generalizada das condições de vida. Para tanto, os economistas ao defrontar-se com a história, finalmente, concluíram com certo azedume: "Lorde Keynes tinha razão".

A questão fiscal redescoberta pelos economistas é apenas efeito do reflexo da realidade sobre a razão instrumental, evento que, vez ou outra, costuma devolver os olhares das ciências humanas para os fenômenos reais. Contudo, a transmutação ocorrida na relação entre o endividamento público e a valorização da riqueza privada foi tão profunda que se anuncia como dilema insolúvel para o aparato disponível da teoria monetária, exigindo profundo processo de reflexão e reavaliação dos pressupostos que embasam a atuação dos bancos centrais, a regulação dos sistemas financeiros e a transferência de recursos internacionais.

Os vértices da transformação entre as relações monetárias-financeiras entre os agentes privados e o Estado deu-se pela inflação dos balanços, por um lado, dos Bancos Centrais e Tesouros Nacionais ao absorverem passivos contra o sistema financeiro, e por outro, das instituições de crédito (bancos, seguradoras e os chamados "bancos-sombra"), ao abrigarem volumes crescentes de títulos públicos, assegurando a expansão de seus graus de alavancagem. Enquanto isso, os agentes financeiros, detentores de títulos de propriedade, aproveitaram para beber da chuva de liquidez, elevando seus aportes especulativos, o que acabou por inflar o valor dos estoques de riqueza financeira.[25]

---

[25] BELLUZZO, Luiz Gonzaga. *Dinheiro*: o poder da abstração real. São Paulo: Contracorrente, 2021; BELLUZZO, Luiz Gonzaga ; GALÍPOLO, Gabriel. *A escassez na abundância*. São Paulo: Contracorrente, 2020; BORIO, Claudio. "When the unconventional becomes conventional". *BIS Quarterly Review*, set. 2020.

A manutenção das taxas de juros negativas acabou por inflamar tal circuito entre o balanço do FED e os balanços das instituições financeiras globais, ao difundir uma verdadeira "doação" de recursos ao sistema financeiro esperando que fossem convertidos em investimentos reais.

Contudo, como recorda Paulinho da Viola, "dinheiro na mão é vendaval", que acabou navegando a contravento do setor real das economias capitalistas e sendo direcionado à arbitragem nos mercados financeiros entre os recursos captados mediante à taxa de juros reais negativas e os ganhos com a aplicação desses recursos no universo de ativos financeiros disponíveis no centro e na periferia do sistema capitalista.

Mais grave ainda, é a crescente influência dos mercados futuros na formação dos preços dos ativos financeiros no presente. Essa modalidade financeira denominada "derivativo" que Pedro Rossi, Guilherme Santos Mello e Marcos Vinícius Chiliatto-Leite (2011) apresentam como "quarta dimensão" do capital fictício[26] não é, nem mais, nem menos, do que a própria instância contraditória de reprodução do capital fictício, isto é: uma relação social de autorreferência, para qual não importa sua forma particular, seja atrelada à troca de propriedade, ou à diluição efêmera das variações patrimoniais no tempo. O "x da questão", diria Hegel, está nas categorias. As formas do capital – comercial, industrial, bancária e fictícia – são expressões particularidades da figura universal do dinheiro.

O grande problema na determinação futura dos preços dos ativos no presente, tomado seu volume crescente nas transações financeiras globais, encontra-se na dificuldade dos Bancos Centrais e Tesouros Nacionais em administrarem suas posições de endividamento interno e de Balanço de Pagamentos. Um dos principais

---

26 MELLO, Guilherme; ROSSI, Pedro; CHILLIATTO-LEITE, Marcos Vinicius. *A quarta dimensão*: os derivativos em um capitalismo financeirizado. Campinas: IE/Unicamp, 2011. (Tese de Doutorado)

impulsos para as rodadas de liquidez (*Quantitive Easing* – QE) nos últimos anos, foi a tentativa de conter os movimentos disparatados das curvas de juros.

Outro fator essencial, é a administração da taxa de câmbio, que exige destreza nas operações "Swap", na tentativa de conter movimentos abruptos estimulados pelos mercados futuros, visto que tem se mostrado cada vez menos efetivas as operações dos Bancos Centrais nos mercados à vista. Essa sim, é a arena fundamental da batalha política pela soberania monetária, que ocorre em dois níveis:

Do ponto de vista ideológico, entre as atribuições sociais do Estado no direcionamento dos investimentos e do gasto social e o poder dos mercados financeiros de mover as fileiras da opinião pública em favor do equilibrismo fiscal e da independência dos bancos centrais; do ponto de vista político-financeiro, a intensa luta entre Bancos Centrais e os blocos financeiros globalizados na definição das tendências dos instrumentos de valorização da riqueza fictícia, centrados nos preços-chave negociado "por dentro" do complexo sistema financeiro globalizado: as taxas de juros, câmbio, as commodities, os insumos, como gás, petróleo etc.

Os efeitos dessas transmutações das relações entre a dívida pública e a valorização da riqueza privada sobre a atual dinâmica do sistema financeiro internacional são percebidos com anseio pelas autoridades monetárias e reguladoras, pois os impactos de reversão abrupta dos níveis atuais das taxas de juros, sobretudo, aquela determinada pelo FED norte-americano ao deflagrar violenta mudança nas expectativas dos agentes financeiros, levando a retração do crédito, restrição das condições de financiamento, anunciando a dissolução dos valores negociados nos mercados futuros de títulos e, impactando, em simultâneo, o preço presente dos ativos financeiros.

Até mesmo elevações graduais e cuidadosas podem desinflar bolhas em mercados específicos com eminente risco de contágio sistêmico sobre outros mercados de títulos até chegar ao coração do sistema financeiro, o setor bancário que efetivamente absorve e transfere riscos, estando exposto, estruturalmente, ao exaurimento de suas posições de liquidez e condições de solvência.

Igualmente tenebrosas são as possibilidades de rompimento com as rodadas de injeção de liquidez pelos Bancos Centrais, realizadas para manter ativo o circuito de crédito que, ao contrário do desejado, flui diretamente para os mercados de títulos, tendo impacto residual sobre a economia real. Quando concebida em resposta às crises do *subprime* em 2008 e do Euro em 2012, tal política de injeção de liquidez entendida como "não-convencional" não visava tornar-se a própria convenção de manutenção do circuito de crédito.

No entanto, para desgosto dos *policy makers*, as rodadas de injeção monetária se tornaram suplemento endógeno ao sistema de crédito, e uma vez concretizado, o laço do dinheiro consigo mesmo é impossível romper-se sem imediata repercussão sobre as condições de financiamento dos estoques de riqueza privados, demonstrando o aprofundamento da ligação entre a dívida pública e a valorização fictícia da riqueza que antes de expressão fenomênica de desajustes no aparato regulatório, ou nos mecanismos de política monetária, está inscrito no "DNA" do modo de reprodução do capital, isto é, da autorreferência do capital e da relação do dinheiro consigo mesmo.[27]

Considerações finais: o capital narcisista e a dança da riqueza monetária-financeira

A feição narcisista do capital realiza-se pela inveja objetiva do presente em relação ao futuro, pois na dança entre o ego e a inveja da propriedade privada do capital, o Estado é, com cada vez mais mansidão, o responsável em fazer com que a "música não pare de

---

[27] BELLUZZO, Luiz Gonzaga. *Dinheiro*: o poder da abstração real. São Paulo: Contracorrente, 2021.

tocar". Antes de fortaleza que sustenta as relações econômicas da sociedade, subordinando o capital, o Estado Moderno-Capitalista atua como pedra angular dos nexos que sustentam a sociabilidade capitalista, dando impulso ao processo de mercantilização das relações sociais, ao mesmo tempo que, aliando-se ao capital, empreende a gestão dos conflitos sociais de maneira cada vez menos "social" e cada vez mais violenta. Enquanto isso, tal como Narciso apaixonou-se por sua própria aparência, o feitiço do capital apaixona os homens pelo dinheiro, oferecendo-lhes a aparência da autonomia, enquanto oculta a essência da exploração do capital sobre os frutos do trabalho e a liberdade.

Referências bibliográficas

AGLIETTA, Michel; ORLEÀN, André. *Macroeconomia financeira*. São Paulo: Loyola, 2004.

ANTUNES, Davi Nardy. *Keynes e Freud*. Campinas: Facamp, [s.d.]. Não publicado.

BELLUZZO, Luiz Gonzaga; ABOUCHEDID, Saulo; RAIMUNDO, Licio. "Gestão da riqueza velha e criação de riqueza nova: a Modern Money Theory (MMT) é a solução?". *Economia e Sociedade*, 2020.

BELLUZZO, Luiz Gonzaga. *Dinheiro*: o poder da abstração real. São Paulo: Contracorrente, 2021.

_____. *Manda quem pode, obedece quem tem prejuízo*. São Paulo: Contracorrente, 2017.

BELLUZZO, Luiz Gonzaga; GALÍPOLO, Gabriel. *A escassez na abundância*. São Paulo: Contracorrente, 2020.

BELLUZZO, Luiz Gonzaga. *O capital e suas metamorfoses*. São Paulo: Unesp, 2013.

BORIO, Claudio. "When the unconventional becomes conventional". *BIS*, set. 2020.

_____. *Dinheiro*: o poder da abstração real. São Paulo: Contracorrente, 2021.

BELLUZZO, Luiz Gonzaga. *Manda quem pode, obedece quem tem prejuízo*. São Paulo: Contracorrente, 2017.

BRAUDEL, Fernand. *Civilização material, economia e capitalismo*. São Paulo: Martins Fontes, 1996.

KALECKI, Michael. *Teoria da dinâmica capitalista*. São Paulo: Abril Cultural, 1978.

KEYNES, John Maynard, "Auri Sacra Fames". In: _____. *Collected writings*: essays in persuasion. vol. 9. Cambridge: Cambridge University Press, 1982.

_____. "A teoria geral do emprego". In: SZMRECSÁNYI, Tamás. *John Maynard Keynes*: economia. São Paulo: Atica, 1984.

_____. *A teoria geral do emprego, do juro e da moeda (Coleção Os economistas)*. São Paulo: Nova Cultural, 1996.

_____. *The treatise on money*. Cambridge: Cambridge University Press, 2013.

MARX, Karl. *Grundrisse*: manuscritos econômicos de 1857-1858 – esboços da crítica da economia política. São Paulo: Boitempo, 2011.

_____. *O Capital*: crítica da economia política. vol. 1, 2 e 3. São Paulo: Boitempo, 2011.

MELLO, Guilherme; ROSSI, Pedro; CHILLIATTO-LEITE, Marcos Vinicius. *A quarta dimensão*: os derivativos em um capitalismo financeirizado. Campinas: IE/Unicamp, 2011. (Tese de Doutorado)

MINSKY, Hyman. *Stabilizing an unstable economy*. Nova York: McGraw-Hill, 1986.

_____. *John Maynard Keynes*. Campinas: Unicamp, 2011.

PRATES, Daniela Magalhães; DE CONTI, Bruno Martarello; PLIHON, Dominique. "A hierarquia de moedas e suas implicações para as taxas de câmbio e de juros e a política econômica dos países periféricos". *Economia e Sociedade*, vol. 23, ago. 2014.

SCHUMPETER, Joseph. *Teoria da dinâmica do desenvolvimento econômico*. Rio de Janeiro: Abril, 1982.

_____. *Treatise on money*. Aalten: Wordbridge, 2014.

SIMMEL, George. *The philophy of money*. Londres: Routledge, 1990.

_____. "A metrópole e a vida mental". In: SIMMEL, Georg; PARK, Robert Ezra; WEBER, Max; WIRTH, Louis; DE LAUWE, Paul-Henry Chombart. *O Fenômeno urbano*. Rio de Janeiro: Zahar, 1967.

CAPÍTULO XXXV

POST-SCRIPTUM: NOTAS DE MACROECONOMIA MARXISTA – ESPECULAÇÕES FILOSÓFICAS SOBRE O PARADOXO DA MOEDA

NATHAN CAIXETA

Esse pequeno ensaio será dedicado a discutir as relações entre a dinâmica do endividamento público e a reprodução da riqueza na esfera fictícia do capital. Pedirei licença ao leitor para não usar aspas, acreditando que a exposição do tema seja direta o suficiente para dispensar apoios externos.

A relação entre a dívida pública e o capital fictício, ou financeiro, é alvo de um debate que se encontra espalhado na literatura, entrecortado por revanchismos teóricos e cuja emergência nos conduz à reflexão que se segue.

1 Capital fictício

A esfera fictícia do Capital, tal como caracterizada por Marx no livro terceiro d'O Capital, é aquela onde ocorre a fusão entre as demais esferas de valorização da riqueza (comercial, produtiva, creditícia), a coletivização através da centralização dos capitais individuais. Nesta esfera, o capital revela sua face concreta, enquanto "valor que se valoriza", ao firmar o processo de valorização da riqueza como circuito autorreferente, onde o dinheiro se transforma em mais dinheiro (D-D'), autonomamente em relação às perturbações e incertezas da produção e da exploração do trabalho.

O capital fictício significa o adiantamento dos valores de troca que se espera, sejam realizados no futuro. Assim, antecipando o salto mortal da mercadoria, a riqueza é valorizada autonomamente de forma "ex-ante", acrescendo sua concentração na forma de títulos de propriedade.

A realização do valor pela exploração do trabalho torna-se cada vez mais miserável para a reprodução da riqueza na esfera fictícia, pois, quanto maior o volume e a celeridade da transformação dos ativos em dinheiro, a forma geral da riqueza, mais autônoma se torna a esfera fictícia. Ao afirmar no futuro e negar a necessidade presente da realização do valor de troca, os ativos financeiros têm seus preços estabelecidos segundo as expectativas futuras de realização do valor de troca, enquanto não preservam, nem requerem valor-trabalho para se transformarem, novamente, em dinheiro.

Ao coletivizar e centralizar os capitais individuais, fundindo as esferas de reprodução do valor, o capital fictício revela-se, necessariamente, como "fundador" da produção de valores de troca, portanto da reprodução do valor em todas as suas esferas.

Permitindo aos capitalistas adiantar recursos, seja diretamente pela criação de ativos referenciados às promessas de valorização futura da riqueza, ou indiretamente pela contratação de crédito (troca de recursos entre capitalistas), a esfera fictícia atua como princípio e fim do processo de acumulação. Sendo assim, desvela o conceito de capital em sua forma imediata: por um lado, relação social narcisista e autorreferente entre os detentores do dinheiro, por outro, valor (futuro) que se valoriza (no presente).

CAPÍTULO XXXV – *POST-SCRIPTUM*: NOTAS DE...

Em contradição, é a relação social capital que impulsiona suas repercussões materiais sobre a sociedade, na definição do nível de investimento e de emprego, no aporte ao progresso dos meios de produção e, principalmente, na autodeterminação da acumulação de riqueza cuja referência essencial é a forma monetária.

O dinheiro é a categoria universal que estrutura o processo de movimento da capital que tem por início e fim a esfera fictícia, articulando as relações de troca entre as formas particulares da riqueza. Portanto, o processo de reprodução ampliada do capital (D-M-D') adquire existência no ato da acumulação fictícia de capital.

As decisões de alocação da riqueza determinam o nível de investimento, logo, também o nível emprego da Economia, para dada taxa de salários, implicando, na determinação da renda e de consumo, agregados da sociedade.

Contudo, é na esfera fictícia que os capitalistas arbitram, em simultâneo, sobre a massa de lucro da totalidade de investimentos da economia, logo, sobre a taxa de remuneração global do capital.

É, ainda, no processo de decisão sobre a alocação do dinheiro que se antepõe as decisões de investir e de adiantar recursos da classe capitalista (emprestar). Neste percurso, toma forma a taxa de juros exigida pelos detentores do dinheiro para se desfazerem dele, adiantando recursos, seja para o incerto percurso do investimento, seja para a aquisição de ativos financeiros.

Com efeito, são os desencontros entre a taxa valorização da riqueza e a taxa de juros globais que sinalizam as crises no capitalismo, sempre em sua origem fictícia, pois: ao persistirem os processos de investimento, a acumulação de capital prossegue em ritmo acelerado, mantendo estável a relação entre a taxa global de valorização da riqueza e a taxa de juros.

É na desaceleração dos investimentos que a taxa global de valorização acaba por "tombar" ao nível inferior em relação à taxa de juros, levando à paralisia do processo de acumulação e o depreendimento da deterioração da riqueza. Essa deterioração da riqueza implica na fuga desesperada para liquidez oferecida pelo dinheiro, isto é, para sua função essencial de reserva de valor *par excellence*. A fuga para liquidez, por sua vez, expressa o receio generalizado da classe capitalista em abandonar o dinheiro, exigindo taxas de juros mais elevadas para fazê-lo.

O desencontro da taxa de valorização global da riqueza e da taxa de juros, ou seja, os embates entre as pulsões de vida e de morte provocadas pelo dinheiro é que instala a crise, levando a contração retroalimentar dos investimentos, do emprego e da renda.

Contudo, a crise é uma expressão do movimento de acumulação de capital, não sua ruptura. O processo de crise, tal como a acumulação, começa pela esfera fictícia e se alastra, pelas peripécias do dinheiro, pelas demais esferas de reprodução da riqueza. O recondicionamento da taxa de valorização da riqueza se dá na retomada do gasto capitalista, portanto, da concessão de crédito. Isso leva à aceleração da taxa global de acumulação, isto é, a taxa de valorização da riqueza descontada *ad aeternum* pela taxa de juros.

Entretanto, se o processo do gasto capitalista se inicia no adiantamento de recurso, portanto, na emissão de dívida, se os agentes capitalistas ao fugirem para liquidez paralisam o gasto, o que movimenta, em primeira instância, a acumulação de capital, tal que ela persista autonomamente, se alimentada por suas próprias crises e expansões?

Neste ponto, entra o papel lógico-genético do Estado e da dívida pública como personagens centrais do movimento do capital. Não por acaso, o capítulo sobre a Acumulação Primitiva de Capital,[1] sucede à exposição de Marx da Lei Geral da Acumulação Capitalista.

---

[1] MARX, Karl. *O capital*. Rio de Janeiro: Civilização Brasileira, 1988, p. 24.

2 Dívida pública: o capital fictício por excelência

Uma relação de dívida requer a criação de uma promessa futura ante à concessão imediata de um dado recurso. A dívida pública é a promessa do Estado para com a sociedade de que a autoridade violenta das armas e das leis estará à disposição da proteção do dinheiro como reserva de valor, implicando em sua emissão, virtualmente ilimitada, para cursar as funções de medida de valor e meio de pagamento. Portanto, é a partir da dívida pública que os agentes privados fundam a criação de seus processos de dívida, oferecendo como contraparte a promessa futura de pagamento do dinheiro adiantado em mais dinheiro.

Somente o Estado pode oferecer tal prerrogativa ao dinheiro, garantindo sua função como reserva de valor por sua fundação na emissão primária de dívida pública, o capital fictício por excelência. O Estado ao emitir dívida financia o processo de acumulação de riqueza ao proteger a reserva de valor contida no dinheiro, e a partir dele se desenvolverem as relações de crédito privadas que fundam os investimentos, isto é, o processo de gasto.

Se a crise é expressão do processo de acumulação de capital, a condição real deste movimento, implica na retomada do processo de gasto a partir do Estado que ao garantir a reserva de valor, como função do dinheiro. Assim, oferecendo aos detentores da propriedade a liquidez que almejam quando a dissolução da riqueza se abate sobre o processo de acumulação. Desse modo, o Estado, para preservar tal função do dinheiro, acelera a emissão de dívida, agindo como emprestador de última instância, ao criar crédito e recondicionar a taxa de acumulação, pois:

A liquidez criada pelo Estado desacelera o crescimento da demanda por moeda, enquanto os agentes privados absorvem liquidez e exigem taxas de juros decrescentes para emprestar ao Estado, portanto, aos demais capitalistas.

A criação generalizada de dívida, iniciada pelo Estado, e perseguida pelos capitalistas empreende a retomada do processo de gasto, elevando a taxa global de valorização da riqueza através de novos investimentos, seja pelo gasto público, seja pelo gasto privado, acelerando o processo de acumulação e estabilizando a relação entre a taxa de valorização da riqueza e a taxa de juros.

Esse movimento não implica no "equilíbrio" entre as posições de alocação da riqueza, emprestadores de um lado e "gastadores" de outro, mas desvela a contradição do dinheiro como forma geral da riqueza, criada via emissão de dívida pública: para que a moeda preserve valor é preciso que seu caráter autorreferente seja mantido, como feição concreta do conceito de capital, isto é, valor que se valoriza, dinheiro que produz mais dinheiro, adiantando o valor de troca que será gerado pela exploração do trabalho.

O movimento do capital não está determinado *ab initio* nem rumo à crise terminal, nem por um equilíbrio entre taxa de valorização e taxa de juros, mas pela contradição desse movimento, centrado nas perturbações do dinheiro sobre as decisões de alocação da riqueza, isto é, a estabilidade "desestabilizadora" do dinheiro como reserva de valor por excelência, fundada e garantida pela emissão de dívida pública, portanto, pela violência do Estado como mantenedor dos direitos de propriedade sobre a riqueza através das leis, das armas e, principalmente, de seu próprio endividamento.

A demonstração histórica de Marx do "ponto de partida" da Acumulação Capitalista é, sobretudo, uma investigação sobre o desenvolvimento da lei geral da acumulação de capital: o processo de "criação da força de trabalho" a ser explorada, no curso da acumulação, a partir dos movimentos de concentração e centralização de capitais que em sua gênese são fruto do endividamento público, criador do sistema de crédito. Citando o senhor ferrovia: "O crédito público é a religião do Capital".

Na ausência da dívida pública, o *religare* perpétuo entre dinheiro e capital não se efetiva, e o pecado dos apropriadores privados da riqueza social permanece prenhe de redenção.

Referências bibliográficas

MARX, Karl. *O capital*. Rio de Janeiro: Civilização Brasileira, 1988.

ENTREVISTA

BELLUZZO: COMO LULA FARÁ A NOVA CARTA AOS BRASILEIROS

Entrevista concedida ao Jornalista José Luiz Portela e publicada no portal Uol em 10/10/2021.

Portela: *O mercado financeiro fala sempre que o ajuste fiscal seria suficiente para os empresários ganharem confiança para investir. O que acha? Você pode explicar sobre o funcionamento da demanda efetiva?*

Luiz Gonzaga Belluzzo: Na visão ortodoxa, a política fiscal deve estar encaminhada para uma situação de equilíbrio intertemporal sustentável, dito estrutural; a política monetária assentada na coordenação das expectativas dos indivíduos racionais (regime de metas) controlada por um banco central independente. Estas condições macroeconômicas significam que as duas dimensões inexoravelmente públicas das economias de mercado – a moeda e as finanças do Estado – devem ser administradas de forma a não perturbar o funcionamento das forças que sempre reconduzem a economia ao equilíbrio de longo prazo.

As insuficiências dessa concepção chegaram a tais absurdos que suscitaram reações no ambiente ortodoxo. Ao tratar da austeridade, o estudo do FMI "*Neoliberalism: Oversold?*" indica: a elevação de impostos ou do corte de gastos para reduzir a dívida pode ter um custo muito maior do que a mitigação do risco de crise prometido pela sua redução. É preferível a eleição de políticas que permitam a redução do percentual da dívida, diz o FMI, "organicamente pelo crescimento".[1]

Quanto à demanda efetiva, Keynes desvendou no dinheiro, em sua forma essencial de riqueza-potência, aponte que permite a passagem do presente quase certo para um futuro terrivelmente incerto. Forma necessária, porque o dinheiro não apenas lubrifica transações entre valores existentes.

Ademais de um meio de circulação de mercadorias e ativos existentes, o dinheiro em sua forma capitalista é, sobretudo, uma aposta na geração e acumulação de riqueza futura, o que envolve o pagamento de salários monetários aos trabalhadores e aquisição de meios de produção com o propósito de captura de um valor monetário acima do que foi gasto. Se não há aposta na criação de riqueza futura, não há gasto e, se não há gasto, o circuito da renda monetária fenece.

Em mensagem enviada a seus amigos americanos em 1934, Keynes escreveu de forma simples e pragmática:

> quando me deparo com a questão do gasto, imagino que ninguém de senso comum duvidaria do que vou dizer, a menos que sua mente tinha sido embaralhada anteriormente por um financista de 'escola' ou um economista "ortodoxo".[2]

---

[1] OSTRY, Jhonathan D.; LOUNGANI, Prakash; FURCERI, Davide. "Neoliberalism: oversold?". *Finance and development*, vol. 53, n° 2, jun. 2016.
[2] KEYNES, John Maynard. *Collected writings*: activities 1931-1939 – world crises and policies in britain and america. vol. 21. Cambridge: Cambridge University Press, 1982, p. 334.

Nós produzimos a fim de vender. Em outras palavras, nós produzimos em resposta aos gastos. É impossível supor que nós possamos estimular a produção e o emprego, abstendo-se de gastar. Então, como eu disse, a resposta é óbvia.

Mas, em um segundo olhar, vejo que a questão tem sido encaminhada para inspirar uma dúvida insidiosa. Para muitos, gasto significa extravagância. Um homem que é extravagante logo se torna pobre. Como, então, uma nação pode tornar-se rica, fazendo o que empobrece um indivíduo? Esse pensamento desnorteia o público.

No entanto, um comportamento que pode fazer um único indivíduo pobre pode fazer uma nação rica. Quando um indivíduo gasta, ele não afeta só a si mesmo, mas outros. A despesa é uma transação bilateral. Se eu gastar minha renda para comprar algo que você pode fazer para mim, eu não aumentei minha própria renda, mas aumentei a sua.

Se você responder comprando algo que eu posso fazer para você, então minha renda também é aumentada. Assim, quando estamos a pensar na nação como um todo, devemos ter em conta os resultados como um todo. O resto da comunidade é enriquecido pela despesa de um indivíduo. Sua despesa é simplesmente uma adição à renda de todos os outros.

Se todo mundo gasta mais, todo mundo é mais rico e ninguém é mais pobre. Cada homem beneficia-se da despesa de seu vizinho, e as rendas são aumentadas na quantidade exigida para fornecer os meios para a despesa adicional.

Há apenas um limite para que o rendimento de uma nação possa ser aumentado desta forma: o limite fixado pela capacidade física de produzir. Abster-se de gastos em um momento de depressão, não só falha, do ponto de vista nacional, como significa desperdício de homens disponíveis, e desperdício de máquinas disponíveis, para não falar da miséria humana.

A nação é simplesmente uma coleção de indivíduos. Se por algum motivo os indivíduos que compõem a nação não estão dispostos, cada um em sua capacidade privada, a gastar o suficiente para empregar os recursos com os quais a nação é dotada, então é o governo – representante coletivo de todos os indivíduos deve preencher a lacuna.

Os efeitos das despesas governamentais são precisamente os mesmos que os efeitos da despesa dos indivíduos. Assim, o aumento da receita fiscal fornece a fonte das despesas públicas extras. Por isso, pode ser vantajoso para um governo recorrer a um empréstimo do sistema bancário.

Quando o governo toma emprestado para gastar, indubitavelmente a nação assume uma dívida. Mas é a dívida da nação para os seus próprios cidadãos, uma coisa muito diferente da dívida de um indivíduo privado. A nação é os cidadãos que a compõem – não mais e não menos.

Homens anteriormente desempregados estão agora a ganhar salários e gastam esses salários para abastecer suas as necessidades e confortos da vida – camisas, botas e similares. Os criadores dessas camisas e botas, que até então estavam desempregados, gastarão seus salários e, assim, estabelecem uma nova rodada de emprego adicional, de produção adicional, de salários adicionais e de poder aquisitivo adicional.

E assim vai, para cada homem empregado no esquema do governo, três, ou talvez quatro, homens adicionais são empregados para prover suas necessidades e para as necessidades de outro. Desta forma, uma determinada taxa de despesa governamental dará lugar a quatro ou cinco vezes mais emprego do que um cálculo simplório sugeriria...

Ao mesmo tempo, as receitas da tributação crescem à medida que o rendimento tributável da nação aumenta, e os valores da propriedade são restabelecidos.

***

Portela: *O que você está lendo de Jeremy Rudd? Explique quem é e o significado do que ele escreveu.*

Luiz Gonzaga Belluzzo: Jeremy Rudd é um economista que trabalha no *board* do Federal Reserve e fez críticas às teorias de inflação que atribuem papel determinante das expectativas na formação das taxas de variação do nível geral de preços. Rudd atribui maior importância às transformações estruturais das economias capitalistas nas últimas quatro décadas. Entre essas transformações, ele acentua o papel das mudanças nos mercados de trabalho e na redução do poder de barganha dos trabalhadores.

Diz ele que uma característica importante da dinâmica da inflação após meados da década de 1990 parece ser a falta de uma forte espiral salário-preço (ou de qualquer feedback significativo ano a ano entre o crescimento dos salários e a inflação). Parece improvável que as expectativas de inflação de longo prazo bem ancoradas tenham sido a causa principal dessa estabilidade... Uma observação sobre a natureza real do "processo de negociação salarial" é útil neste momento.

Fora algumas indústrias sindicalizadas (que agora representam apenas cerca de 6% do emprego), uma barganha salarial formal – no sentido de uma negociação estruturada sobre as taxas de salários para o próximo ano – realmente não existe mais nos Estados Unidos.

Rudd assesta baterias contra as teorias de metas de inflação ao afirmar que muitos bancos centrais consideram "ancorar" ou "gerenciar" as expectativas de inflação do público como um importante objetivo ou instrumento político.

> Aqui, eu argumento que usar as expectativas de inflação para explicar a dinâmica da inflação observada é desnecessário e insano: desnecessário porque existe uma explicação

alternativa que é igualmente, se não mais plausível, e insano porque invocar um canal de expectativas tem nenhuma base teórica ou empírica convincente e poderia potencialmente resultar em erros graves de política.[3]

Essa opinião vai provocar desconforto nos adeptos das políticas de metas de inflação, sobretudo em um momento de simultâneos choques de oferta que maltratam as economias do planeta. Não por acaso, o Federal Reserve observa esse momento com temor e cautela.

***

Portela: *Você acha que por trás das teses do mercado financeiro há uma defesa de interesse de classe?*

Luiz Gonzaga Belluzzo: O sistema financeiro é a instância dominante nas relações econômicas do capitalismo de todos os tempos e em todos os seus tempos. Um sábio atilado chamou o dinheiro e suas instituições capitalistas de "Comunidade". Sim, Comunidade com C maiúsculo. Em 1933, John Maynard Keynes disparou petardos contra o *bunker* das finanças: "As regras autodestrutivas da finança são capazes de apagar o sol e as estrelas porque não pagam dividendos".[4]

Apoiado no linguista John Austin, Christian Marazzi, em seu livro "Capital e Linguagem", cuida das marchas e contramarchas da finança dos últimos 30 anos. Marazzi sublinha a natureza performativa da linguagem do dinheiro e dos mercados financeiros. Performativo quer dizer que a linguagem dos mercados financeiros

---

[3] RUDD, Jeremy B. *Why do we think that inflation expectations matter for inflation? (and should we?)*. Washington: Financial and Economics Discuss Series, 2021, p. 1.
[4] KEYNES, John Maynard. *Collected writings*: activities 1931-1939 – world crises and policies in britain and america. vol. 21. Cambridge: Cambridge University Press, p. 242.

contemporâneos não descreve, e muito menos "analisa" um determinado estado de coisas, mas produz imediatamente fatos.[5]

O domínio da finança produziu o que Christian Marazzi chamou de "metamorfose antropológica do indivíduo pós-moderno". Ele invoca o capítulo XII da *Teoria Geral*. Aí, Keynes se vale dos concursos de beleza promovidos pelos jornais para descrever a formação de convenções nos mercados de ativos.

Os leitores são instados a escolher os seis rostos mais bonitos entre uma centena de fotografias. O prêmio será entregue àquela cuja escolha esteja mais próxima da média das opiniões. Não se trata, portanto, de apontar o rosto mais bonito na opinião de cada um dos participantes, mas, sim, de escolher o rosto que mais se aproxima da opinião média dos participantes do torneio.

Keynes introduz, assim, na teoria econômica as relações complexas entre estrutura e ação, entre papéis sociais e sua execução pelos indivíduos convencidos de sua autodeterminação, mas, de fato, enredados no movimento das estruturas. Na esteira de Freud, Keynes introduz as configurações subjetivas produzidas pelas interações dos indivíduos no ecúmeno social das "economias de mercado".

***

Portela: *Quando dizem que não há dinheiro para pagar dívida ou para investimentos, você cita vários exemplos contrários de como fazer. Como o Banco Central pode atuar no caso de precisar injetar dinheiro para haver investimento público no Brasil? O Brasil, no caso, seria diferente dos EUA? Então não poderia aplicar a mesma estratégia do FED?*

Luiz Gonzaga Belluzzo: As torres de marfim dos economistas, práticos e acadêmicos, estão alvoroçadas com as descobertas

---

[5] MARAZZI, Christian. *Capital and language*: from the new economy to the war economy. Los Angeles: Semiotexte, 2008.

da Moderna Teoria Monetária. Em meio à ruptura dos mercados provocada pela pandemia, ganhou mais força de novidade o poder de criação monetária abrigado nos bancos e nos Bancos Centrais. Amigos que se dedicam ao estudo do dinheiro e de sua história de estripulias sentem incômodos diante da reapresentação do Velho Monarca dos mercados com a roupagem de um influencer novidadeiro.

Vamos passar a bola para um historiador. Em sua obra *Civilização Material e Capitalismo*, Fernand Braudel afirma que

> é na cúspide da sociedade que o capitalismo afirma a sua força e revela a sua natureza. É na altura dos Bardi, dos Jacques Coer, dos Fugger, dos John Law e dos Necker que devemos fazer as perguntas, que temos a chance de descobrir o capitalismo.[6]

Braudel não está falando do mercado, do jogo das trocas que, desde a antiguidade, se insinua nos interstícios da vida social. Ele está se referindo ao capitalismo dos bancos, ou seja, à ordem econômica em que o dinheiro não é apenas um intermediário nas transações, mas a forma geral da riqueza e o objetivo final da concorrência entre os produtores.

O capitalismo supõe o mercado, mas o mercado apenas anuncia a possibilidade do capitalismo, que só se efetiva quando a produção se organiza sob uma forma adequada ao propósito do ganho monetário e não apenas para a troca eventual de mercadorias, destinada simplesmente a diversificar o consumo dos produtores independentes.

A produção organizada diretamente para a troca, ou seja, o intercâmbio generalizado de mercadorias, só pode existir sob o capitalismo. A sociabilidade dos produtores privados que produzem

---

[6] BRAUDEL, Fernand. *Civilização material, economia e capitalismo*. São Paulo: Martins Fontes, 1996.

diretamente para a troca começa a ser definida a partir da numeração das mercadorias – inclusive dos proprietários da força de trabalho – por uma medida comum de valor.

Numa segunda etapa, os indivíduos "separados" devem se submeter ao teste do reconhecimento social da "declaração" de valor de seu produto mediante o veredicto anônimo do mercado. Isto é, a mercadoria particular deve transfigurar-se realmente em sua forma geral, o dinheiro.

Se, no "salto-mortal" para o dinheiro, a mercadoria sucumbe, o produtor também soçobra. O dinheiro é, portanto, fundamento das relações entre os produtores privados e, por outro lado, o único critério quantitativo admissível para a avaliação do enriquecimento privado.

Esse sistema complexo, em sua evolução, criou uma forma interessante de criar dinheiro para dar início ao jogo do mercado. O dinheiro criado pelos bancos foi adquirindo um caráter universal, ou seja, deve ser aceito em todas as negociações, transações e, sobretudo, na marcação do valor da riqueza registrada nos balanços.

Não só as mercadorias têm de receber o carimbo monetário, mas a situação patrimonial, devedora ou credora das empresas e dos bancos deve estar registrada nos balanços. Nesse caso, o dinheiro aparece em sua função de reserva de valor, forma geral da riqueza.

O Estado é o senhor da moeda, mas os bancos, sob a supervisão e o controle do Banco Central, são incumbidos da criação monetária. Os "fluxos de crédito" promovem contínuas mudanças na composição nos estoques de riqueza. São íntimas as relações entre o avanço do sistema de crédito e a acumulação de títulos que representam direitos sobre a renda e a riqueza.

Gerado ao logo de vários ciclos de dinheiro de crédito, esse estoque de certificados de propriedade (ações) e títulos de dívida é avaliado diariamente nos mercados organizados. Essa avaliação depende fundamentalmente das expectativas dos agentes do mercado. Essas expectativas flutuam conforme as ondas de otimismo e pessimismo ou, se quiserem, conforme a alternância entre a ganância e o medo.

Na crise do coronavírus, os mercados financeiros perderam a capacidade de avaliar os preços dos ativos. O medo esmagou a ganância. Os senhores da riqueza financeira precipitaram seus portfólios na busca desesperada pelo dinheiro. Se todos querem vender, ninguém quer comprar. Só o provimento de dinheiro pelo Banco Central salva os desesperados. Os bancos centrais salvaram e estão a salvar.

Os mercados socorridos aprofundam as divergências abissais entre a valorização das ações nas bolsas de valores e a derrocada do circuito de formação da renda e do emprego.

Os atônitos comentaristas econômicos da mídia não sabem se aplaudem as bolsas de valores eufóricas ouse pranteiam os milhões de desempregados que vagueiam pelo planeta. É a mesma turma que repete sem cessar na cola dos Paulos Guedes da vida: "Não há dinheiro".

**

Portela: *O que você acha do teto de gastos?*

Luiz Gonzaga Belluzzo: Nas catacumbas do teto de gastos, rastejam os Modelos Dinâmicos Estocásticos de Equilíbrio Geral. Nessa geringonça habita o Produto Potencial, uma construção inobservável que se propõe a definir as trajetórias dessa entelequia que supõe pleno emprego dos fatores e inflação dentro da meta.

O "*hiato* do produto" – a diferença entre o PIB real e a entelequia inobservável – é o indicador da posição da economia: quando o hiato é positivo, diz-se que a economia está superaquecida; um hiato negativo assinala a subutilização de recursos econômicos.

Imagino que os ditos modelos apontem, nesse momento de pandemia, para um encolhimento do produto potencial causado pela derrocada das estruturas da oferta nas economias: as empresas fecham, a taxa de desemprego natural dispara, a produtividade despenca.

Os economistas Rodrigo Orair, Sérgio Gobetti e Manuel Pires escreveram no Observatório Fiscal do IBRE-FCV sobre os riscos de utilização produto potencial:

> Períodos de baixo crescimento e elevada ociosidade, podem levar a percepções enganosas sobre o seu comportamento. Os analistas usam o conceito de PIB potencial para expurgar o efeito das condições cíclicas da economia sobre a análise da despesa pública. Essa abordagem deve ser vista com cuidado, pois as estimativas de PIB potencial contêm elevada incerteza e provavelmente devem ter sido afetadas pela crise de 2015-2016 e voltarão a ser afetados pela pandemia.[7]

A despeito do colapso do produto observável, o cálculo do hiato do produto poderia constatar que essa medida não observável estaria registrando um superaquecimento da economia e qualquer iniciativa anticíclica da política monetária promoveria uma disparada da inflação.

Como ensina o economista americano Robert Gordon,

> para qualquer projeção de crescimento do PIB Observável, um crescimento mais lento do PIB Potencial significa que o hiato do produto vai transitar da região negativa para o território positivo, suscitando pressões sobre a taxa de inflação.[8]

---

[7] GOLBETTI, Sérgio; ORAIR, Rodrigo; PIRES, Manoel. "Estimativas das despesas públicas para o período 2010-2019". *IBRE-FGV*, 2021.

[8] GORDON, Robert. "Is modern macro or 1978-era macro more relevant to understanding of the current economic crisis?". *Economist's View*, ago. 2009.

No popular: "não mexam na demanda" porque tudo é pelo "lado da oferta".

A utilização do produto potencial e dos correspondentes hiatos do produto – positivo ou negativo – constituem um esforço singular da teologia do equilíbrio. A construção dos modelos que abrigam o produto potencial se esmera em "normalizar", ou seja, expurgar a demanda do desempenho das economias capitalistas.

Quando ouço perplexidades travestidas em expressões do tipo "não sei de onde vão tirar o dinheiro", sou tomado pela tentação de invadir o terreno da ficção econômica. Assim, sugiro aos farejadores de grana, pedir emprestado a Steven Spielberg o uniforme do Indiana Jones e estimular um ilustre economista de mercado a vestir a fatiota do herói, além de instigar nos *Farialimers* o destemor de Harrison Ford em seu enfrentamento com múmias e demônios.

Assim, paramentado e acompanhado, o sábio da Crematística vai se sentir em condições de resolver a encrenca da falta de dinheiro. Amparado nas certezas dos modelos Dinâmicos Estocásticos de Equilíbrio Geral, o Indiana Jones do mercado vai à caça da Arca Perdida, certamente enterrada em algum escaninho abaixo do teto de gastos, sob o olhar vigilante do guardião Paulo Guedes.

Uma vez encontrada a Arca da Fortuna, é só mandar brasa no gasto com o dinheiro redescoberto. Imagino que Arquimedes cederia de bom grado a expressão *Eureka*! À proeza de tal calibre e impetuosa criatividade. Tira a dinheirama metálica da Arca Perdida e paga, indistintamente, pobres e paupérrimos com moedas de ouro.

Nos momentos de penúria e sofrimento não são poucos os que invocam *O Livro do Eclesiástico*, versículo 31:5, para demonizar a moeda de ouro que, sem saber, muitos economistas consideram verdadeira: "Aquele que ama o ouro dificilmente escapa do pecado". Na *Eneida*, o poeta Virgílio, em versos contundentes, proclamou "A que não obrigas os corações humanos, ó execranda fome do ouro!"

John Maynard Keynes não deixou barato e escreveu uma diatribe contra o padrão-ouro intitulado *Auri Sacra Fames*, a Execranda Fome do Ouro.[9] Não faltou, no Brasil Varonil, quem traduzisse o verso de Virgílio como "A Sagrada Fome do Ouro". Devemos admitir que os esgares e piripaques dos mercados e de seus economistas diante das ameaças de violação do Teto permitem compreender a troca semântica: sai execranda, entra sagrada.

Tantas e tais foram as imprecações contra o padrão ouro que, agarrado à sua natureza inquieta e criativa, o capitalismo libertou-se dos incômodos e inconveniências das amarras auríferas. Assim, sistemas monetários modernos ultrapassaram as limitações impostas pela consubstanciação das funções monetárias em uma mercadoria particular (caso do ouro ou dos sistemas monetários que prevaleceram até o início do século XX).

Hoje esses sistemas são fundados exclusivamente na confiança e não em automatismos relacionados a uma imaginária escassez do metal ou ao caráter "natural" da moeda-mercadoria. "E o lastro?", perguntamos saudosos do padrão-ouro. Ah, sim! A âncora, retrucam os contemporâneos. Diria Hegel que a moeda realiza o seu conceito: é uma instituição social ancorada nas areias movediças da confiança. Fidúcia, *Credere*.

Em um boletim de 2014, *Money Creation in the Modern Economy*, o Banco da Inglaterra ensina que nos sistemas monetários contemporâneos, o dinheiro é administrado em primeira instância pelos bancos.[10] Essas instituições têm o poder de avaliar o crédito de cada um dos centros privados de produção e de geração de renda e, com base nisso, emitir obrigações contra si próprios, ou seja, depósitos à vista, o meio de pagamento dominante. A criação

---

[9] KEYNES, John Maynard. "Auri Sacra Fames" *In*: _____. *Collected writings*: essays in persuasion. vol. 9. Cambridge: Cambridge University Press, 1982.

[10] MCLEAY, Michel; RADIA, Amar; THOMAS, Ryland. "Money creation in modern economy". *Bank of England*, 2014.

monetária depende da avaliação dos bancos a respeito do risco de cada aposta privada.

O dinheiro ingressa na circulação com a benção do Estado, o cobrador de impostos, e a unção das relações de propriedade, isto é, decorre das relações estabelecidas entre credores e devedores, mediante a cobrança de uma taxa de juros. No circuito da renda monetária, os gastos privados e públicos precedem a coleta de impostos. As razões são óbvias. Não há como recolher impostos, se a renda não circula.

O banco credor empresta exercendo a função de agente privado do valor universal. O devedor exercita seus anseios de enriquecimento como proprietário privado, usufruindo a potência do valor universal. O dinheiro é riqueza potencial, promessa de enriquecimento, mas também algoz do fracasso. Se o devedor não servir a dívida, o banco, agente privado do valor universal, deve expropriar o inadimplente. A política monetária do Estado é incumbida, em cada momento do ciclo de crédito, de estabelecer as condições que devem regrar e disciplinar as expectativas de credores e devedores. Faz isso mediante a taxa de juros que remunera as reservas bancárias.

***

Portela: *Existe equilíbrio fiscal?*

Luiz Gonzaga Belluzzo: A economista Orsola Constantini cuida de investigar as razões da utilização do Orçamento Ciclicamente Ajustado (OAC) pelos governos nas últimas décadas. Esse procedimento é um filhote de estimação do produto potencial.

Diz Constantini que "o Orçamento Ciclicamente Ajustado é uma estimativa estatística que orienta os funcionários do governo nas decisões de gasto e tributação".[11] Muitos economistas dirão que

---

[11] COSTANTINI, Orsola. *The cyclically adjusted budget*: history and exegesis of fateful estimate. Nova York: Working Paper n° 24, 2015.

essa ferramenta é imprecisa. No entanto, as instituições nacionais e internacionais dependem dela para justificar decisões importantes.

Mas, dispara Constantini, há algo que os especialistas não dizem: o orçamento ajustado ciclicamente pode ser facilmente manobrado, dependendo da direção dos ventos políticos. Além disso, sua aparência técnica é suficientemente obscura para que os leigos olhem para essa construção como objetiva e indiscutível. É aí que mora o perigo.

Políticos e funcionários do governo que usam o Orçamento Ciclicamente Ajustado podem limitar o leque de escolhas políticas que parecem viáveis para uma comunidade. Os formuladores de políticas também podem evitar o incômodo de assumir a responsabilidade política por essas escolhas. Tivemos que fazer isso! O orçamento diz isso!

Gol da austeridade, aponta o árbitro tecnocrata. Os economistas do teto de gastos comemoram.

**

Portela: *Você se considera um marxista keynesiano?*

Luiz Gonzaga Belluzzo: Eu me considero devedor de três economistas, Marx, Keynes e Schumpeter, sem desconsiderar outros mais recentes, ou mesmo contemporâneos. Marx morreu em 1883, ano em que nasceram Keynes e Schumpeter.

Minha escolha não foi inspirada por essa coincidência, mas na forma adotada por esses grandes pensadores para cuidar do objeto de suas investigações. Marx jamais usou a palavra Capitalismo para designar esse objeto. Ele utilizava a expressão "Regime do Capital".

Keynes, depois de deambular nos corredores estreitos da Teoria Clássica, escolheu investigar as propriedades da "Economia Monetária da Produção", ideia que comandou a construção da *Teoria Geral do Emprego, do Juro e da Moeda*.

Schumpeter publicou sua Teoria do Desenvolvimento Capitalista em 1912 com o propósito de desvendara as fontes de dinamismo dessa economia. Aí descobriu a importância do crédito e do empresário inovador.

A trinca compartilha a concepção da economia de mercado capitalista como um sistema de relações sociais, uma estrutura social e econômica em permanente transformação para assegurar a reprodução de suas formas.

Eles anteciparam o conceito de complexidade que começa a frequentar os estudos de alguns economistas contemporâneos, em oposição aos estudiosos que ainda apoiam suas investigações nos despautérios do individualismo metodológico.

***

Portela: *Qual a lição mais importante de Marx e Keynes?*

Luiz Gonzaga Belluzzo: Marx, Keynes e Schumpeter desmontaram as elegâncias do capitalismo bem-comportado, aquele dos Quatro Cavaleiros da Bonança: Naturalismo, individualismo, racionalismo e equilíbrio, a desvendar o dinheiro, em sua forma essencial de riqueza-potência, a ponte que permite a passagem do presente quase certo para um futuro terrivelmente incerto, a trinca soltou o demônio do desejo de acumular riqueza abstrata nos cercadinhos do equilíbrio em que se movem os indivíduos racionais.

Essa turma de boa gente garantia que o dinheiro apenas lubrifica as transações entre as mercadorias. Desgraçadamente, ademais, de um meio de circulação de mercadorias, o dinheiro em sua forma capitalista é, sobretudo, uma aposta na geração e acumulação de riqueza futura, o que envolve o pagamento de salários monetários aos trabalhadores e aquisição de meios de produção com o propósito de captura de um valor monetário acima do que foi gasto.

Se não há aposta na criação de riqueza futura, não há gasto e, se não há gasto, o circuito da renda monetária fenece. Por isso mesmo, se não há confiança na recuperação vantajosa do gasto, o potencial criador de riqueza recolhe seus impulsos criativos para repousar o dinheiro nos confortos do dinheiro como forma geral da riqueza, a preferência pela liquidez.

Em uma economia monetária, o constrangimento de recursos (real) e o constrangimento do fluxo de caixa (monetário) diferem, porque bens não são trocados por bens, mas por dinheiro ou demanda por ele (crédito). Crédito e dívida são essencialmente formas de criação de moeda como riqueza potencial. Isso significa que, no capitalismo, o dinheiro não se limita a facilitar a troca de recursos reais, mas engendra sistematicamente a multiplicação de direitos financeiros sobre esses recursos.

É possível afirmar que os três autores desenvolveram as teorias mais consistentes sobre a moeda.

Joseph Schumpeter chamou a teoria que estuda a engrenagem financeira do capitalismo de Teoria Creditícia da Moeda e não Teoria Monetária do Crédito. Não se trata de uma troca de palavras, mas de uma transposição semântica.

Para Marx, Keynes e Schumpeter, a economia em que vivemos ou tentamos sobreviver não é uma economia simples de intercâmbio de mercadorias. É uma economia mercantil, monetária e capitalista. Nela as decisões de produção envolvem inexoravelmente a antecipação de dinheiro agora para receber mais depois.

A mobilização de recursos reais, bens de capital, terra e trabalhadores depende de adiantamento de liquidez e assunção de dívidas. Para que o crescimento seja possível, disse Schumpeter, o estoque de crédito deve crescer além do requerido para operação corrente da economia capitalista.

O economista italiano Riccardo Bellofiore estabeleceu uma instigante distinção entre Dinheiro e Moeda.

Dinheiro, diz ele, é a forma geral da riqueza, poder de adquirir os elementos indispensáveis à produção de mercadorias: trabalhadores assalariados, equipamentos e materiais. No capitalismo, o Dinheiro, uma vez atirado à circulação por quem dispõe de patrimônio rentável para acessar o crédito, cria a Moeda, o fluxo monetário que paga salários, fornecedores e credores.

Sem a passagem da Potência ao Ato, diria Aristóteles, ou seja, sem a precipitação do Dinheiro no mercado com o propósito de gerar mais Dinheiro, a Moeda não gira e a economia patina. Se patina, as mercadorias não circulam, os ativos reais e financeiros avaliados "dinheiristicamente" nos balanços de bancos, empresas, famílias, padecem o risco de "perder valor" porque os mercados exigem sua "marcação em Dinheiro".

O Dinheiro de Crédito, antes riqueza potencial, circula como Moeda e reaparece nos balanços como Dinheiro-Riqueza realizado, mensurado e escriturado.

***

Portela: *O que Marx escreveu que não escreveria considerando a economia dos dias de hoje?*

Luiz Gonzaga Belluzzo: A trajetória intelectual de Marx revela um pensador e escritor dedicado a reescrever obstinadamente o que já havia escrito. Desde sua Tese de Doutoramento na Universidade de Iena em 1941, Diferença entre a filosofia da natureza de Demócrito e a de Epicuro, Marx avançou em seus escritos de jovem hegeliano, sempre inspirado pelo filósofo da Fenomenologia do Espírito e da Lógica.

Já em 1842, Marx sapecou no Rheinische Zeitung um pequeno texto para criticar a demanda dos industriais de Hannover por medidas protecionistas. Ele diz que "reconhecer o princípio do livre comércio é dependente do estado geral mundial e, assim, essa questão tem que ser decidida somente por um congresso de Nações e não por um único governo".[12]

Esse universalismo libertário e democrático-radical vai reaparecer, entre tantos escritos, sob outra roupagem na *Questão Judaica* de 1943, nos *Manuscritos Econômico-Filosóficos* de 1844, no *Manifesto Comunista* de 1948, no *Grundrisse* e no *Capital*. Isto para não falar de suas contribuições para o *New York Tribune* e de sua correspondência com Abraham Lincoln a respeito da luta contra a escravidão.

Imagino que ele voltaria a escrever a respeito das peripécias do capitalismo atordoado pelos poderes da finança e empenhado em precarizar os trabalhadores. Escreveria, sim, na esperança de convencer os contemporâneos que uma coisa é uma coisa (o poder da finança), e a outra coisa é a mesma coisa (o trabalho precarizado). *Manda quem pode, obedece quem tem prejuízo.*

***

Portela: *O que Keynes mudaria diante da realidade atual na sua opinião?*

Luiz Gonzaga Belluzzo: Talvez não mudasse, mas, com argumentos mais contundentes, insistiria nas exortações que buscavam convencer as mulheres e homens das vantagens e benesses da fruição do tempo livre que o progresso capitalista promete, mas não entrega aos cidadãos:

> Devemos abandonar os falsos princípios morais que nos conduziram nos últimos dois séculos. Eles colocaram as características humanas mais desagradáveis na posição das mais elevadas virtudes. Não há nenhum país, nenhum povo

---

[12] MARX, Karl. "The industiralists of hanover and protective tariffs". *In*: MARK, Karl; ENGELS, Friedrich. *Marx-Engels collected works*. vol. 1. Nova York: International Publishers, 1975, p. 286.

que possa vislumbrar a era do tempo livre e da abundância sem um calafrio (...). Pois fomos educados para o esforço aquisitivo e não para fruir (...). Se avaliarmos o comportamento e as realizações das classes abastadas de hoje, as perspectivas são deprimentes (...). Os que dispõem de rendimentos diferenciados, mas não têm deveres ou laços, falharam, em sua maioria, de forma desastrosa no encaminhamento dos problemas que lhes foram apresentados.[13]

***

Portela: *Os EUA são um país protecionista? Pode apontar exemplos na história? O que Alexander Hamilton, um dos pais fundadores e primeiro secretário do Tesouro americano, apregoava e implantava?*

Luiz Gonzaga Belluzzo: A boa história econômica ensina que os Estados Unidos têm uma longa e persistente tradição de práticas protecionistas. Os primeiros passos da caminhada protecionista estão recomendados no Relatório sobre as Manufaturas de Alexandre Hamilton, publicado em 1791.

Hamilton, então secretário do Tesouro dos Estados Unidos, fez a crítica das teorias fisiocráticas que postulavam a superioridade da agricultura. Desenvolveu uma brilhante argumentação em defesa da manufatura como fonte da ampliação da divisão do trabalho, ganhos de produtividade e de maior progresso da própria agricultura.

Pérfidas considerações sobre o celebrado liberalismo da Inglaterra pedem passagem. Na segunda metade do século XIX, depois de suspender, em 1841, a proibição de exportar máquinas e artesãos, revogar, nos idos de 1846, a proteção à sua agricultura

---

[13] KEYNES, Maynard J. *Collected writings*: essays in persuasion. vol. 9. Cambridge: Cambridge University Press, 1982, p. 328.

protegida pela *Corn Law*, o liberal-mercantilismo da pérfida Albion comandou a expansão do comércio e das finanças internacionais.

Já dominado pelos interesses financeiros da *City*, o liberal-mercantilismo da Inglaterra hegemônica criou as condições para as políticas intencionais, diga-se protecionistas, de industrialização dos retardatários europeus e dos Estados Unidos.

No livro *Origens da Democracia e da Ditadura*, o Barrington Moore Jr analisa a guerra civil americana a partir das relações contraditórias, mas não opostas, entre o sul escravagista-livre-cambista e o Norte em processo de industrialização, turbinado com mão de obra assalariada e fortes doses de protecionismo.

Nas primeiras décadas do século XIX havia complementariedade entre o sul escravagista e primário-exportador e a industrialização incipiente. No movimento recíproco de expansão das "duas economias" os requerimentos da indústria, do assalariamento, da ampliação do mercado entraram em descompasso coma economia livre-cambista da mão de obra escrava.

A contradição foi encaminhada para as terras do Oeste. Sob o manto protetor da distribuição gratuita de terras do *Homestead Act*, o desenvolvimento e a consolidação da agricultura familiar no Oeste iriam configurar um novo espaço para a expansão das relações mercantis.

Paul Bairoch, Douglas North, Charles Kindleberger e Carlo Cippola registram a persistência das práticas protecionistas americanas ao longo do século XIX e da primeira metade do século XX, até o fim da Segunda Guerra.[14] O aumento das tarifas promovido

---

14 BAIROCH, Paul. "Las grandes tendencias de las disparidades económicas nacionales después de la revolución industrial". *In*: TOPOLSKI, Jerzy *et al. Historia económica*: nuevos enfoques y nuevos problemas – comunicaciones al séptimo congreso internacional de historia económica. Barcelona: Critica, 1981; HARTWELL, Ronald Max; NORTH, Douglas. "Ley, derechos de

pelo *Smoot and Hawley Act* em 1930 inaugurou uma sombria temporada de competição protecionista.

Ao desviar o desemprego para o território do outro, seguiram-se as desvalorizações competitivas. Iniciado com a saída da Inglaterra do padrão-ouro em 1931, o jogo de estrepar o vizinho teve sequência na desvinculação do ouro anunciada por Roosevelt em 1933.

Essas reações provocaram a contração brutal dos fluxos de comércio e suscitaram tensões nos mercados financeiros. Tais forças negativas propagavam-se livremente, sem qualquer capacidade de coordenação por parte dos governos. Assim, a economia global mergulhou numa espiral deflacionária que atingiu indistintamente os preços dos bens e dos ativos.

A contração do comércio mundial, provocada pelas desvalorizações competitivas e pelos aumentos de tarifas, deu origem a práticas de comércio bilateral e à adoção de controles cambiais. Na Alemanha nazista, tais métodos incluíam a suspensão dos pagamentos das reparações e dos compromissos em moeda estrangeira, nascidos do ciclo de endividamento que se seguiu à estabilização do marco em 1924.

Na posteridade da Segunda Grande Guerra, o projeto americano de construção da ordem econômica internacional foi concebido sob inspiração do ideário rooseveltiano. Tinha o propósito de promover a expansão do comércio entre as nações e colocar seu desenvolvimento a salvo de turbulências financeiras e de crises de balanço de pagamentos.

---

propiedad, instituciones legales y el funcionamiento de las economías". *In*: TOPOLSKI, Jerzy *et al. Historia económica*: nuevos enfoques y nuevos problemas – comunicaciones al séptimo congreso internacional de historia económica. Barcelona: Crítica, 1981; CIPOLLA, Carlo Maria. "Fluctuaciones económicas y política económica en Italia" (siglo XV-XVII). *In*: TOPOLSKI, Jerzy *et al. Historia económica*: nuevos enfoques y nuevos problemas – comunicaciones al séptimo congreso internacional de historia económica. Barcelona: Crítica, 1981.

A ideia-força dos reformadores de Bretton Woods sublinhava a necessidade de criação de regras para garantir a expansão do comércio e o ajustamento dos balanços de pagamentos, mediante o adequado abastecimento de liquidez para a cobertura de déficits, de forma a evitar a propagação de forças deflacionárias e tentações do protecionismo.

Desde o fim dos anos 1970, a reestruturação do capitalismo envolveu mudanças profundas no modo de operação das empresas, na integração dos mercados e nas relações entre o poder da finança e a soberania do Estado. O verdadeiro sentido da globalização é o acirramento da rivalidade entre empresas, trabalhadores e nações, disputa feroz inserida em uma estrutura financeira autorreferencial, ocupada em satisfazer seus próprios apetites.

Em suas consequências, a severa recessão que machucou o planeta em 2008 denuncia as fragilidades do arranjo político-econômico da globalização. Não por acaso, ímpetos protecionistas irromperam em todos os cantos da Terra. O gesto de Trump é a repetição como farsa da tragédia encenada pela reforma tarifária imposta pelo *Smoot-Hawley Act*.

Os comentários dos especialistas e as matérias do jornalismo anunciam em tom alarmista: não vai dar certo!! Antes de arriscarem suas reputações com previsões, tão acuradas quanto desacreditadas, deveriam indagar de seus botões: o que deu errado?

***

Portela: *Qual a gênese do Estado de Bem-Estar Social nos anos dourados do pós-guerra? É possível algo igual atualmente?*

Luiz Gonzaga Belluzzo: No imediato pós-guerra, forças políticas importantes que combateram o fascismo, sabiam muito bem que a sobrevivência da democracia não dependia apenas da restauração das instituições e dos mecanismos de representação popular, do equilíbrio de poderes e do controle público dos atos das autoridades.

A experiência negativa dos anos 20 e 30 deixou uma lição: o capitalismo da grande empresa e do capital financeiro levaria inexoravelmente a sociedade ao limiar de outras aventuras totalitárias, caso não fosse constituída uma instância pública de decisão capaz de coordenar e disciplinar os mega poderes privados.

A ameaça à liberdade, dizia Karl Mannhein, não vem de um governo que é "nosso", que elegemos e que podemos derrubar, senão das oligarquias sem responsabilidade pública.

As forças sociais e os homens de poder incumbidos de reconstruir as instituições capitalistas do pós-guerra estavam prenhes desta convicção. Para evitar a repetição do desastre era necessário, antes de tudo, constituir uma ordem econômica internacional capaz de alentar o desenvolvimento, sem obstáculos, do comércio entre as nações, dentro de regras monetárias que garantissem a confiança na moeda-reserva, o ajustamento não deflacionário do balanço de pagamentos e o abastecimento de liquidez requerido pelas transações em expansão.

Tratava-se, portanto, de erigir um ambiente econômico internacional destinado a propiciar um amplo raio de manobra para as políticas nacionais de desenvolvimento, industrialização e progresso social.

A construção e a gestão desse ambiente internacional favorável encontraram resposta adequada nas reformas promovidas nas instituições e nas políticas dos Estados Nacionais.

As novas instituições e as políticas econômicas do Estado Social estavam comprometidas com a manutenção do pleno emprego, com a atenuação, em nome da igualdade, dos danos causados ao indivíduo pela operação sem peias do "mecanismo econômico". Eric Alliez diz, com razão, que durante mais de duas décadas realizou-se a criação de um mundo fundado sobre o direito ao trabalho, que tinha como objetivo o pleno emprego, o crescimento dos salários reais.

> Promover esta dinâmica, onde o crescimento dos salários ocorre em benefício dos lucros que eles engendravam, implica uma modificação do papel do Estado. Este deve, não apenas ratificar e garantir os acordos de produtividade, mas também manter, quando não planificar, a dinâmica revestida por eles: por um lado estimulando o consumo dos assalariados através do aumento das transferências sociais e, por outro, sustentado os investimentos produtivos - controle das taxas de juros e política de investimentos públicos.[15]

A concepção de um desenvolvimento nacional, no marco de uma ordem internacional estável e regulada, não era uma fantasia idiossincrática, mas decorria do "espírito do tempo", forjado na reminiscência da experiência terrível das primeiras quatro décadas deste século. Tampouco era fortuito o papel atribuído à ação do Estado no estímulo ao crescimento, na prevenção das instabilidades da economia e na correção dos desequilíbrios sociais.

***

Portela: *Qual é o maior erro dos liberais e dos neoliberais?*

Luiz Gonzaga Belluzzo: Erro? Nos últimos quarenta anos, o neoliberalismo só promoveu acertos para os ricos e poderosos. Para o resto da turma sobraram as dores da insegurança e as ameaças de mais reformas disfuncionais para a construção de uma economia mais inclusiva e igualitária. Mas isso não é um erro do neoliberalismo, senão a consequência incontornável de seu *modus operandi*.

Ao responder que não há nada errado, assumo um risco nada desprezível. Essa foi a sensação que me perseguiu durante e após a leitura do *best seller The Myth of Capitalism*, de Jonathan

---

[15] ALLIEZ, Eric. "Os estilhaços do capitalismo". In: _____. *Contratempo*: ensaios sobre algumas metamorfoses do capital. Rio de Janeiro: Forense-Universitária, 1988.

Tepper. O autor encara a morte da concorrência perfeita como o epitáfio do verdadeiro (*sic*) capitalismo.

Em minha modesta opinião, depois de libertado das disciplinas e amarras sociais que o domesticaram nos Trinta Anos Gloriosos do imediato Pós-Guerra, o velho capitalismo reconciliou-se com sua natureza inquieta e criativa. Tão inquieta e criativa que rapidamente transmutou a concorrência perfeita em concorrência monopolista.

Livre, leve e solto em seu peculiar dinamismo, amparado em suas engrenagens tecnológicas e financeiras, o Velho Cap promoveu e promove a aceleração do tempo e o encolhimento do espaço. Esses fenômenos, gêmeos, podem ser observados na globalização, na financeirização e nos processos de produção da indústria 4.0.

A nova fase da digitalização da manufatura é conduzida pelo aumento do volume de dados, a ampliação do poder computacional e conectividade, a emergência de capacidades analíticas aplicada aos negócios, novas formas de interação entre homem e máquina e melhorias na transferência de instruções digitais para o mundo físico, como a robótica avançada e as impressoras 3D.

É intenso o movimento de automação baseado na utilização de redes de "máquinas inteligentes". Nanotecnologia, neurociência, biotecnologia, novas formas de energia e novos materiais formam o bloco de inovações com enorme potencial de revolucionar outra vez as bases técnicas do capitalismo. Todos os métodos que nascem dessa base técnica não podem senão confirmar sua razão interna: são métodos de produção destinados a acelerar a produtividade social do trabalho e intensificar a rivalidade empresarial na busca da ocupação dos mercados.

Os avanços da inteligência artificial, da *internet* das coisas e da nanotecnologia, das novidades do 5G, associaram-se ao deslocamento espacial da grande empresa e acentuaram as assimetrias entre países, classes sociais e empresas.

A globalização financeira e a deslocalização produtiva são filhos diletos da estratégia competitiva da grande empresa comandada pela fúria inovadora e concentradora dos mercados financeiros, em prejuízo da capacidade de regulação dos Estados Nacionais.

Os movimentos competitivos das empresas financeirizadas que impulsionam as cadeias globais de valor executam a abstração da vida, fragilizando os espaços jurídico-políticos nacionais onde se abrigam os mortais cidadãos.

Os bancos e os fundos são a cola do sistema ao fazer 95% de toda a movimentação financeira: transações cambiais, *hedge*, pagamentos, transações comerciais, investimentos. É uma ilusão imaginar que relações entre a economia real e a economia monetário-financeira são de oposição e exterioridade. São relações contraditórias, mas não opostas, inerentes à dinâmica do capitalismo em seu movimento de expansão, transformação e reprodução.

Aí estão inscritas como cláusulas pétreas a concentração e a centralização do controle do capital monetário em instituições de grande porte, cada vez mais interdependentes, que submetem ao seu domínio a produção e a distribuição da renda e da riqueza.

As tendências da dinâmica capitalista reafirmam sua "natureza" como modalidade histórica cujo propósito é a acumulação de riqueza abstrata, monetária.

O capital monetário concentrado nas grandes instituições financeiras apoderou-se da gestão empresarial, impondo práticas destinadas a aumentar a participação dos ativos financeiros na composição do patrimônio, inflar o valor desses ativos e conferir maior poder aos acionistas. A lógica da valorização dos estoques de riqueza financeira passou a comandar o movimento das "economias reais".

***

Portela: *Quais os três maiores erros da esquerda no Brasil?*

Luiz Gonzaga Belluzzo: Vou responder relembrando os dias de desempenho e empenho democrático do Partido Comunista Italiano no pós-guerra. Os mais velhos talvez se lembrem dele e os mais jovens deveriam saber quem foi Enrico Berlinguer. Eleito em março de 1972 secretário-geral do Partido Comunista Italiano (PCI), Berlinguer foi esculpido pelo cinzel do historiador Carlo Ginzburg como "um aristocrata de origem sarda que manifestava aversão pelo culto da personalidade e desprezo pela retórica".

A história da Itália e da Europa certamente não deixou de registrar a visão e a coragem de Enrico Berlinguer ao aderir, nos anos 70 do século passado, à ideia do *Compromesso Stórico*, um projeto democrático de avanço econômico, social e político. No biênio 1974-1975, a crise econômica mundial foi acompanhada do enfraquecimento e queda das ditaduras em Portugal e na Espanha.

Os partidos de esquerda desses países se aproximaram da via democrática, manifestando um distanciamento crescente em relação à União Soviética. Em julho de 1975, espanhóis e portugueses proclamaram sua adesão à paz e à liberdade "como um compromisso estratégico e não como uma manobra tática".

Na eleição italiana de 1976, democrata-cristãos e comunistas dividiram fraternalmente 70% dos votos dos italianos (36% para aqueles, 34% para estes) e aproximaram o *Compromesso Stórico* da realidade. Isso foi suficiente para assustar os americanos e mobilizar os maximalistas "criminosos" à esquerda e à direita para ações de terror.

A turbulência dos "tolos" culminou, em 1978, com o assassinato do líder democrata-cristão Aldo Moro, que negociava com Berlinguer. Moro foi assassinado pelas Brigadas Vermelhas, sob o olhar complacente do primeiro-Ministro Giulio Andreotti, também democrata-cristão.

Na configuração do projeto eurocomunista, pesaram a herança gramsciana, a crítica dos intelectuais italianos à experiência soviética e, mais imediatamente, o choque provocado pelo golpe militar desferido contra o governo de Salvador Allende no Chile. Resistir aos arreganhos violentos da extrema-direita era uma façanha inspirada na aliança democrática dos anos 1943-1947.

Nesse período, as forças antifascistas reuniram-se numa grande coalizão que culminou com o referendo de 2 de junho de 1946.

Às urnas incumbiria declarar a preferência dos italianos pela monarquia ou pela república e, ao mesmo tempo, eleger os membros da Assembleia Constituinte exclusiva, que conclui seus trabalhos em 1948. Em seu primeiro artigo, a nova Constituição dizia ser a Itália uma república baseada no trabalho, assegurado o direito de todos os italianos a este no artigo 4°.

Entre 1946 e 1948, a Itália viveu uma crise econômica, social e política. Assim como na Alemanha, o ronco da inflação e a ameaça de uma crise da lira acompanharam a desmontagem do aparato da economia de guerra. A inflação chegou aos 50% nos primeiros seis meses de 1947. A agitação sindical aumentou a temperatura social e política. Para juntar ofensa à injúria, o governo americano de Harry Truman aumentou a pressão: exigia a saída dos comunistas do governo do democrata-cristão De Gasperi.

Recém-nomeado, o ministro do Tesouro Luigi Einaudi impôs um congelamento de 25% dos depósitos bancários e promoveu uma forte contração do crédito. Em 1948, a média mensal de desempregados chegou a mais de 2 milhões de trabalhadores. Mas já nos primeiros três meses de 1948, o Plano Marshall derramou US$ 176 milhões na economia italiana. A despeito da ajuda externa, a economia italiana permaneceu deprimida até meados de 1950.

O então secretário-geral do PCI, Palmiro Togliatti, insistiu em sua discordância com a utilização de métodos "extraparlamentares" para enfrentar a crise e com as consequências da política de estabilização levada acabo pelo liberal Luigi Einaudi. Essa atitude de contemporização estratégica não impediu que o fanático Antonio Pallante atirasse contra o líder do PCI em 14 de julho de 1948. Uma rebelião de massas sacudiu a Itália. Mas Togliatti e a direção do partido apostaram na consolidação da democracia e na aliança com os setores mais progressistas da democracia-cristã.

**

Portela: *E do PT?*

Luiz Gonzaga Belluzzo: Tenho a impressão de que Lula em algum momento da vida recebeu os espíritos de Berlinguer e Togliatti, para desagrado de muitos grupos de esquerda que não conseguem exorcizar o espírito de Stalin que habita suas almas anacrônicas.

**

Portela: *Lula voltando vai compor com o mercado financeiro como fez em Lula 1 com Palocci?*

Luiz Gonzaga Belluzzo: Depois de reafirmar o "orgulho com seu governo, período em que os empresários mais ganharam dinheiro, os trabalhadores ganharam aumento de salários, em que geramos mais empregos etc.", Lula assestou baterias contra "eles, o bando de *yuppies*, jovens bem aquinhoados que vivem ganhando dinheiro através dos bônus, de não sei das quantas, para vender papel, sem vender um produto".

Para essa turma, a eleição de Lula foi a realização do inaceitável. Pouco importa se ganharam muito dinheiro e abasteceram generosamente seus cofres com inúteis e danosas apostas nos mercados de derivativos de câmbio e juros, sempre e cada vez mais respondendo aos movimentos dos mercados financeiros globalizados.

O filósofo Franco Berardi vai além e conclui que o vendaval de abstrações e imediatismos produzido pelos mercados financeiros, pela mídia e pelas tecnologias de informação capturou as energias cognitivas da sociedade.[16] De um lado, diz ele, são ondas avassaladoras de sofrimento mental e, de outra parte, a depressão e o rebaixamento intelectual encontram remédio no fanatismo e no fascismo.

***

Portela: *Qual a sua intuição sobre a política econômica de Lula se eventualmente ele se eleger em 2022?*

Luiz Gonzaga Belluzzo: Recentemente ele disse em uma entrevista: na próxima eleição a Carta aos Brasileiros vai expor as conquistas do meu governo. A mensagem é clara. Ele vai se dirigir aos brasileiros massacrados pelo avanço da desigualdade, da pobreza, do desemprego e da precarização do trabalho. Imagino que vai combinar a capacidade de geração de renda e emprego dos programas sociais com a recuperação do investimento em infraestrutura e com os cuidados com a reindustrialização associados a programas de ciência e tecnologia.

Ademais, tenho a impressão de que o Lula vai manter boas relações com o Joe Biden e com o Xi Jinping. Nas relações internacionais ele é um craque meio-campista.

***

Portela: *O que acha de Paulo Guedes?*

Luiz Gonzaga Belluzzo: Nos idos de 2019, o já Ministro Paulo Guedes mostrou os dentes escovados com a pasta do liberalismo econômico: "Não se assustem se alguém pedir o AI-5 contraprotestos". A ameaça de Guedes expõe as entranhas de um certo Brasil.

Depois da queda da ditadura, a maioria dos nostálgicos do "prende e arrebenta" reprimia sua adesão ao pau de arara nos desvãos escuros da alma, onde se acoita o pudor sem-vergonha,

---

[16] BERANDI, Frannco. *O pensamento crítico morreu*. Entrevistadora: Suzana M Rocca. Instituto Humanitas Unisinos, 2018. Duração: 1h41min.

conhecido na praça como hipocrisia. Na era Bolsonaro, os "destemidos" das redes sociais proclamam abertamente a adesão à turma do "é isso mesmo, ferro nos desordeiros".

Os habitantes mequetrefes da pancadaria não suportam que a liberdade das pessoas interfira na liberdade dos mercados. As pessoas, gente, humanos, eles e elas, aqueles que começaram a aparecer nos aeroportos, nos supermercados, nos *shopping centers*, sentem que os de cima, só um pouco acima, menosprezam "os outros, aqueles que não são o que nós somos". Os "outros" convivem no mesmo território, mas não frequentam a mesma sociedade.

Os patronos de Guedes, Friedrich Hayek e Milton Friedman não se assustariam com o AI-5. Sempre empenhados em elevar a desembaraçada troca de mercadorias ao pináculo das liberdades, recomendavam restrições à democracia, caso a irracionalidade das massas possa ameaçar a liberdade dos mercados.

***

Portela: *Qual a melhor forma de realizar uma possível reindustrialização no Brasil?*

Luiz Gonzaga Belluzzo: Não vai ser fácil. A crise que hoje machuca a economia brasileira é, sobretudo, uma crise de inteligência estratégica. Bolsonaro, Paulo Guedes e seus "seguidores", dentro e fora do governo, empenham-se na desconstrução do arcabouço institucional que sustentou o desenvolvimento do país ao longo de cinco décadas. Desde os anos 30 do século passado, a trajetória da nossa economia confirma que a coordenação do Estado é crucial para a obtenção de taxas de crescimento elevadas.

O Brasil ocupava, então, a liderança no torneio mundial do crescimento amparado em um processo de industrialização que avançou para dotar o País de uma estrutura produtiva diversificada e moderna. Pindorama era a nação mais industrializada entre os ditos "emergentes".

Descontada a década perdida dos anos 1980, submetida às agruras da crise da dívida externa, o desenvolvimento posterior foi modesto. O primeiro ciclo, o dos anos 1990, moveu-se no território do baixo dinamismo e da regressão da estrutura industrial. Esvaiu-se no colapso cambial de 1999.

O segundo ciclo, apoiado no projeto de inclusão social e expansão do mercado interno, foi sustentado pelos preços das *commodities*, mas fragilizado pela valorização cambial. Sobreviveu bravamente à crise global de 2008. Perdeu forças nos anos que antecederam à crise de 2015, deflagrada pelo ajuste reclamado pela turma da bufunfa e executado pela dupla Rousseff-Levy.

Desde então, o debate brasileiro trilhou os caminhos das simplificações binárias. Inspirados no filme *Querida, Encolhi as Crianças*, não são poucos aqueles que recomendam "encolher o Estado". Cortar, desmobilizar e privatizar são os verbos mais conjugados nos gabinetes dos palácios e da finança. A secretaria que cuidava das Privatizações ostentava também a alcunha de Desinvestimentos.

Vamos olhar para a frente: a reindustrialização vai certamente exigir políticas distintas daquelas executadas nos anos do nacional-desenvolvimentismo. A ênfase, agora, deve ser colocada na busca da construção de vantagens dinâmicas apoiadas em programas de inovação, articulados ao agronegócio, às novas fontes de energia, à infraestrutura e às grandes demandas sociais, como educação, saúde, mobilidade urbana e segurança.

A suposta contradição entre Estado e mercado que impregna o discurso dos paleoliberais, desconsidera as coordenações e simbioses existentes entre ambos, em qualquer projeto de desenvolvimento nacional, como demonstrado no livro da professora da Universidade de Sussex, Mariana Mazzucato, *The Entrepreneurial State*: *Debunking public vs. private sector myths*.

Assim como no caso das tecnologias embarcadas no iPhone – a *internet*, o GPS, o *touch-screen display* e até o comando de voz Siri –, todas tiveram financiamento público.

A leitura do *Enterpreneurial State* de Mariana Mazzucato poderia ser acompanhada do livro *Subsidies to Chinese Industry: Capitalism, business strategy and trade policy*, de Usha Haley e George Haley. Os Haley tratam das relações entre as empresas e as políticas governamentais na China, recorrendo a uma exaustiva investigação empírica, sem apelar para o blá-blá-blá ideológico e, não raro, hipócrita, da falsa oposição entre Estado e mercado, leia-se, entre concorrência e planejamento de longo prazo na experiência mais fascinante do capitalismo contemporâneo.

Os estudos de Mazzucato e dos Haley cuidaram de sublinhar as relações peculiares entre os Estados Nacionais, os sistemas empresariais, os programas de inovação tecnológica e a "inserção internacional".

Procuraram chamar a atenção para a centralidade da "organização capitalista" em que prevalecem nexos, digamos, "cooperativos" nas relações entre as empresas e as burocracias civis, militares e de segurança encarregadas de fomentar e administrar o sistema de avanço tecnológico (P&D).

Neste momento, enquanto o Brasil se prepara para aprovar medidas que asfixiam seu Orçamento, Alemanha, Coreia, Japão, China e EUA se preparam para o salto da indústria 4.0, com forte integração e apoio do Estado e da academia na área de P&D.

* * *

Portela: *Por que parte da elite empresarial e do mercado financeiro repelem a reindustrialização? Eles têm a mesma tese de Eugênio Gudin?*

Luiz Gonzaga Belluzzo: Ainda nos anos 20, o brasileiro Roberto Simonsen perseguiu o projeto de industrialização com a pertinácia dos obstinados. Em seu discurso inaugural na fundação do Centro das Indústrias do Estado de São Paulo, em 1928, Simonsen proclamou que

> no atual estágio da civilização a independência econômica de uma grande nação, seu prestígio e sua atuação política como povo independente no concerto entre as nações só podem ser tomados na consideração devida possuindo esse país um parque industrial eficiente, na altura de seu desenvolvimento agrícola.[17]

O discurso recebeu a reprovação agressiva das classes conservadoras e de seus ideólogos. Em seu livro *Três Industriais Brasileiros*, o grande Heitor Ferreira Lima reproduz o artigo de um comentarista da imprensa paulistana. Dizia o sábio:

> Não temos condições para o desenvolvimento industrial, porque somos um país de analfabetos, com imigração de analfabetos e ainda em anarquia política, econômica e financeira... o problema do Brasil consiste em aproveitar suas terras, as mais vastas, inexploradas do globo.[18]

Não foram outros os argumentos de Eugênio Gudin, também engenheiro-economista como Roberto Simonsen, na célebre Controvérsia do Planejamento Econômico de 1944.

Na visão da turma anti-industrialista, os defensores das políticas industriais insistem em ilusões, tais como a ocorrência da Revolução Industrial no final do século XVIII. A humanidade, até então sossegada nos misteres do arado e do pastoreio, foi abalroada por esse acontecimento infausto que despertou os devaneios de

---

[17] SIMONSEN, Roberto. *A orientação industrial brasileira*. São Paulo: Ltda., 1928.
[18] LIMA, Heitor Ferreira. *3 industrialistas brasileiros*: Mauá, Rui Barbosa, Roberto Simonsen. São Paulo: Alfa-Omega, 1976.

Alexander Hamilton, nos Estados Unidos, com seu Relatório sobre as Manufaturas e as truculências de Otto von Bismark, encantado com os maquinismos e a ferrovia.

O grande historiador Carlo Cipolla afirmou que a vida dos Homens atravessou dois momentos cruciais: o neolítico e a Revolução Industrial. No neolítico, os povos abandonaram a condição de "bandos selvagens de caçadores" e estabeleceram as práticas da vida sedentária e da agricultura.

Entre as incertezas e brutalidades da "vida natural", tais práticas difundiram condições mais regulares de subsistência dos povos e assentaram as bases da convivência civilizada. Podemos afirmar que ao longo de milênios as sociedades avançaram lentamente nas técnicas de gestão da terra, desenvolvidas à sombra de distintos regimes sociais e políticos e, portanto, sob formas diversas de geração, apropriação e utilização dos excedentes.

"A Revolução industrial", escreveu Cipolla, "transformou o Homem agricultor e pastor no manipulador de máquinas movidas por energia inanimada". A ruptura radical no modo de produzir introduziu profundas alterações no sistema econômico e social. Aí nascem, de fato, o capitalismo, a sociabilidade, a urbe moderna e seus padrões culturais. A diferença entre a vida moderna e as anteriores decorre do surgimento do sistema industrial que não só cria bens de consumo e os bens instrumentais para produzi-los, como suscita novos modos de convivência, novas formas de "estar no mundo".[19]

A indústria não pode ser concebida como mais um setor ao lado da agricultura e dos serviços. A ideia da revolução industrial trata da constituição histórica de um sistema de produção e de relações sociais que subordinam o desempenho da economia à sua

---

[19] CIPOLLA, Carlo Maria. *Before the industrial revolution*: european society and economy, 1000-1700. Nova York: W. W. Norton & Company, 1994.

capacidade de gerar renda, empregos e criar atividades. O surgimento da indústria como sistema produção apoiado na maquinaria endogeniza o progresso técnico e impulsiona a divisão social do trabalho, engendrando diferenciações na estrutura produtiva e promovendo encadeamentos intra e intersetoriais.

Além de sua permanente autodiferenciação, o sistema industrial deflagra efeitos transformadores na agricultura e nos serviços. A agricultura contemporânea não é mais uma atividade "natural" e os serviços já não correspondem ao papel que cumpriam nas sociedades pré-industriais. O avanço da produtividade geral da economia não é imaginável sem a dominância do sistema industrial no desenvolvimento dos demais setores.

Os autores do século XIX anteciparam a industrialização do campo e perceberam a importância dos novos serviços gestados nas entranhas da expansão da indústria. Não há como ignorar, por exemplo, as relações umbilicais entre a Revolução Industrial, a revolução nos transportes e as transformações dos sistemas financeiros no século XIX. São reconhecidas as interações entre a expansão da ferrovia, do navio a vapor e o desenvolvimento do setor de bens de capital apoiado no avanço da indústria metalúrgica e da metalmecânica e na concentração da capacidade de mobilização de recursos líquidos nos bancos de negócios.

A história dos séculos XIX e XX pode ser contada sob a ótica dos processos de integração dos países aos ditames do sistema mercantil-industrial originário da Inglaterra. Essa reordenação radical da economia exigiu uma resposta também radical dos países incorporados à nova divisão internacional do trabalho.

Para os europeus retardatários, para os norte-americanos e japoneses e mais tarde para os brasileiros, coreanos, chineses, russos e outros, a luta pela industrialização não era uma questão de escolha, mas uma imposição de sobrevivência das nações, de seus povos e de suas identidades. Paradoxalmente, a especialização de alguns países na produção de bens não industriais é fruto da própria diferenciação da estrutura produtiva capitalista à escala global comandada pela dominância do sistema industrial.

Este é o caso de países dotados de uma relação população/recursos naturais favoráveis, como Austrália, Nova Zelândia, Uruguai e Chile. Essa especialização decorre da própria divisão do trabalho suscitada pela expansão do sistema industrial.

Referências bibliográficas

ALLIEZ, Eric. "Os estilhaços do capitalismo". In: _____. *Contratempo*: ensaios sobre algumas metamorfoses do capital. Rio de Janeiro: Forense-Universitária, 1988.

BAIROCH, Paul. "Las grandes tendencias de las disparidades económicas nacionales después de la revolución industrial". *In*: TOPOLSKI, Jerzy *et al. Historia económica*: nuevos enfoques y nuevos problemas – comunicaciones al séptimo congreso internacional de historia económica. Barcelona: Critica, 1981.

BERANDI, Frannco. *O pensamento crítico morreu*. Entrevistadora: Suzana M Rocca. Instituto Humanitas Unisinos, 2018. Duração: 1h 41min.

BRAUDEL, Fernand. *Civilização material, economia e capitalismo*. São Paulo: Martins Fontes, 1996.

CIPOLLA, Carlo Maria. "Fluctuaciones económicas y política económica en Italia" (siglo XV-XVII). *In*: TOPOLSKI, Jerzy *et al. Historia económica*: nuevos enfoques y nuevos problemas – comunicaciones al séptimo congreso internacional de historia económica. Barcelona: Crítica, 1981.

_____. *Before the industrial revolution*: european society and economy, 1000-1700. Nova York: W. W. Norton & Company, 1994.

COSTANTINI, Orsola. *The cyclically adjusted budget*: history and exegesis of fateful estimate. Nova York: Working Paper nº 24, 2015.

GOLBETTI, Sérgio; ORAIR, Rodrigo; PIRES, Manoel. "Estimativas das despesas públicas para o período 2010-2019". *IBRE-FGV*, 2021.

GORDON, Robert. "Is modern macro or 1978-era macro more relevant to understanding of the current economic crisis?". *Economist's View*, ago. 2009.

HARTWELL, Ronald Max; NORTH, Douglas. "Ley, derechos de propiedad, instituciones legales y el funcionamiento de las economias". *In*: TOPOLSKI, Jerzy *et al*. *Historia económica*: nuevos enfoques y nuevos problemas – comunicaciones al séptimo congreso internacional de historia económica. Barcelona: Crítica, 1981.

KEYNES, John Maynard. "Auri sacra fames" *In*: _____. *Collected writings*: essays in persuasion. vol. 9. Cambridge: Cambridge University Press, 1982.

_____. *Collected writings*: activities 1931-1939 – world crises and policies in Britain and America. vol. 21. Cambridge: Cambridge University Press, 1982.

_____. *Collected writings*: essays in persuasion. vol. 9. Cambridge: Cambridge University Press, 1982.

LIMA, Heitor Ferreira. *3 Industrialistas brasileiros*: Mauá, Rui Barbosa, Roberto Simonsen. São Paulo: Alfa-Omega, 1976.

MARAZZI, Christian. *Capital and language*: from the new economy to the war economy. Los Angeles: Semiotexte, 2008.

MARX, Karl. "The industiralists of hanover and protective tariffs". *In*: MARK, Karl; ENGELS, Friedrich. *Marx-Engels collected works*. vol. 1. Nova York: International Publishers, 1975.

MCLEAY, Michel; RADIA, Amar; THOMAS, Ryland. "Money creation in modern economy". *Bank of England*, 2014.

OSTRY, Jhonathan D.; LOUNGANI, Prakash; FURCERI, Davide. "Neoliberalism: oversold?". *Finance and development*, vol. 53, nº 2, jun. 2016.

RUDD, Jeremy B. *Why do we think that inflation expectations matter for inflation? (and should we?)*. Washington: Financial and Economics Discuss Series, 2021.

SIMONSEN, Roberto. *A Orientação industrial brasileira*. São Paulo: Ltda., 1928.

A Editora Contracorrente se preocupa com todos os detalhes de suas obras! Aos curiosos, informamos que este livro foi impresso no mês de maio de 2023, em papel Pólen Natural 80g, pela Gráfica Copiart.